Cambiando de Lente

Cambiando de Lente

Un nuevo enfoque para el crimen y la justicia

Tercera Edición

Howard Zehr

Traducido por:
Cristián D. Quezada González, José Elías
Alejandro Sánchez Ibarra,
Sylvia Whitney Beitzel y Vernon E. Jantzi

Herald Press
Harrisonburg, Virginia
Waterloo, Ontario

Eastern Mennonite University
Center for Justice and Peacebuilding

Datos para Catalogar Publicaciones en la Biblioteca del Congreso
Zehr, Howard.
  [Changing lenses. Spanish.]
  Cambiando de lente : un nuevo enfoque para el crimen y la justicia / Howard Zehr ; Traducido por: Cristián D. Quezada González ... [et al.]. —3a ed.
    p. cm.
  Includes bibliographical references.
  ISBN 978-0-8361-9644-3 (pbk.)
  1. Criminal justice, Administration of. 2. Punishment. 3. Reconciliation. 4. Victims of crimes. 5. Criminals. I. Title.
  K5001.Z4318 2012
  364.6—dc23

                                                                    2012025293

Todos los textos bíblicos tomados de la Santa Biblia,
Nueva Versión Internacional, 1999 por la Sociedad Bíblica Internacional

CAMBIANDO DE LENTE
Copyright © 2012 por MennoMedia, Harrisonburg, VA 22802
    Editado simultáneamente en Canada por Herald Press,
    Waterloo, Ontario N2L 6H7. Todos los Derechos Reservados
Publicado primero en 1990, segunda edición en 1995, tercera edición en 2005.
International Standard Book Number 978-0-8361-9644-3
Library of Congress Catalog Card Number: 2012025293
Impreso en los Estados Unidos de América
Diseño de Portada: Merrill Miller, diseño por Josh Byler

16 15 14 13 12   10 9 8 7 6 5 4 3 2 1

Para pedidos o solicitud de información, llamar al 1-800-245-7849 en los EEUU o 1-800-631-6535 en Canadá. Puede visitar www.heraldpress.com

Salmo 103

El Señor es clemente y compasivo,
lento para la ira y grande en amor.
No sostiene para siempre su querella
ni guarda su rencor eternamente,
No nos trata conforme nuestros pecados
ni nos paga según nuestras maldades.
Salmo 103:8-10

Contenido

Prólogo 11

PARTE I
La Experiencia del Crimen 13

    Capítulo 1 Un Caso Ilustrativo 15
                   La historia

    Capítulo 2 La Víctima 19
                   La experiencia
                   ¿Por qué es tan traumático?
                   Proceso de recuperación
                   Nuestra respuesta

    Capítulo 3 El Ofensor 33
                   La experiencia de prisión
                   ¿Qué necesita pasar?
                   ¿Cuál será el resultado?

    Capítulo 4 Algunos Temas Comunes 45
                   Arrepentimiento y perdón
                   Cuestión de poder
                   Mistificación del crimen

PARTE II
El Paradigma de la Justicia 59

    Capítulo 5 Justicia Retributiva 61
                     Fijando la culpa
                     Justo merecido y dolor
                     El proceso
                     El crimen como transgresión de la Ley
                     ¿Quién es la víctima?

    Capítulo 6 La Justicia como Paradigma 81
                     La importancia de los paradigmas
                     Aplicando el paradigma
                     Cambio de paradigma

PARTE III
Raíces y Señales.. 93

    Capítulo 7 Justicia Comunitaria:
                   La Alternativa Histórica.................. 95
                   La justicia comunitaria
                   La opción retributiva
                   La opción judicial
                   Una valoración
                   La revolución legal
                   Rol del Derecho Canónico
                   Victoriosa justicia del Estado
                   Dimensiones de la revolución legal
                   Causas del cambio de paradigmas

    Capítulo 8 La Justicia de Pacto:
                   La Alternativa Bíblica................... 123
                   ¿Qué dice la Biblia?
                   Shalom: visión unificadora
                   Pacto: la base para el shalom
                   Shalom y convenio como fuerzas
                   transformadoras
                   Justicia del Pacto
                   Ley del Convenio (Pacto)
                   Paradigma bíblico
                   Un cortocircuito histórico

Capítulo 9 PRVO: Una Parcela Experimental......... 153
    El concepto de PRVO (Programa de
        Reconciliación Víctima y Ofernsor)
    ¿Qué se ha aprendido?
    Las metas son importantes
    El PRVO como catalizador

PARTE IV
Un Nuevo Lente 169

Capítulo 10 Un Lente Restaurativo 171
    El crimen: agresión contra las personas
        y las relaciones
    Restauración: el objetivo
    La justicia comienza con necesidades
    El crimen crea obligaciones
    Los ofensores tienen necesidades también
    La cuestión de reconocimiento
    El proceso debe potenciar e informar
    La justicia involucra rituales
    ¿Hay un rol para el castigo?
    Dos lentes

Capítulo 11 ¿De Aquí Hacia Dónde?................ 207
    Posibilidades del sistema
    Mientras tanto
    Lo nuevo dentro de lo viejo
    Cuando menos

Epílogo a la Primera Edición............................ 219
Apéndice 1: Criterios para la Justicia Restaurativa........... 221
Apéndice 2: La Subversión de Visiones 223
Apéndice 3: Sugerencias para el Estudio en Grupo........... 229
Apéndice 4: Lecciones de los Círculos de Sentencia y las
    Conferencias de Grupo Familiar..................... 247

Epílogo a la Tercera Edición............................ 255
Ensayo Bibliográfico de la Tercera Edición 275
El Autor.. 285

Prólogo

Este libro ha surgido de las experiencias, lecturas y discusiones transcurridas durante varios años. Es un trabajo de síntesis más que de innovación. Por lo tanto, se vale de las ideas y las experiencias de muchos. Quiero agradecer a muchas personas, a más de las que podría reconocer aquí, pero por lo menos quiero expresar mi gratitud. . . .

A mi colega canadiense, Dave Worth, que me ha animado e impulsado a terminar este libro, y que además me ha dado muchas ideas y sugerencias provechosas.

A Martin Wright, Millard Lind, Alan Kreider y W.H. Allchin que leyeron el manuscrito, me impulsaron a continuar, e hicieron muchas sugerencias útiles.

A todos aquellos cuyas contribuciones que he tratado de reconocer en este libro. A los muchos que han hecho contribuciones en formas imposibles de citar específicamente. Y especialmente a Nils Christie y Herman Bianchi cuyos escritos y discusiones han ayudado a señalar un camino.

A los participantes de congresos y seminarios en los Estados Unidos, Canadá e Inglaterra que han captado y ensayado estas ideas durante los últimos años.

A los centenares de personas involucradas en el movimiento PRVO (Programa de Reconciliación Víctima y Ofensor) —en los Estados Unidos, Canadá, Inglaterra y otra partes—cuya resolución y ejemplos me han alentado y aterrizado en la vida real.

Al Comité Central Menonita de los Estados Unidos, que me ha dado el apoyo y la flexibilidad laboral para desarrollar mis ideas y escribirlas. H. A. Penner, ex-director del Programa de CCM de los EEUU, en particular me animó a continuar.

A John Harding y al Servicio de Libertad Condicional de Hampshire, que me invitó a Inglaterra, me hizo sentir cómodo y bienvenido, y me facilitó un lugar donde podía elaborar este manuscrito.

A Doris Rupe, que me proveyó de un sitio tranquilo y apartado de mi oficina para escribir.

Mucha gente ha ayudado a darle forma a este trabajo —más, de hecho, que la que he podido reconocer. Sin embargo, a fin de cuentas yo me hago responsable totalmente por el contenido, el cual no necesariamente refleja la postura oficial del Comité Central Menonita, donde trabajé mientras escribía este libro, ni de otros a quienes he nombrado arriba.

En los años desde que se lanzó por primera vez *Changing Lenses [Cambiando de Lente]* se ha convertido en una especie de clásico en el campo de la justicia restaurativa. Por esta razón, y el hecho de que mis horizontes se han ido expandiendo en vez de desarrollarse en otros rumbos, no he cambiado nada del texto de la edición actual. Además de escribir un nuevo Apéndice que resalta algunos avances recientes, he remplazado la anterior bibliografía con un nuevo ensayo bibliográfico. Gracias a Judah Oudshoorn y a Jennifer Larson Sawin por sus sugerencias acertadas para el Apéndice y a Judah por su ayuda con la bibliografía.

Como afirmo allí, la justicia restaurativa es antes que nada, una introducción al diálogo y a la exploración. Espero que ustedes se unan a la creciente comunidad en este viaje común.

—Howard Zehr

PARTE 1

La Experiencia del Crimen

CAPÍTULO 1

Un Caso Ilustrativo

Este libro tiene que ver con principios e ideas. Busca—tal vez presuntuosamente—identificar y evaluar algunas de las conclusiones básicas que hacemos sobre el crimen, la justicia y de cómo vivimos en sociedad. Intenta esquematizar brevemente cómo llegamos a sacar estas conclusiones y sugiere algunas alternativas.

Este esfuerzo trata abstracciones, pero no se pueden limitar a ellas. Tenemos que empezar por entrar lo más profundo posible a la experiencia real del crimen y de la justicia. Solo pisando firmemente en la realidad podemos comenzar a entender lo que hacemos, por qué lo hacemos y—con un poco de suerte—cómo podemos hacerlo diferente.

Pero lograr comprender profundamente la experiencia del crimen no es nada fácil, ni es algo que la mayoría de nosotros haríamos voluntariamente. El confrontar lo que significa victimizar o ser victimizado por otra persona enciende emociones intensas que son comúnmente aterrorizantes y que preferiríamos dejar dormidas. A menos que hayamos experimentado el crimen directamente, nos puede ser difícil empatizar realmente con esta realidad. Sin embargo, tenemos que intentarlo, sabiendo que el esfuerzo será incompleto y quizá doloroso.

Este libro, entonces, comienza desde este punto.

La historia

Hace varios años estaba sentado con un acusado de diecisiete años en una corte de un pueblo estadounidense. Se nos había pedido, a un colega y a mí, preparar una propuesta de sentencia que presentaríamos a la corte. Estábamos ya ahí, esperando la sentencia del juez.

Los eventos que precedieron a este momento se desenvuelven en una penosa historia. Este joven (entonces tenía 16 años) había confrontado a una joven en un pasillo oscuro con un cuchillo. Producto del forcejeo, ella perdió un ojo. Ahora la suerte del joven estaba a punto de decidirse.

Aunque los detalles no están claros, algo como lo siguiente debió haber pasado. El joven, que venía de un hogar infeliz—probablemente abusivo—había decidido fugarse con su novia, pero le faltaba el dinero para hacerlo. No tenía ningún antecedente de violencia. Pero la televisión aparentemente le había convencido de que si amenazaba a alguien, ésta le entregaría su dinero y su problema se resolvería.

Al escoger una víctima, se decidió por una joven que había visto por el pueblo. En varias ocasiones él había tratado de hablarle pero había sido rechazado. Como él la había tomado como una persona acomodada, ella le pareció la opción lógica.

Así que esperó en el pasillo del apartamento de ella con un cuchillo en la mano y su cara cubierta (Él alega haber escogido un cuchillo pequeño a propósito). Cuando ella entró, la tomó por detrás. Pero en vez de entregarle pasivamente el dinero como él había esperado, la mujer entró en pánico –como muchos lo hubiéramos hecho– empezando a gritar y forcejear. Más tarde la madre del joven mencionaría que él nunca pudo soportar que se le levantara la voz y que tendía a volverse irracional cuando eso pasaba. Tal vez esto explica su comportamiento entonces, porque cuando ella forcejeó, el también entró en pánico, apuñalándola varias veces, incluyendo en el ojo.

Los dos entraron a su apartamento. Aquí hay una diferencia en sus historias respecto a sí él la llevaba cautiva

UN CASO ILUSTRATIVO   17

o si trataba de socorrerla. Él alega que la llevaba a buscar atención y que ella iba voluntariamente. Al momento del arresto se reporta que él dijo, "no quise hacerlo, no quise hacerlo. No quise lastimar a nadie. Díganle que lo siento". Sea como sea, lo arrestaron cuando iban saliendo del apartamento. Él fue detenido y ahora esperaba sentencia.

En la pequeña sala de la corte de este pueblo, él estaba sentado con su abogado en una mesa con vista al juez. Detrás de él estaba sentada su familia. En la fila trasera se encontraban la familia y conocidos de la víctima. Esparcidos por la sala había algunos espectadores curiosos y profesionales de la justicia criminal.

Antes de que se dictara sentencia, yo presenté mi propuesta que consistía en un período limitado en prisión, supervisión, restitución a la víctima, restitución para la comunidad, consejería, educación, residencia en un ambiente estructurado y empleo. Entonces le preguntaron si tenía algo que decir.

Él habló de su remordimiento por lo que había hecho, de su esfuerzo por entender lo que significó para la mujer. "Me doy cuenta", dijo, "que he causado mucho dolor". La Srta. "X" perdió algo que nunca podrá recuperar. Yo le daría felizmente mi ojo para que pudiera ver. Lamento mucho lo que he hecho y pido ser perdonado. No abrigo ningún deseo de perjudicar a su familia en el futuro, no importa qué tan lejos se extienda". Luego llegó el momento para la sentencia.

Antes de dictar la sentencia, sin embargo, el juez enumeró metódicamente los objetivos usuales de las sentencias: la necesidad de retribución, la necesidad de aislar a los ofensores de la sociedad, la necesidad de rehabilitación, la necesidad de disuadir. Además hizo notar la necesidad de que a los ofensores se les haga responsables por sus acciones.

El juez también reflexionó sobre la intención del joven al cometer el crimen. Le habían acusado de robo armado y asalto con intentos homicidas. El juez parecía estar de acuerdo con la versión del atacante de que no tenía intención de matar cuando llevó a cabo el robo. Sin embargo, era inferencia del juez, que el joven sintió la intención en medio del forcejo y por lo tanto los cargos eran correctos y graves.

Pronunció, entonces, la sentencia. Él joven fue sentenciado a prisión por un período de 20 a 85 años, sin posibilidad de libertad condicional o por buena conducta antes de haberse cumplido el mínimo. Tendría al menos 37 años de edad cuando saliera. "Yo confío", el juez amonestó al joven al pronunciar la sentencia, "que ahí olvidarás los patrones de conducta que te llevaron a este ataque violento".

Que esta historia sea una tragedia difícilmente se puede negar. Es, sin embargo, una tragedia que fue rápidamente abstraída en un drama de diferente tipo. En lugar de una confrontación trágica entre dos individuos, el proceso legal y los medios de comunicación, la transformaron en un *crimen* que incluía un *criminal* y—como ocurrencia—una *víctima*. El drama era entre dos abstracciones. El evento fue mistificado y mitificado hasta que se perdieron las verdaderas experiencias y motivaciones.

Empecemos, entonces, por desmitificar y desmistificar esta muy típica tragedia. Tratemos de desenredar la experiencia, viéndola como una tragedia humana que afecta a personas reales—personas que son de muchas maneras como nosotros.

La Víctima

Nunca conocí a esta mujer. Me impidieron hacerlo, la naturaleza adversa del proceso legal, las circunstancias que me involucraron en el caso y mi propia incertidumbre sobre cómo proceder. En retrospectiva, probablemente debí haberme arriesgado a intentarlo. Sin embargo, déjenme tratar de proyectar, sobre la base de las experiencias de otras víctimas, lo que bien le pudiera haber pasado.[1]

La experiencia
Cuando ella entró a su pasillo y la asaltó con un cuchillo un hombre enmascarado, ella se aterrorizó. Su reacción inmediata fue de choque y de incredulidad: "Esto no puede estar pasándome a mí". Algunas víctimas dicen que inicialmente están paralizadas, incapaces de actuar. Ella, sin embargo, gritó y forcejó. Ella contó después que estaba segura de que iba a morir.

Una reacción común de las víctimas es lo que los psicólogos llaman "miedo congelado de conformidad".

---

1. Mucha información ha empezado a salir sobre la experiencia de ser víctima. Me ha gustado especialmente el libro de Morton Bard y Dawn Sangrey, *The Crime Victim's Book* (New York; Brunner-Mazel, 1986), 2nd ed. Ver también el libro de Shelley Neiderbach, *Invisible Wounds: Crime Victims Speak* (New York: The Hayworth Press, 1986) y Doug Magee, *What Murder Leaves Behind: The Victim's Family* (New York: Dodd, Mead & Co., 1983). Charlotte Hullinger, co-fundadora de Parents of Murdered Children, Inc., ha sido una ayuda importante.

Confrontadas por una situación tan aterrorizante y abrumadora, las víctimas de un crimen violento (como víctimas de secuestros), frecuentemente, parecen cooperar con su opresor. En algunos crímenes, tales como una violación, esta reacción psicológica natural puede ser malinterpretada por la corte como colaboración voluntaria. Sin embargo, esta complicidad tiene como raíz el terror.

Una vez terminado el ataque, de hecho, esta mujer sí reaccionó de esta manera. La perspectiva del ofensor fue que una vez que se dio cuenta de lo que había hecho, trató de ayudarle a obtener auxilio. Desde su punto de vista, ella cooperó. En realidad, ella estaba aterrada de él, se sintió completamente bajo su control, y por lo tanto intentó cooperar y pacificarlo de cualquier manera a su alcance.

Entonces, durante la fase inicial, la de "impacto", sus reacciones se parecían a las de otras víctimas: estaba abrumada por sentimientos de confusión, impotencia, terror y vulnerabilidad. Estos sentimientos se quedaron con ella durante las semanas siguientes, aunque con menos intensidad. Sin embargo, surgieron nuevos sentimientos intensos: ira, culpa, desconfianza, depresión, falta de significado, dudas y remordimiento.

Durante esta fase de "retroceso" ella luchó para adaptarse y experimentó grandes cambios de humor. Algunos días parecía recuperar su energía, su optimismo, solo para que le siguiera una depresión severa o rabia. Se volvió desconfiada de otras personas, especialmente de extraños y se asustaba fácilmente.

Ella empezó a tener sueños vívidos y espeluznantes y fantasías poco características de ella y contrarios a sus valores. Por ejemplo, fantaseaba vengarse ferozmente de la persona que le había lastimado. Como esto contrastaba con sus valores, le produjo ansiedad y culpa. Despierta, ella repasaba lo que le había pasado y como había respondido, preguntándose por qué reaccionó como lo hizo y qué debió haber hecho diferente.

Al igual que la mayoría de las víctimas del crimen, ella luchaba con sentimientos de vergüenza y culpa. Se preguntaba repetidamente por qué había pasado, por qué reaccionó como lo hizo, que pudo haber hecho diferente y estaba tentada a concluir que había sido de alguna manera su culpa. Si tan solo no lo hubiera rechazado cuando trató de hablar con ella . . . si tan solo no hubiera salido esa noche . . . tal vez estaba siendo castigada por algo que había hecho.

Ella seguirá combatiendo sentimientos de miedo, así como también, una sensación de vulnerabilidad e impotencia. Otro le quitó el control, lo que la deja emocionalmente impotente y vulnerable, y será difícil recobrar la confianza que le permite sentirse segura y en control de nuevo. Junto con esta lucha, ella intentará revivir la capacidad de confiar en otros, en el mundo. Alguien abusó de ella, de su mundo y será muy difícil recuperar la habilidad de sentirse cómoda en compañía de otras personas, en su hogar, en su vecindario y en su mundo.

La mayoría de las víctimas experimenta sentimientos muy intensos de ira: a la persona que les causó el daño, a otros que debieron haberlo prevenido, a Dios que permitió o causó todo esto. Esta intensa ira puede contradecir los valores que se profesan, incrementando la culpa. Para una persona religiosa, una experiencia como esta a menudo provoca crisis de fe. ¿Por qué pasó esto? ¿Qué hice para merecerlo? ¿Cómo puede un Dios amoroso y justo dejar que esto pase? La falta de una respuesta satisfactoria puede resultar en una profunda crisis de fe.

Durante las semanas siguientes al ataque, esta mujer luchó para adaptarse a su nueva situación. En parte estaba en duelo: la pérdida de un ojo, la pérdida de la inocencia. Ella buscó maneras de luchar con los nuevos e intensos sentimientos de ira, culpa y vulnerabilidad. Ella necesitaba reajustar su percepción del mundo y de sí misma. Ella ahora siente el mundo como un lugar potencialmente peligroso que la ha traicionado. Ya no puede sentirlo como el entorno social cómodo y predecible del pasado. Ella se ve a sí misma habiendo sido demasiado ingenua, necesitando dejar de ser tan "amable" y confiada. Dados estos nuevos sentimientos, incluso ha comenzado a cambiar su propia imagen. Aunque ella previamente se veía a sí misma como alguien atento, amoroso, orientada a las personas, este auto concepto ha sido agitado.

¿Qué pasa con sus amigos en todo esto?

Si hubiera sido afortunada, hubiera tenido amigos, miembros de congregación, compañeros de trabajo y vecinos deseosos de buscarla. Le hacía falta personas que aceptaran, sin juzgar, sus sentimientos sin importar que los comprendieran o no, que escucharan su historia una y otra vez. Ella necesitaba a amigos que le ayudaran a no culparse a sí misma por lo que había pasado o por cómo estaba respondiendo, que le prestaran apoyo y asistencia, sin volverla dependiente de ellos.[2]

Sin embargo, desdichadamente sus amigos tienden a evitar el tema. Se cansan fácilmente de su historia, sintiendo que necesita dejar todo eso atrás y seguir adelante. Le aconsejan no enojarse e insinúan de varias maneras de que ella contribuyó a lo que pasó y que de alguna forma es la culpable. Conjeturan que lo que pasó era de cierto modo la voluntad de Dios. ¿Sería que necesitaba castigo? ¿Sería que Dios lo permitió con un buen propósito? ¿Sería que Dios trata de enseñarle algo? Tales sugerencias aumentan su tendencia a culparse y a cuestionar su fe.

---

2. Charlotte Hullinger, cofundadora de Parents of Murdered Children y víctima ella misma, ha identificado cuatro formas en las que los amigos tienden a responder a las víctimas:

El Salvador. El miedo les hace buscar soluciones rápidas. Antes que escuchar, ellos hacen sugerencias que promueven la dependencia. Están inconformes con el hecho de que las víctimas se ventilen. Les es difícil ver a la gente sufrir y sentirse impotentes, así que quieren arreglar las cosas.

El Ayudante Hostil. El miedo los hace enojar. Querrán culpar a la víctima. Hablan juzgando y tratan de distanciarse de la víctima. Como están asustados, dicen que eso no les hubiera podido pasar a ellos.

El Ayudante Inútil. El miedo los abruma. Se sienten tan mal o peor que la víctima, pero no escuchan activamente. Puede ser, que hagan sentir tan mal a la víctima, que ésta les tiene lástima a ellos.

El Ayudante Positivo. Esta persona está consciente y reconoce el miedo. Enfrenta la vulnerabilidad, escucha sin juzgar y tiene un sentido del toque oportuno. Algunos ayudantes pueden decir frases como, "debes estar terriblemente enojado", "Toma tiempo", "Lo manejaste muy bien", "Debe ser horrible". En otras palabras, les dan permiso a las víctimas de hablar sin especificarles como deben de hacerlo.

Reacciones como estas, de amigos y conocidos, son ejemplos de lo que los psicólogos han llamado la "victimización secundaria". Cuando nos damos cuenta de un crimen, cuando escuchamos a la víctima relatar su propia historia, nosotros también experimentamos algunos sentimientos de victimización. Estos son sentimientos dolorosos que quisiéramos evitar. Así que evitamos el tema y tendemos a culpar. Si podemos localizar la causa de sus problemas en algo que ella hizo o que es, podemos distanciarnos de su situación. Podemos creer que no nos pasará nada parecido a nosotros. Esto nos hace sentir seguridad.

Ella, por lo tanto, tuvo que pelear por su derecho a lamentarse. Puesto que sus amigos más cercanos—incluyendo tal vez un novio—sufrieron con ella, el hecho es que aumentó la tensión, debido a que ellos expresaban su dolor de manera diferente y menos aparente. Por ejemplo, las tasas de divorcio entre padres de hijos asesinados son altas, en parte porque en la pareja cada uno sufre de manera diferente y tiene diferentes formas de adaptarse. Las diferencias en cómo lidiar con el dolor, pueden separan a la gente si no se nombran ni se comprenden.

La experiencia de ser víctima de un crimen puede ser altamente intensa, tocando todas las áreas de la vida. Para esta mujer, afectó su sueño, su apetito y su salud. Comenzó a experimentar con drogas y alcohol como una manera de aguantar el dolor. Los gastos médicos resultaron una carga muy pesada. El cumplimiento en el trabajo se deterioró. Varias experiencias y eventos especiales continuaron despertando memorias dolorosas. Si hubiera estado casada, su matrimonio podría haber sufrido mucha tensión. Su interés y conducta en sus relaciones íntimas pudieron haberse visto afectados. Para las víctimas del crimen, las secuelas son traumáticas y de gran envergadura.

El alcance y la intensidad de la experiencia del crimen no son muy difíciles de reconocer en un crimen violento como éste, pero las dimensiones de la crisis en toda su amplitud son difíciles de comprender para las personas no directamente afectadas. Sin embargo, lo que a menudo pasa desapercibido es que las víctimas de agresiones calificadas como no tan graves, pueden experimentar las mismas reacciones. Al describir sus experiencias, las víctimas de robo a menudo cuentan lo mismo que las víctimas de violación. Las víctimas del vandalismo y robo de auto describen muchas de las mismas reacciones que las de las víctimas de un asalto violento, aunque tal vez con una intensidad menor.

¿Por qué es tan traumático?

¿Por qué tales reacciones? ¿Por qué es el crimen tan devastador, tan difícil de recuperarse de él? La razón es que el crimen es en esencia una violación: una violación del ser, una profanación de lo que somos, de lo que creemos, de nuestro espacio privado. El crimen es devastador porque altera dos suposiciones básicas en las que basamos nuestras vidas: nuestra creencia de que el mundo es un lugar con orden y significado, y nuestra creencia de autonomía personal. Ambas suposiciones son esenciales para sentirnos íntegros.

La mayoría de nosotros asume que el mundo (o por lo menos la parte en la que vivimos) es un lugar entendible, ordenado y predecible. Puede ser que no pase todo tal como lo queremos, pero por lo menos podemos explicar la mayoría de lo que pasa. Generalmente sabemos qué esperar. Al contrario, ¿cómo podríamos vivir sin ningún sentido de seguridad?

El crimen, como el cáncer, altera este sentido de orden y significado. Consecuentemente, las víctimas de crímenes, como las víctimas de cáncer, quieren respuestas. ¿Por qué me pasa esto a mí? ¿Qué pude haber hecho yo para prevenirlo? Estas son solo algunas preguntas que persisten con las víctimas. Las respuestas a estas preguntas son importantes porque restauran el orden y el significado. Si podemos ofrecer respuestas para el qué o el por qué, el mundo puede tener sentido otra vez. Sin respuestas, las víctimas tienden a culparse a sí mismas, a otros y a Dios. La culpa, de hecho, es una forma importante de proveer respuestas con el fin de restaurar el significado y alguna semblanza de integridad.

Pero para ser íntegros, también necesitamos un sentido de autonomía personal, de la capacidad para controlar nuestras vidas. Ser privado involuntariamente de nuestro poder personal y estar involuntariamente bajo el control de otros, es intensamente degradante y deshumanizador. El crimen destroza este sentido de autonomía. Otro ha tomado el control de nuestras vidas, de nuestra propiedad, de nuestro espacio. Las víctimas pueden sentirse vulnerables, indefensas, descontroladas, deshumanizadas. Culparse a sí mismo se vuelve una técnica de defensa. Si podemos localizar la causa del crimen en algo que nosotros hicimos, podemos decidir evitar ese comportamiento y así recuperar el sentido de control.

La mujer de nuestra historia no fue simplemente la víctima de un ataque físico. Ella fue—y es—la víctima de un asalto a su propio ser, a su concepto de autonomía individual en su mundo predecible. Los efectos psicológicos pueden ser más graves que la pérdida física.

Proceso de recuperación

Para recuperarse, las víctimas necesitan cambiarse de la fase de "retroceso" a la de "reorganización". En casos de crímenes graves, pasan de ser víctimas a sobrevivientes. Las víctimas necesitan progresar al punto en donde la ofensa y el ofensor no las dominen. Sin embargo, es difícil y toma tiempo. Para mucha gente, puede ser que nunca se consiga completamente.

¿Qué necesitan las víctimas para poder recuperarse? Cualquier respuesta a esta pregunta es un poco riesgosa. Solo una víctima puede responder auténticamente, y lo que se necesita varía mucho de una persona a otra. Generalmente, las necesidades de las víctimas incluyen (pero no están limitadas) a lo siguiente.

De manera más obvia, tal vez, las víctimas necesitan compensación por sus pérdidas. Las pérdidas financieras y materiales pueden representar una verdadera carga económica. Por otra parte, el valor simbólico de las pérdidas puede ser tan o más importante que las pérdidas en sí. En ambos casos, la restitución puede ayudar a la recuperación. La restitución completa, por los daños psicológicos y materiales, bien puede ser imposible. Pero puede ser bastante agudo el sentido de pérdida y la resultante necesidad de que los daños se reparen materialmente.

Es físicamente imposible para cualquiera restituir el ojo de la mujer de la historia narrada anteriormente. Sin embargo, la restitución de los gastos médicos puede ayudar a alivianar la carga. Al mismo tiempo, esto puede crear un sentido de restitución a un nivel simbólico.

Por importantes que sean las pérdidas materiales, encuestas a víctimas del crimen, muestran que generalmente les dan un mayor valor a otras pérdidas. Una de ellas es, la necesidad de respuestas, de información. ¿Por qué a mí? ¿Tenía esta persona algo personal en contra mía? ¿Volverá? ¿Qué pasó con mi propiedad? Es necesario proveer información y responder las preguntas.

Se sugiere que para encontrar la sanación, las víctimas deben encontrar respuesta a seis preguntas básicas:[3]

1. ¿Qué pasó?
2. ¿Por qué me pasó a mí?
3. ¿Por qué reaccioné como lo hice en ese momento?
4. ¿Por qué he reaccionado como lo he hecho desde ese momento?
5. ¿Y si pasa otra vez?
6. ¿Qué significa para mí y para mi perspectiva (mi fe, mi visión del mundo, mi futuro)?

Solo las víctimas mismas pueden contestar algunas de estas preguntas. Deben, por ejemplo, encontrar sus propias explicaciones para su comportamiento en ese momento específico y desde ese momento específico. Es

---

3. Adaptado de Charles Finley, "Catastrophes: An Overview of Family Reactions", Capítulo 1 de Charles Finley and Hamilton I. McCubbin, *Stress and the Family, Vol. II: Coping with Catastrophe* (New York: Brunner/Mazel, 1983).

más, ellas tienen que decidir cómo responderán a situaciones similares en el futuro. Sin embargo, las primeras dos preguntas tienen que ver con los hechos de la ofensa. ¿Qué pasó en realidad? ¿Por qué me pasó a mí? La información puede ser muy importante para las víctimas y las respuestas para tales preguntas pueden abrir una entrada al camino de la recuperación. Sin respuestas a estas preguntas, la recuperación puede tornarse muy difícil.

Además de la restitución y las respuestas, las víctimas necesitan oportunidades para expresar y validar sus emociones: su ira, su miedo, su dolor. A pesar de que tales sentimientos puedan ser duros de escuchar para nosotros y que no cuadren con lo que nosotros desearíamos que sintieran, estos sentimientos son una respuesta humana natural a la perturbación causada por el crimen. La ira, de hecho, debe ser reconocida como una etapa común del sufrimiento y una que no se puede simplemente cortar. El sufrimiento y el dolor son parte de la ofensa y tienen que ser expresados y escuchados. Las víctimas sí necesitan oportunidades y espacios para expresar sus sentimientos y su sufrimiento, pero también para contar sus historias. Ellas necesitan que su "verdad" sea escuchada y validada.

Las víctimas también deben empoderarse. El agresor les ha quitado el sentido de autonomía personal y necesitan que este sentido de poder personal se les regrese. Esto incluye un sentido de control de su entorno. De esta manera, puede ser que nuevas cerraduras y otros dispositivos de seguridad sean importantes para ellos, así como también cambiar su estilo de vida para reducir riesgos. De forma similar ellas necesitan un sentido de control o de participación en la resolución de sus propios casos. Es necesario saber, que tienen opciones y que éstas son reales.

Las víctimas a menudo creen que la seguridad es importante. Desean que se les asegure que esto nunca más volverá a pasar—ni a ellas, ni a otras. Quieren saber qué pasos se están tomando para conseguirlo.

Un hilo común, que surge en cada víctima, puede ser identificado como la necesidad de una experiencia de justicia. Para algunas víctimas, dicha experiencia puede tomar la forma de una petición de venganza. Sin embargo, una demanda de retribución en sí, puede surgir de una experiencia negativa con respecto a la justicia por parte de la víctima. Efectivamente, una experiencia de justicia es tan básica que sin ella, la sanación bien puede ser imposible.

Una experiencia de justicia para las víctimas tiene muchas dimensiones, algunas de las cuales ya se han nombrado. Las víctimas necesitan que se les confirme que lo que pasó estuvo mal, fue injusto e inmerecido. Necesitan la oportunidad de decir la verdad de lo que realmente les pasó, incluyendo su sufrimiento. Necesitan ser escuchadas y afirmadas. Las personas que trabajan con mujeres víctimas del abuso o violencia doméstica, han sintetizado estas necesidades en términos tales como "contar la verdad", "romper el silencio", "desprivatización" y "desminimización".[4]

Como parte de esta experiencia de justicia, las víctimas necesitan saber qué medidas se están tomando para rectificar el mal y para reducir las posibilidades de que vuelva a suceder. Como hicimos notar antes, pueden querer la restitución, no solamente material entendida como una recuperación física de una cosa sino que también simbólica, entendida como una declaración moral implícita en el reconocimiento de que se cometió una ofensa y por los esfuerzos que se hacen para reparar el daño.

La justicia puede ser una situación, pero también es una experiencia. La justicia debe ser hecha realidad. Generalmente las víctimas no están conformes con que se les asegure que las cosas se están arreglando. Quieren ser informadas y por lo menos en ciertos puntos, consultadas e involucradas.

---

4. *Desprivatización* significa que el asunto tiene que transitar de la esfera privada a la pública, dándole el grado de acontecimiento en el que la comunidad o sociedad sea partícipe de la denuncia de las situaciones de abuso o violencia doméstica. Ver L. Cantera, "Más allá del género", Barcelona: Universidad Autónoma de Barcelona. Tesis doctoral. Extraído de: http://ddd.uab.cat/pub/tesis/2004/tdx-1010105-171441/lce1de1.pdf, p.12, 2004.

El crimen puede alterar nuestro sentido de significado, una necesidad humana básica. Consecuentemente el camino a la recuperación incluye la búsqueda de significado. Con el fin de recuperar significado, las víctimas deben responder a las seis preguntas descritas anteriormente. Para las víctimas del crimen, la necesidad de justicia es la más básica porque, de acuerdo a lo que ha observado el filósofo e historiador Michael Ignatieff, la justicia provee un marco de significados que da sentido a la experiencia.[5] Todo esto me lleva a varias observaciones.

Primero, la victimización puede ser una experiencia altamente traumática. Es así porque es una violación de algo muy básico: nuestra visión de nosotros mismos como individuos autónomos en un mundo con significado. Es también el quebrantamiento de la confianza en nuestras relaciones con otros.

Segundo, la victimización a menudo se experimenta, no solo para crímenes violentos tales como el asesinato y la violación, los cuales serían calificados como graves por la mayoría de nosotros, sino que también para crímenes como el abuso doméstico, robo, vandalismo y robo de auto—ofensas que la sociedad a menudo trata como menores.

Tercero, surgen patrones de respuesta comunes en las víctimas, tomando en consideración variaciones de personalidad, situación y ofensa. Ciertos sentimientos tales como el miedo y la ira son casi universales y muchas víctimas parecen pasar por etapas específicas de adaptación.

Finalmente, ser victimizado por otra persona genera una serie de necesidades, las cuales, si se satisfacen, pueden asistir al proceso de recuperación. Para la víctima que no recibe atención, sin embargo, la sanación puede ser muy difícil e incompleta.

---

5. Michael Ignatieff, "Imprisonment and the Need for Justice", una ponencia en el año 1987 en the Canadian Criminal Justice Congress en Toronto. Una versión editada aparece en *Liasion*, Enero 1988.

Nuestra respuesta

Pareciera lógico, dado todo esto, que las víctimas fueran el foco central del proceso judicial y sus necesidades el enfoque principal. Uno podría suponer que las víctimas debieran participar en la decisión de los cargos que se imputan al ofensor y que se les tomaran en cuenta a ellas y sus necesidades en la sentencia final del caso. Cuando menos, se esperaría, que se les avisara al identificar al ofensor y que se les mantuviera informadas del avance del proceso en la corte. En muchos casos, sin embargo, poco o nada de esto pasa. Las víctimas tienen poco que decir en cuanto a si un caso es iniciado o no y en la forma en cómo procede dicho caso. A menudo solo se les toma en cuenta si las necesitan como testigos. Raramente son notificadas cuando se detiene a un ofensor. Solo donde la ley lo requiere, la corte se esfuerza en notificar a las víctimas acerca del proceso de su caso o de solicitar su aporte en la sentencia.

El caso de una señora participante en un seminario que me tocaba facilitar junto con otro colega, es un ejemplo gráfico de este fenómeno. Yo había pasado un tiempo describiendo la situación de las víctimas del crimen—su sufrimiento, sus necesidades, su exclusión del proceso de "justicia"—cuando una mujer al fondo del salón se puso de pie y dijo, "tiene razón. En una ocasión me asaltaron la casa. En otra me asaltaron en una calle oscura. No se me informó ni se me consultó en ninguno de los casos hasta que el proceso en la corte se había terminado o estaba por terminar. ¿Y sabe qué? ¡Yo soy la fiscal! Mi propio equipo no me mantuvo informada". Usted se puede imaginar, entonces, qué podemos esperar el resto de nosotros.

Muchas veces las víctimas se dan cuenta de esto al poco tiempo de denunciar el agravio. Están frecuentemente sorprendidas, por un lado, de encontrar que los cargos pueden continuar o ser desechados sin considerar los deseos de las víctimas y por otro, que se les provee muy poca información sobre el caso.

Tal negligencia a las víctimas, no solamente no satisface sus necesidades, agrava su dolor. Muchas hablan de una "segunda victimización" causada por el personal y los procesos del sistema de la justicia criminal. La cuestión del poder propio es de suma importancia aquí. Parte de la naturaleza deshumanizante de la victimización perpetuada por el crimen tiene que ver con el despojo del poder a las víctimas. En lugar de regresarles el poder, permitiéndoles participar en el proceso judicial, el sistema legal agrava la injuria negándoles el poder. En lugar de sanar, el proceso lastima.

En Estados Unidos, se ha aprobado una legislación federal para apoyar a programas de asistencia y compensación a las víctimas que, en muchos estados, han surgido. Estos programas de compensación permiten que las víctimas de crímenes personales graves que cumplen una variedad de criterios exigentes, soliciten el rembolso de gastos. Los programas de asistencia a víctimas, en las comunidades donde existen, proveen consejería y otros recursos para las víctimas. Inglaterra ha ido al frente en el desarrollo de programas locales de apoyo a víctimas que se valen de voluntarios para proveer apoyo y asistencia a las víctimas mientras buscan recuperarse y seguir con el proceso judicial.[6]

Todo esto ayuda, en la medida que refleja una nueva e importante preocupación por las víctimas. Lamentablemente, estos esfuerzos son incipientes, solo granitos de arena en la playa, cuando se comparan con sus necesidades. Las víctimas aún están a la periferia del proceso judicial. En el proceso legal, las víctimas son meramente un pie de página en el crimen.

Nuestra falencia en no tomar en serio a las víctimas, deja un terrible legado de miedo, desconfianza, ira y culpa. Da lugar a demandas persistentes y tal vez crecientes, de

---

6. National Association of Victim Support Schemes, Cranmer House, 39 Brixton Rd, London SW9 6DZ, United Kingdom. Website: www.victimsupport.org.uk. En los Estados Unidos, The National Organiztion for Victim Assistance, 1730 Park Rd, Washington, DC 20010, sirve como distribuidora. Website: www.trynova.org. The National Organizations for Victims of Crime, 2000 M St., N.W., Washington, D.C. Website: www.trynova.org. National Center for Víctims of Crime, 2000 M St. N.W., Washington, DC 20036. Website: www.ncvc.org.

venganza. Motiva a la creación de estereotipos. (¿Cómo, después de todo, se podrá comprender a un ofensor al que no se ha conocido?) Y estos estereotipos nos llevan a más desconfianza, incentivando el racismo y el clasismo.

Tal vez lo peor de todo, desde el punto de vista de la víctima, es la imposibilidad de cerrar el ciclo. Cuando las víctimas permanecen desatendidas y sus necesidades no se satisfacen, a menudo encuentran difícil dejar la experiencia atrás. Las víctimas a menudo relatan su experiencia vívidamente, como si hubiese pasado ayer, cuando puede haber pasado, de hecho, mucho tiempo. Nada en su experiencia les ha permitido sobreponerse en realidad. En cambio, la experiencia y el agresor aún dominan sus vidas. A la víctima aún se le niega poder. Y el daño no se limita únicamente a víctimas directas; lo sienten los amigos y otros que se han enterado de la tragedia. Las heridas abiertas resultan en mayor grado de desconfianza, miedo, ira y sentimientos de vulnerabilidad en toda la comunidad. En efecto, sirven para minar el sentido de comunidad.

Esta falta de atender las necesidades de las víctimas no significa que nunca se mencione a las víctimas en el proceso legal o en los medios de comunicación. Por el contrario, podemos invocar sus nombres para justificar cualquier clase de trato al ofensor, sin importar lo que la víctima quiere en realidad. La realidad es que no hacemos casi nada directamente a favor de la víctima a pesar de la retórica. No escuchamos relatos de lo que han sufrido, ni de lo que necesitan. No nos esforzamos por devolverles algo de lo que hayan perdido. No les ayudamos a decidir cómo debe resolverse la situación. No les ayudamos a recuperarse. ¡Podemos incluso no informarles de lo que ha pasado después de la ofensa!

Entonces, la última ironía, la última tragedia, es que aquellos que han sufrido más directamente no deberán ser parte de la resolución. De hecho, como veremos, las víctimas no figuran ni siquiera en cómo conceptuamos el problema.

CAPÍTULO 3

El Ofensor

He sugerido que la víctima herida en nuestra historia inicial probablemente no haya experimentado la justicia. Pero, ¿qué ha estado pasando con el joven ofensor que la atacó?

Él ha pasado por un complejo y largo proceso en el que un profesional—un abogado—que debe representar sus intereses se ha enfrentado a otro profesional—un fiscal—que representa al estado y sus intereses. Este proceso se guía por un laberinto complejo de reglas llamadas "debido proceso". Se han diseñado para proteger tanto los derechos del ofensor como los de la sociedad (pero no necesariamente los de las víctimas). Por medio de este proceso, una serie de profesionales (fiscal, juez, oficiales de libertad condicional, psiquiatras) han ayudado a decidir que él es de hecho culpable de la ofensa según la define la ley. Esto ha incluido una determinación de que él no solo cometió la ofensa legalmente definida, sino que además tenía la intención de hacerlo. El juez también ha determinado qué se debe hacer con él.

A través de este proceso, el agresor ha sido casi solo un espectador. Se ha enfocado principalmente en su propia situación y futuro. Casi inevitablemente se ha preocupado por los varios obstáculos, decisiones y etapas que tendrá que enfrentar. Sin embargo, la mayoría de las decisiones las han tomado otros.

La experiencia de prisión

Ahora está encarcelado. Aunque la duración de la sentencia comúnmente dictaminada en los Estados Unidos puede parecer inusual, en un contexto canadiense o europeo occidental, la decisión de encarcelar no lo es. De hecho, la privación de libertad es la respuesta normal a un crimen en la sociedad occidental contemporánea. Operamos bajo una presunción de prisión. El encarcelamiento no es una sentencia de último recurso que debe ser justificada y racionalizada por el juez que la impone. Por el contrario, es normativo y los jueces se ven obligados a explicar y racionalizar otra sentencia que no sea la de prisión.

Esta presunción de prisión explica por qué las tasas de encarcelación son tan altas. Los estadounidenses a menudo creen que se es "flojo con el crimen". Aunque es verdad que hay casos particulares y jurisdicciones en donde los ofensores parecen "salir con un castigo ligero", pero como nación la realidad es bastante diferente. Para los estándares internacionales, son bastante duros. A principios de la década de 1990, Estados Unidos tenía la mayor tasa de encarcelación per cápita del mundo. Entonces, empezando en 1994, las leyes conocidas como "Tres strikes (o tres oportunidades), estás fuera" elevaron aún más las tasas.

La prisión es la sentencia de primer recurso, no el último, y no se limita solamente a los crímenes violentos. Muchos observadores internacionales se sorprenden al darse cuenta de que muchos, si no la mayoría, de los presos en las prisiones estadounidenses están cumpliendo sentencias por crímenes contra la propiedad. Las tasas de encarcelamiento en Estados Unidos son altas porque consideramos las sentencias de prisión como la norma.

Al sentenciar al agresor, el juez en nuestro caso expresó la esperanza de que el joven ofensor pudiera aprender patrones no violentos de conducta mientras estuviera en prisión. ¿Qué, en realidad, estará más propenso a aprender?

A esta altura, este joven ya puede haberse convertido él mismo en una víctima de violencia. ¿Qué estará aprendiendo? Aprenderá que el conflicto es normal, que la violencia es la mejor respuesta para resolver problemas, que es necesario ser violento para sobrevivir, que se responde a la frustración con violencia. Esto es, después de todo, normal en el mundo distorsionado de la prisión.

La edad de este joven y su pequeña estatura física lo hacen propenso de volverse víctima no solo de violencia física y psicológica, sino también sexual. La violación homosexual de jóvenes es frecuente en prisión, donde mezclan a agresores mayores y habituales con hombres jóvenes y menos experimentados. Tal violación puede reflejar la privación sexual prolongada y frustración característica de la vida en prisión. Sin embargo, típicamente la violación no es más que una forma distorsionada de ejercer poder sobre otros, acciones llevadas a cabo por personas a las cuales se les han negado formas legítimas de poder y significado. La violación homosexual en prisión es también un medio para expresar desprecio y degradar a otros. Esto en cambio refleja conceptos perturbadores—pero demasiado comunes—de la masculinidad y feminidad. Dada la inseguridad aparente de este joven, es probable que su sentido de autoestima y hombría sea severamente dañado y distorsionado por esta experiencia.

Poco vale, entonces, la esperanza del juez de que los patrones de violencia sean olvidados. Por el contrario, el juez ha ordenado al agresor vivir por lo menos veinte años en un ambiente que alimenta y enseña la violencia. Para él la violencia puede convertirse en una forma de hacerle frente a su situación, una forma de resolver los problemas, una forma de comunicación.

Este ofensor se metió en problemas en parte por un sentido bajo de autoestima y de autonomía personal, de poder personal. Sin embargo, la experiencia en prisión irá erosionando su sentido de valor y de autonomía, dejándolo con menos recursos para obtenerlos por medios legítimos.

Yo estoy convencido de que la mayoría, de los crímenes y de la violencia, es un modo de afirmar la identidad y el poder personal. Me lo expresó correctamente un amigo que pasó 17 años en prisión por una serie de robos armados. Por fin, a través de la ayuda de gente religiosa muy paciente, él pudo hacer la transición de la vida en prisión a la vida en sociedad. Bobby se crió negro y pobre. Su padre, un conserje y alcohólico, se sentía encerrado en un mundo que se había vuelto una prisión con muy pocas esperanzas de salida. El crimen era, para Bobby, un escape de la prisión del vacío personal. "¡Por lo menos cuando tenía una pistola en la mano era alguien!" Bobby me dijo. ¿Cómo podía respetar a otros cuando se respetaba a sí mismo tan poco?

El psicólogo Robert Johnson, refiriéndose a los homicidas cumpliendo cadena perpetua, ha capturado bien el significado y las raíces de la violencia.

> Su violencia no es un espectro o una enfermedad que los aflija sin ton ni son, ni tampoco es meramente un vehículo conveniente para pasiones desagradables. En cambio, su violencia es una adaptación a vidas tristes y a menudo brutales . . . [La violencia] de la mayoría de los hombres violentos se germina a fin de cuentas en la hostilidad y el abuso de otros, se nutre de la baja confianza en sí mismo y la autoestima fracturada. Paradójicamente, su violencia es una forma torcida de la defensa propia que sirve solo para confirmar los sentimientos de debilidad y vulnerabilidad que la provocan en primer lugar. Cuando su violencia siega víctimas inocentes, no señala un triunfo de la valentía sino una pérdida de control.[1]

Dado el pobre sentido de autoestima y de autonomía personal característico de tantos agresores, riñas y conflictos en prisión a menudo se intensifican rápidamente hacia una violencia mayor. Una discusión sobre un poco de dinero puede fácilmente terminar en la muerte.

---

1. Robert Johnson, "¿A Life for a Life?" *Justice Quarterly*, 1, No. 4 (Diciembre, 1984), 571.

Nuestro ofensor pudiera haberse metido en problemas por su sentido bajo de autoestima y de poder propio. Su ofensa bien pudiera haber sido un intento distorsionado de manifestar que era alguien y de ejercer algún control sobre su vida y tal vez sobre la de otros. Con todo, el ambiente de la prisión desgarrará más su sentido de poder y valor.

Todo el ambiente de la prisión está estructurado para deshumanizar. A los prisioneros se les renombrar con una identidad/número, se les da ropa estandarizada y muy poco o ningún espacio personal. Se les niega toda posibilidad de tomar decisiones a nivel personal y de ejercer poder. Efectivamente, el enfoque del entorno entero es la obediencia, el acatamiento a órdenes. En esta situación, una persona tiene pocas opciones. Pueden aprender a obedecer, a ser sumisos. El sistema penal promueve esta respuesta, pero es la que menos facilita una transición exitosa a la sociedad libre. Nuestro agresor se metió en problemas por su incapacidad de controlarse, de tomar control de su vida de una manera legítima. La prisión le privará aún más de esa habilidad. Así que no es sorprendente que aquellos que se adaptan mejor a las reglas de la prisión *no* son los que hacen una transición más exitosa a la comunidad después de prisión.

Una segunda respuesta ante la presión de conformarse es rebelarse. Muchos lo hacen. En parte, tal rebelión es un intento de retener un sentido de individualidad. Como categoría, aquellos que se rebelan parecen hacer la transición a una sociedad libre mejor que aquellos que se conforman (aunque la rebelión puede reducir las posibilidades de salir bajo libertad condicional). Hay excepciones: si la rebelión es muy violenta o se prolonga mucho, un patrón de rebelión y violencia puede comenzar a dominar.

Jack Abbot es un prisionero que ha pasado la mayoría de su vida enfrentándose a la conformidad en prisión. Su libro, *En el ombligo de la bestia,* es una mirada profunda y penetrante al mundo de la prisión.[2] Después de muchos años en prisión, fue liberado, solo para matar otra vez cuando le pareció que le insultaban.

Una tercera opción es la del engaño, aparentar conformidad mientras se encuentran maneras de mantener áreas ocultas de libertad personal. De ahí, otra lección que puede ser aprendida en prisión: la manipulación es normal. Esto es, después de todo, como se enfrenta la prisión. Y es como las autoridades de la prisión manejan a los prisioneros. ¿Cómo entonces, después de todo, podrán tan pocas autoridades manejar a tantos prisioneros con tan pocos recursos? Rápidamente, el presidiario aprende a cómo engañar.

Nuestro agresor se metió en problemas por su incapacidad de tomar buenas decisiones. La habilidad de tomar la iniciativa para tomar buenas decisiones se erosionará aún más por la experiencia en prisión. Durante veinte o más años, recibirá poca motivación o incluso ninguna oportunidad para tomar decisiones y ejercer responsabilidad. De hecho, lo que aprenderá es la dependencia. Durante esos años, no pagará alquiler, no tendrá que manejar dinero, ni tendrá responsabilidades familiares. Esperará que el Estado se haga cargo de su cuidado. Y cuando salga, tendrá pocas habilidades para hacerle frente a la vida. ¿Cómo aprenderá a mantener un trabajo, a ahorrar, a presupuestar, a pagar cuentas?

En prisión nuestro agresor desarrollará un ideal deformado de las relaciones personales. El dominio sobre otros será la meta, sea la pareja, un amigo o un socio de negocios. La preocupación por otros se verá como una debilidad. Y a los débiles, hay que explotarlos.

Este agresor necesita comprender que es alguien que tiene valor, que tiene el poder y la responsabilidad de tomar buenas decisiones. Debe aprender a respetar a otros y su propiedad. Necesita aprender a lidiar pacíficamente con la frustración y el conflicto. Necesitará

---

2. Jack Henry Abbot, *In the Belly of the Beast: Letters from Prison* (New York: Random House, 1981).

habilidades para hacerle frente a la vida. En lugar de eso, se le animará a valerse de la violencia para la validación personal, enfrentar la vida, resolver problemas. Su sentido de valor y autonomía serán, o bien debilitados, o basados en cimientos peligrosos.

Examinada en este contexto, entonces, la esperanza del juez se vuelve increíblemente ingenua y terca.

¿La prisión le enseñará patrones de comportamiento no-violentos? Difícilmente. Lo más probable es que lo vuelva más violento. ¿Protegerá a la sociedad de él? Por un tiempo, tal vez, pero por fin saldrá, y será peor por el desgaste. Y mientras está en prisión, podrá convertirse en un peligro para sus compañeros.

¿Disuadirá? Es discutible si su encarcelamiento podrá disuadir a otros de cometer crímenes similares o no, pero es poco probable que a él lo disuada. Efectivamente, como ya he sugerido, puede ser más, no menos, probable que cometa crímenes porque le falta la habilidad para manejar bien su vida y por los patrones de comportamiento que aprenderá en prisión. Aún más, la amenaza de prisión no contendrá tanto terror para él, puesto que sabrá cómo sobrevivir ahí. Efectivamente, después de veinte años será su hogar y se sentirá inseguro afuera.

Algunos prisioneros que han pasado tanto tiempo adentro cometen crímenes tras su liberación precisamente para que puedan volver a un lugar conocido. Ellos prefieren estar en un lugar donde tienen las habilidades para enfrentar los problemas antes que enfrentar la incertidumbre y los peligros de la vida en el exterior. Recientemente me invitaron a una reunión en un centro Británico para ex-agresores. Uno de los jóvenes que participaban había estado en prisión varias veces. "Me gusta estar afuera", dijo, "pero estoy igual de contento aquí adentro". La amenaza de prisión puede difícilmente disuadir a tal individuo.

Ni es probable que la amenaza de prisión disuada a gente pobre y marginada, que cree que la vida afuera es un tipo de prisión. Para una persona en tal situación, condenarla a prisión es solo pasarla de un tipo de aprisionamiento a otro. Sin embargo, reservamos las sentencias de prisión principalmente para los pobres y los desvalidos.

¿Qué necesita pasar?

Cuando se sentenció a este joven, el juez habló de la necesidad de obligarles a los agresores que se hagan responsables por sus acciones. Casi todos estaríamos de acuerdo. Los agresores efectivamente necesitan hacerse responsables por su comportamiento. ¿Pero qué significa hacerse responsables? Para este juez, y para la mayoría de la gente actualmente, hacer que los ofensores se hagan responsables significa que el agresor debe experimentar consecuencias punitivas—a menudo prisión—sea para disuasión, sea para castigo. "El hacer a la gente responsable" significa forzar a la gente a "tomar su medicina"—una metáfora inusual para algo tan perjudicial como la prisión.

Es una definición abstracta y extremadamente limitada de la responsabilidad. Sin ningún vínculo intrínseco entre el acto y las consecuencias, la verdadera responsabilidad es poco posible. Y mientras las consecuencias sean decididas *por* los ofensores, "hacerles responsables" no incluirá la verdadera responsabilidad.

Para poder cometer agresiones y aguantar psicológicamente su comportamiento, los ofensores a menudo construyen racionalizaciones muy elaboradas para sus acciones y la prisión les da mucho tiempo y motivación para hacerlo. Con el tiempo creen que lo que hicieron no fue algo tan grave, que la víctima lo "merecía", que el todo mundo lo hace o que la aseguradora se hará cargo de todas las pérdidas. Encuentran formas de echar su culpa a otras personas y situaciones. Se valen también de estereotipos de las víctimas y posibles víctimas. Inconscientemente o incluso conscientemente, ellos se esfuerzan para distanciarse de la víctima. Algunos ladrones reportan incluso que giran las fotos hacia la pared en las casas que roban para que no tengan que pensar en las víctimas.

Nada en nuestro proceso de justicia criminal desafía estas "desatribuciones." Al contrario, el proceso a menudo nutre racionalizaciones y refuerza estereotipos. La naturaleza adversaria del proceso tiende a endurecer los estereotipos de las víctimas y de la sociedad. La naturaleza compleja, dolorosa y no participativa del proceso, motiva la tendencia de enfocarse en los males experimentados por el agresor, retirando la atención del daño hecho a la víctima. Muchos, si no la mayoría de los agresores, acaban convencidos de que han sido tratados de mala manera (¡y bien puede ser que sí!). Esto, en cambio, les ayuda a enfocarse en su propio dolor por sobre el de la víctima. Al mínimo, por la complejidad y la naturaleza centrada en el agresor del proceso criminal, los ofensores quedan enfrascados completamente en su propia situación legal.

Consecuentemente, a los agresores raramente se les motiva o se les permite ver los verdaderos costos humanos de lo que han hecho. ¿Cómo es, verdaderamente, experimentar el que le asalten la casa, le roben el auto y se sienta miedo? y las preguntas sobre ¿quién lo hizo y por qué? ¿Cómo es creer que verdaderamente se puede morir y después perder un ojo? ¿Qué clase de persona es esta víctima? Nada en la experiencia del agresor con la justicia aborda estos asuntos. Nada le obliga a enfrentarse con sus racionalizaciones y sus estereotipos. En el caso de arriba, el agresor hizo algunos intentos de comprender la magnitud del impacto de lo que hizo, pero lo que comprendió es incompleto y pronto será borrado por su experiencia de la justicia y el castigo.

La responsabilidad genuina, entonces, incluye la oportunidad de entender las consecuencias humanas de nuestros actos, encarar lo que se ha hecho y a quién se le ha hecho. Pero la verdadera responsabilidad abarca más. También incluye enfrentar los resultados de nuestra conducta. Se les debe permitir y animar a los agresores a ayudar a decidir lo que se debe hacer para enmendar el mal, y después dar los pasos necesarios para repararlo.

El juez Dennis Challen señala que el problema con la mayoría de las sentencias es que aunque se les asigna responsabilidad a los agresores (en el sentido del castigo), no se les pide que asuman verdaderamente responsabilidad por las consecuencias. Con todo, fue la falta de responsabilidad lo que los metió en problemas en primer lugar. Cuando se les impone el castigo a personas responsables, argumenta Challen, a menudo responden responsablemente. Cuando les imponemos sanciones a aquellas que son irresponsables, sin embargo, tienden a volverse más irresponsables.[3]

Algunas cortes han comenzado a incluir la restitución a las víctimas en las sentencias. Es un paso positivo. Sin embargo, la justificación para la restitución a menudo ha sido confusa y mal enfocada. Muchas veces la ven como un modo de castigar al ofensor, en vez de una manera de reparar el daño sufrido por la víctima. También, por lo general es una sanción impuesta y por lo tanto, no motiva a los agresores sentirse copartícipes de buena voluntad en el logro del resultado. Usualmente, el ofensor no participa en la decisión de hacer restitución y tiene muy poco o ningún conocimiento de las pérdidas de la víctima. Por lo tanto, están propensos a ver la restitución simplemente como otra sanción punitiva más, en vez de un intento lógico de corregir un mal y cumplir con una obligación hacia otra persona. Las sentencias de restitución impuestas a los ofensores como castigo, probablemente fallarán en ayudarles a hacerse más responsables. De hecho, esta es una las principales razones por las bajas tasas de rembolso en algunos programas de restitución.

Nuestro agresor necesita asumir responsabilidad por su comportamiento en cualquier modo que pueda. Es decir, se le debe instar a esforzarse por comprender lo más completamente posible lo que ha hecho (por ejemplo, lo que sus acciones han significado para la otra persona afectada y reconocer su papel). También hay que permitirle y animarle a reparar el mal lo mejor que sea posible. Debe participar en encontrar cómo hacerlo. Eso sí, es hacerse responsable de verdad.

---

3. Dennis A. Challeen, *Making It Right: A Common Sense Approach to Criminal Justice* (Aberdeen, Dakota del Sur: Melius & Peterson Publishing, 1986).

Tal responsabilidad puede ayudar a la víctima a sentir cierta resolución mediante el cumplimiento de algunas de sus necesidades. También, puede ayudar al agresor a experimentar resolución. Comprender de verdad el daño que ha causado puede disuadirle de volver a ofender en el futuro. Una oportunidad de enmendar lo que se dañó, de volverse un ciudadano productivo, puede aumentar su autoestima y así promover patrones positivos de conducta.

¿Cuál será el resultado?
Es probable que nada de esto le pase a nuestro ofensor durante los próximos veinte años. ¿Cuál será el resultado?

Él no tendrá ninguna oportunidad de confrontar los estereotipos y las racionalizaciones que lo han llevado a esta ofensa. Efectivamente, serán ampliados y elaborados durante sus años en prisión. No tendrá ninguna oportunidad de desarrollar las habilidades interpersonales, las habilidades de manejar su vida, que necesitará para vivir exitosamente afuera. De hecho, él aprenderá habilidades interpersonales dañinas y perderá las pocas habilidades que ya tiene para manejar su vida. No tendrá ninguna forma de reconocer lo que ha hecho o de enmendar el mal hecho.

No tendrá forma de lidiar con la culpa que tales agresiones han causado. No hay lugar en el proceso donde pueda ser perdonado, donde pueda sentir que haya reparado el mal. Imagínese el impacto en su auto-imagen. Sus alternativas son pocas. Puede evadir esta cuestión, al racionalizar su comportamiento. Puede volver esta ira sobre sí mismo y contemplar el suicidio. Puede tornar su ira a otros. Sea como sea, lo seguirán calificando como agresor, mucho tiempo después de que haya "pagado su deuda" al cumplir su castigo. El odio y la violencia cultivados en él en prisión, finalmente pueden remplazar cualquier remordimiento o dolor que haya sentido.

Al igual que la víctima, no tendrá ninguna oportunidad de cerrar el ciclo, de dejarlo atrás. La herida continuará abierta.

Por sus acciones, nuestro agresor ha lastimado a otra persona. Él también ha traicionado relaciones de confianza dentro de su comunidad. Nada en el proceso de justicia le ayudará a comprender las dimensiones de lo que ha hecho.

Una persona lastimada cometió la ofensa de hacerle daño a otra. Aunque no se justifica por esto, sus acciones nacieron de una historia de abuso. Como niño, lo abusaron físicamente. Como adulto, lo abusaron psicológica y espiritualmente, lo que dañó su concepto de sí mismo y su relación con el mundo. El proceso no tomará en cuenta nada acerca de todo eso. A lo mejor, nada lo pondrá en el camino hacia la recuperación y la integridad.

Algunos Temas Comunes

Aunque he visto a la víctima y al ofensor por separado, han surgido algunos temas comunes a los dos.

Arrepentimiento y perdón
Hasta ahora he analizado sus experiencias y sus necesidades principalmente en términos experienciales y psicológicos. Examinemos brevemente su dilema en términos cristianos.

Ambas personas en el caso que acabo de describir necesitan sanar. Para que la sanación genuina se de, es necesario que se cumplan por lo menos dos condiciones previas: el arrepentimiento y el perdón.

Si la sanación ha de realizarse, es provechoso que las víctimas sean capaces de perdonar.

Desde una perspectiva teológica, la relación parece bastante directa: estamos llamados a perdonar a nuestros enemigos, a aquellos que nos han herido, porque Dios nos ha perdonado. No podemos ser libres mientras estemos dominados por la enemistad. Debemos seguir el ejemplo de Dios.

Desde un punto de vista experimental práctico, esto parece bastante difícil, tal vez imposible. ¿Cómo puede una madre o un padre perdonar al que ha matado a su hijo? ¿Cómo es posible dejar atrás los sentimientos de ira y venganza? ¿Cómo se atreve alguien, que no lo ha vivido, sugerir tal cosa? ¿Se puede pensar en el perdón si aún no se ha garantizado la seguridad? ¿Es posible tal garantía?

Perdonar y ser perdonado no es fácil y no se puede sugerir fácilmente. Ni tampoco debemos esperar que sientan una carga extra de culpa aquellos que no pueden hallar en sí poder perdonar. El verdadero perdón no se logra simplemente por voluntad o fuerza, sino debe venir a su tiempo, con la ayuda de Dios[1]. El perdón es un regalo. No se debe hacer una carga.[2]

Es importante aclarar nuestro concepto del perdón. A menudo pensamos que perdonar significa olvidar lo que pasó, borrarlo y tal vez, soltar al agresor sin castigarle mucho. Pero el perdón no significa olvidar lo que pasó. La mujer de nuestra historia nunca podrá—ni tampoco deberá—olvidar completamente su trauma y su pérdida. Ni se debe esperar que lo haga. El perdón nunca significa redefinir una ofensa como si no fuera ofensa. No significa decir, "no fue tan malo, no importa". Sí fue malo, sí importa y negarlo, de hecho, devalúa tanto la experiencia del sufrimiento como la humanidad de la persona responsable.

Perdonar implica soltar el poder que la ofensa y el agresor tienen sobre una persona. Significa terminar con

---

1. He encontrado el trabajo de Marie Marshall Fortune útil en cuanto al perdón. Veamos, por ejemplo, *Sexual Violence: The Unmentionable Sin* (New York: Pilgrim Press, 1983), y "Justice-Making in the Aftermath of Woman-Battering", en *Domestic Violence on Trial*, ed. Daniel Sonkin (New York: Springer Publishers, 1987), pp. 237-248. Ver también Jeffrie G. Murphy and Jean Hampton, *Forgiveness and Mercy* (Cambridge, England: Cambridge University Press, 1988) y Thomas R. Yoder Neufeld, "Forgiveness and the Dangerous Few: The Biblical Basis," ponencia ante al Christian Council for Reconciliation, Montreal, Quebec, November 18, 1983.

Morton MacCullum-Paterson ha sugerido que el perdón puede consistir en la voluntad de renunciar a la intención de vengarse. Puede incluir la voluntad de dejar que Dios se haga cargo del perdón respecto a este asunto. Señala que el significado de la raíz de la palabra perdón en el Nuevo Testamento es entregar o dejar de lado. Ver *Toward a Justice that Heals* (Toronto: The United Church Publishing House, 1988), p. 56.

2. Gracias a Dave Worth por esta útil distinción.

la dominación de la ofensa y el agresor. Sin la experiencia del perdón, sin cerrar el ciclo, la herida se agrava, la violación toma control de nuestra conciencia, nuestras vidas. La ofensa y el agresor están en control. El verdadero perdón, entonces, es un acto de recuperación de poder y de sanación. Permite que se transforme de víctima en sobreviviente.

Hay otras maneras de pasarse de víctima a sobreviviente. Unas víctimas intentan hacerlo al "vivir bien", porque piensan que vivir con éxito después de una tragedia es la mejor venganza. "Yo les enseñaré" es el lema que las impulsa adelante y tiene cierto valor psicológico. Pero este método de enfrentar las cosas pone a la ofensa y al agresor al centro. Perdonar, por el contrario, permite que la experiencia se vuelva parte de nuestra historia, parte de nuestra biografía de una manera importante, pero sin dejar que continúe controlándonos.

Ciertas condiciones facilitan el perdón. El reconocimiento de responsabilidad, remordimiento y arrepentimiento de parte del ofensor, pueden ser una ayuda muy importante. Sin embargo, para la mayoría de las personas una condición esencial es el apoyo de otros y una experiencia de justicia. La oración juega un papel importante en esta "sanación de memorias". Una persona o un grupo puede jugar un rol pastoral al escuchar confesiones y ofrecer absolución. Todos nosotros, y especialmente nuestras congregaciones, tenemos la responsabilidad de ayudar a crear un ambiente apto para realizar ese ritual.

Como lo sugerí arriba, una experiencia de justicia tiene muchas dimensiones. El concepto bíblico del lamento, expresado en unos de los salmos, representa una de estas dimensiones. Al referirse a la iglesia, el teólogo Walter Brueggemann lo ha expresado muy bien.

> Para lograr la madurez tenemos que expresar todas las negatividades con transparencia plena. Puedo ver al sacerdote parado al lado, preguntando: ¿ya lo ha expresado todo, hay algo mas? He descubierto que si lo expreso en forma estructurada de manera que se pueda recibir, realmente salgo renovado y libre. Pero si no practicamos el

lamento, si no practicamos el lenguaje que lo eleva al trono de Dios, tengo que taparlo y cargarlo conmigo por el resto de mi vida. Vivimos en un mundo de personas que esperan la oportunidad de expresarlo al Oído Santo de Dios. El misterio es que si se lo dice honestamente a Dios, Dios no se aparta asustado, no se ofende, ni se enajena, sino mas bien Dios se acerca más. . . . Muchísimas personas en nuestra cultura reprimida constantemente necesitan permiso para expresar su rabia, odio, dolor, miedo. Las personas, a lo mejor, cantan los himnos de alabanza con menos soltura, poder y energía si no han podido expresar plenamente sus pérdidas, heridas y dolores antes de llegar ahí. La tarea pastoral es la de autorizar a la gente a usar el lenguaje apropiado para hacerlo. . . .

El quehacer de la iglesia no es el de decir algo bueno sino el de decir la verdad. A veces la única verdad es la que duele. El salmo 88 es un salmo para esos tiempos. La única verdad que este salmo puede traernos esta noche es que duele y debe destapar la herida. Al día siguiente puede ser el momento para ungirla, pero no antes de sacar al aire la herida. El salmo 88 no se retrae ante la verdad dolorosa de que hay partes de la vida que son indecibles.[3]

La iglesia tiene una responsabilidad muy clave al buen desempeño del proceso. Lamentablemente, con demasiada frecuencia ha querido evadir el dolor, prescindir del lamento. Mientras por otro lado, ha presionado a las víctimas a perdonar. Ha sido renuente a perdonar a las víctimas por sus sentimientos naturales de ira y hostilidad hacia el ofensor, la sociedad y Dios.

Si la víctima necesita una experiencia de perdón, así también el ofensor. Si no, ¿cómo podrá resolver su culpa? ¿Cómo podrá hacer la transición a una nueva vida?

---

3 De un taller sobre los Salmos en Toronto, Canadá en 1980. Citado en "A Reflective Analysis on Reconciliation as It Relates to Criminal Justice", un ensayo inédito para discusión preparado por un grupo de trabajo de la coalición National Associations Active in Criminal Justice para un taller en Ottawa, Canadá, Mayo de 1987.

¿Cómo podrá desarrollar un sentido sano de identidad y valor propio? ¿Cómo podrá lograr la salvación?

Al contrario de lo que se cree popularmente, los ofensores sí sienten culpa por lo que han hecho. Pero un sentido de culpa puede poner a prueba fuertemente el sentido de intimidad y valor propio. Un estudio ha encontrado que los ofensores sienten miedos muy fuertes y que el más fuerte es el "estado nulo", es decir, el estado de falta total de valor.[4] Como consecuencia, los ofensores se valen de diversas técnicas defensivas para esquivar la culpa y así salvar su sentido de valor propio.

Una técnica es la de elaborar lo que Michael Ignatieff ha llamado "estrategias exculpatorias" para desviar o negar su culpa.[5] Pueden, por ejemplo, alegar que "todo el mundo lo hace", que la víctima "merecía" las pérdidas o tenía los recursos necesarios para aguantarlas, que se les había provocado más allá del extremo. Pueden adoptar el lenguaje del determinismo social y psicológico, alegando que "Soy maleante porque soy menesteroso". Igualmente, la tendencia de los agresores a apasionarse fuertemente por las mismas injusticias que se creen haber sufrido también, les puede servir de una manera de evadir la carga pesada de la culpa.

Para vivir consigo mismo, algunos ofensores crean fantasías muy elaboradas de sí mismos y de lo que hicieron. Algunos prácticamente desarrollan dos personalidades al diferenciar marcadamente entre persona culpable y otra parte de su ser.

Estoy convencido de que la culpa da lugar a mucho de la ira expresada por los agresores. La culpa reconocida se convierte en la ira dirigida a nosotros mismos. La culpa negada puede convertirse en la ira tornada hacia otros. Sea como sea, la ira puede ser muy destructiva.

Algunos insisten en que se tiene que resolver la culpa por medio del castigo. Al aceptar su debido castigo, la

---

4. Ver David Kelley, "Stalkling the Criminal Mind: Psychopaths, 'Moral Imbeciles,' and Free Will", *Harper's*, agosto de 1985.

5. Ignatieff, "Imprisonment and the Need for Justice".

deuda se paga y se resuelve la culpa. Puede que sea cierto a nivel teórico, pero en la realidad las cosas no funcionan así. Si el castigo ha de resolver la culpa, se debe aceptar como legítimo y debido. Raramente es así en la vida real. Aún más, la idea de que la ofensa sea contra la sociedad y que por lo tanto se tenga una deuda para con ella, muy pocas veces tiene sentido para los ofensores. El concepto es demasiado abstracto y el grado de la identificación de los agresores con la sociedad, demasiado limitado.

Nos faltan rituales para reconocer que la deuda se haya cumplido y la culpa se haya absuelto. Como lo señala Ignatieff, el perdón absolvería la deuda tan bien o mejor que el castigo. Sin embargo, creemos que tenemos que castigar si el perdón ha de ser posible. En la práctica, imponemos el castigo de tal manera que lastime y se perciba como indebido; y luego negamos oportunidades para el perdón.

La vida nueva requiere tanto el perdón como la confesión. Para que los agresores sean plenamente íntegros tienen que confesar su maleficencia, admitir y asumir su responsabilidad y reconocer el daño hecho. Solo entonces, será posible arrepentirse, cambiar el rumbo de su vida y encaminarse hacia nuevos horizontes. La confesión seguida del arrepentimiento es la clave a la sanación para los agresores, pero al hacerlo, ellos también pueden facilitar la sanación de las víctimas.

Nada de esto—el arrepentimiento, la confesión y el perdón de Dios o de la víctima—elimina las consecuencias de las acciones del ofensor. La gracia no es barata. Las responsabilidades para con la víctima no desaparecen. Sin embargo, la salvación y la liberación sí son posibles.

El camino a esta salvación, según muchos capellanes y visitas a prisiones, estriba en el reconocimiento de cuán pecaminosos y totalmente sin méritos son los seres humanos porque se cree que el pecado se nutre del egoísmo.[6]

---

6. Ver Gerald Austin McHugh, *Christian Faith and Criminal Justice: Toward a Christian Response to Crime and Punishment* (New York: Paulist Press, 1978), pp. 172ff.

ALGUNOS TEMAS COMUNES 51

A los ofensores, muchas veces les falta cierto sentido moral, definido como una preocupación por sus propias necesidades y la incapacidad de sentir empatía por los demás. Sin embargo, he sugerido que esta preocupación, por sí mismo, se basa en una débil imagen propia, tal vez en el odio de sí mismo. Si es cierto, un requisito previo para la sanación puede ser el reconocimiento de que es, un ser amado y de valor, antes mas bien una confirmación más de su inutilidad.

En resumen, tanto víctimas como ofensores necesitan sanación y esta sanación requiere oportunidades para el perdón, la confesión, el arrepentimiento y la reconciliación. Algo de esto se debe realizar entre las partes y su Dios, su congregación y su comunidad. Pero se incluye también la relación entre la víctima y el ofensor, una relación que si no existía antes de la ofensa, ahora sí.

Sin embargo, desafortunadamente nuestro sistema actual de derecho penal no facilita nada de esto. De hecho, el sistema obstaculiza los procesos de reconciliación. En el procedimiento jurídico no cabe el arrepentimiento ni menos el perdón. Además, por su propia naturaleza insta a los ofensores a negar su culpa y a centrarse, mas bien, en sus propias situaciones. Se esfuerza activamente por mantener separados a la víctima y al ofensor, animándoles a verse como adversarios y disuadiéndoles a lograr un entendimiento común de la ofensa y su resolución.

El caso de un joven ex-ofensor al que conocí hace muchos años es un buen ejemplo de esta última aseveración. Mientras cumplía prisión, se hizo cristiano. Cuando la Junta de Libertad Condicional lo liberó, ellos le amonestaron diciéndole, "sabemos que usted se ha hecho cristiano. Por lo tanto, es posible que usted quiera regresar y encontrarse con la víctima para reparar el daño. ¡Si usted tan solo se acera a la víctima, estará de regreso aquí inmediatamente!" Es una reacción lógica, tal vez, pero una tragedia también.

Cuestión de poder

La cuestión del poder propio y la autonomía es de esencial importancia tanto para la víctima como para el ofensor, porque ambos experimentan los fenómenos del crimen y la justicia.

La privación de la autonomía de las víctimas por los agresores es en gran parte lo que hace que la experiencia de la víctima sea tan traumática. Para ser íntegros, necesitamos cierto sentido de control sobre nuestras vidas y perspectivas. Al sentir que se nos quita repentina, arbitraria y espantosamente, se produce una intensa sensación deshumanizante. Los ofensores cambian a las víctimas en objetos, en "cosas", al robarles el poder sobre sus propias vidas.

Cuando a alguien se le quita algo tan básico como el sentido de autonomía, busca recuperarlo de algún modo. Las víctimas tienen que recobrar este sentido y lo hacen de diversas maneras. Algunas lo hacen simplemente al sobreponerse, al vivir con éxito o al transformarse en sobrevivientes. Otras lo logran tomando medidas para resguardarse, o de otro modo al encontrar maneras de volver a tomar control de su propia vida. Incluso otras tratan de recuperarlo exigiendo la venganza y el castigo. Unas se empoderan de nuevo por medio de un acto de perdón cristiano. De todos modos, la cuestión del poder propio—la pérdida y la recuperación—es fundamental en la experiencia de la víctima.

Esta cuestión es fundamental también a la experiencia del ofensor. Mucha gente se siente impotente y sin valor. En nuestra sociedad, los jóvenes sienten esta pérdida del sentido de poder propio como un asalto a su masculinidad. Muchas veces se ven, la masculinidad y el poder, como iguales. Una manera de mitigar esta sed de autonomía y de responder a la victimización proveniente de la sociedad, es la de hallar a otra víctima que se pueda dominar. La violación homosexual en prisión es precisamente uno de tales fenómenos. Pero muchas veces el crimen es una manera torcida de validar su poder y valor, un medio torpe de imponerse y expresarse.

¿En nuestra sociedad, realmente tiene la gente tan poco poder como lo he sugerido yo? Desde luego, esa aseveración contradice el mito estadounidense de que se recompensa la habilidad individual. Todo aquel que tenga habilidad y esté dispuesto a trabajar duro tendrá una vida exitosa. Si no lo logra, la culpa es suya. Además, su éxito se mide con criterios materiales. El poder y la riqueza son los criterios básicos del éxito y por lo tanto del valor. Pero aun si fuera real, este mito de opciones y recompensas individuales—y a lo mejor para muchos no lo es—muchas personas pobres *creen* que *no* lo es, al menos para ellas.

Muchas veces he pensado que lo que verdaderamente divide, la clase media-alta de la baja en nuestra sociedad, no tiene tanto que ver con la educación y la riqueza, sino mas bien con el sentido de tener opciones y de poder. Muchos de los que nos criamos en familias de clase media y clase alta, lo hacemos creyendo que somos dueños de nuestra propia suerte. Aunque puede haber obstáculos, y aunque la buena fortuna o la Providencia juegan su papel, de hecho creemos que sí tenemos opciones reales, cierto poder para determinar nuestros destinos.

Mucha gente pobre no piensa así. A su parecer, lo que les pasa se debe más a la suerte que a sus propios esfuerzos. Si hay éxito, tiene más que ver con un poco de suerte que con mucho trabajo. Si se les arresta por una ofensa se debe más a la suerte que a lo que hicieron. Si tienen el poder de ejercer opciones verdaderas o no, muchos *creen* que no, y es lo que vale a fin de cuentas. Para algunas personas, entonces, el crimen puede ser una manera de ejercer un sentido de control que les falta de otro modo.

Muchas personas creen que las cosas les suceden a ellas, en vez de que ellas puedan controlar su propio futuro. Esta perspectiva implica mucho para el concepto de la disuasión. Para que sea efectiva la disuasión, ellas tienen que creer que sus acciones se basan en el ejercicio de opciones, lo cual a su vez afecta lo que les sucede. Sin embargo, las entrevistas realizadas por Parker Rossman a jóvenes en problemas con la ley en Nueva York pintan otro cuadro.[7]

Todos los días observaban el arresto de personas inocentes. Todos los días observaban que personas culpables salían impunes. A su parecer, había poca relación entre la ofensa y la sanción. Mas bien veían la sanción como la lluvia. Unos días llueve, otros no. La lluvia cae en los justos y los injustos por igual. La mayoría creían que iban a ser arrestados y sancionados alguna vez en sus vidas. Como el resto de su futuro, era algo que simplemente les sucedía controlado por fuerzas irresistibles en gran medida.

Muchas personas en nuestra sociedad carecen de un sentido de poder propio y el crimen puede ser una manera de hacer valer ese poder. Ante tal contexto, nuestro remedio para aquellos que les privan a otros de su poder para así hacer valer el suyo, raya en lo irracional por el hecho de que les robamos aún más su sentido de autonomía. Todo el sistema judicial está organizado para hacer precisamente eso, resaltar para los ofensores el gran poder del estado y la falta de poder de ellos. Se les trata como peones en el proceso. Entonces los mandan a prisión donde se les priva aún más de un sentido de poder y valor, a menos que, logren recuperar un poco en la subcultura distorsionada de prisión. Así que ellos se resisten a la "rehabilitación" por la misma razón porque las víctimas se resisten a la victimización, porque se les priva de un sentido de autonomía.[8] ¿Cómo podemos esperar, entonces, que los prisioneros salgan con un sentido de valor propio que no depende de la dominación de otros?

El proceso penal del sistema judicial también le niega poder a las víctimas. No se atienden las necesidades de las víctimas y las excluyen del proceso, aumentando así su sentido de victimización.

---

7. Parker Rossman, *After Punishment What?*, (Cleveland, Ohio: Collin, 1980).

8. De gran ayuda en la cuestión de poder es Richard Korn, "Crime, Criminal Justice, and Corrections", *University of San Francisco Law Review*, Octubre 1971.

Tanto a la víctima como al ofensor, se les niega poder en el proceso de justicia criminal, lo que resulta en consecuencias dañinas para los dos. Pero el desequilibrio de poder del proceso tiene otras consecuencias también. Una concentración de poder puede causar que algunas personas pierdan los estribos, lo que hace que actúen como si estuvieran por encima de la ley. Esta concentración de poder, junto con las diferencias de educación y de estatus social les dificulta a las personas en puestos claves relacionarse con los desamparados, sean víctimas u ofensores. Generalmente están renuentes a considerar perspectivas diferentes a las suyas. La concentración de poder en el fiscal o el juez puede intensificar el problema.

En resumen, el crimen puede ser un medio para ejercer el poder y así lograr un sentido de valor propio. Sin embargo, por su crimen roban a las víctimas de su sentido de poder propio. Para que las víctimas recuperen la integridad, tienen que recobrar este sentido de autonomía. Para que los ofensores recuperen la integridad, tienen que desarrollar un sentido de autonomía no basado en la dominación de otros. Sin embargo, el proceso penal agrava el problema al robarle tanto a la víctima como al ofensor un sentido de poder legítimo mientras concentran el poder en manos de unos pocos.

Ahora exploremos de una manera un tanto diferente lo que tienen en común las respectivas experiencias de víctima y ofensor.

El Juez Challeen ha notado que una de las características de muchos de los ofensores que comparecen ante él es la de que, según el criterio de la sociedad, son inútiles.[9] Las personas que se consideran inútiles son más propensas que otras a hacer valer sus identidades por el crimen. Al mismo tiempo son menos propensas a dejar que las consecuencias impidan su actuar. La disuasión, concluye Challeen, funciona en menor medida en aquellos que se necesita que funcione: todos aquellos que están perdidos,

---

9. Dennis A. Challeen, *Making It Right*, (Aberdeen, South Dakota: Milieus and Peterson Publishing, 1986), pp. 21ff y 43ff.

los que tienen poco que perder y los que menos se preocupan por los efectos del arresto y la sanción.

Volviendo ahora a las víctimas, el criminólogo noruego, Nils Christie ha señalado que la victimización en sí, no es una "cosa".[10] Mas bien, tiene que ver con las interpretaciones de las situaciones por los participantes. Dada la misma experiencia, algunas personas bien pudieran identificarse como víctimas. Otras pudieran identificarse como vencidas. Aun otras pudieran verse como vencedores. Precisamente cómo una "víctima" interpreta la situación depende de varios factores. Si tales personas pueden nombrar que han sufrido un mal y pueden decir cómo y por quién, entonces pueden ser más propensas a identificarse como víctimas. Por otro lado, algunas están acostumbradas a perder, a ser víctimas. Si no pueden decir claramente en qué sentido han sido ofendidas ni por quién, bien pueden interpretar la misma experiencia como otra pérdida, otra prueba más de ser derrotadas.

Tanto Christie como los sociólogos Richard Sennett y Jonathan Cobb han sugerido que nuestra sociedad tiende a presionar a las personas de los estratos más bajos a verse a sí mismas como vencidas en vez de víctimas.[11]

Las personas que se identifican como vencidas pueden cometer crímenes como una manera de hacer valer su poder y de empoderarse. Empero, el hecho de que suelen creer que no pueden determinar su futuro y porque lo que les pasa sucede "por sí solo", son menos propensas a ser disuadidas por la amenaza de sanciones, el castigo. ¿El resultado? La creación de otra clase de víctimas; víctimas por el crimen.

Algunas de estas víctimas se identificarán como víctimas del crimen pero otras no. Las personas acostumbradas a la mala fortuna y que viven diariamente inmersas en un ambiente de crimen son propensas a verse como

---

10. Nils Christie, "The Ideal Victim", una conferencia inédita presentada al 33rd International Course on Criminology, Vancouver, British Columbia.

11. Jonathan Cobb and Richard Stennett, *Hidden Injury of Class*, (New York: Cambridge University Press, 1977).

derrotadas, a creer que la vida está fuera de su control, a ver el crimen como otra desgracia más. La victimización simplemente confirma su condición. Pueden surgir más ofensores de este grupo. El ciclo se repite.

Mistificación del crimen

El caso del joven que asaltó e hirió una señorita recibió bastante atención en la comunidad donde ocurrió. Como en muchos casos similares tanto los sucesos como las personas involucradas, fueron transformados por el proceso legal y la cobertura de los medios de comunicación.

Al joven dolido que cometió la injuria lo transformaron en *criminal* y por lo tanto lo trataron como una abstracción, por estereotipos. La señorita se convirtió en *víctima* y a lo mejor, como tal, sus necesidades recibieron poca atención. Los sucesos se volvieron un *crimen* y lo describieron y trataron en términos ajenos a la experiencia de las personas directamente involucradas. El proceso entero fue mistificado y mitologizado a tal grado que se convirtió en instrumento útil a los medios de comunicación y el proceso político.

El "crimen" es prominente en la cobertura de los medios de comunicación. Unas investigaciones han encontrado que es así porque el crimen aumenta las ventas. La gente se siente atraída por lo sensacional. Pero la cobertura es inmensa porque es fácil obtener la información. Al contrario de mucha otra información, la relativa al crimen es fácil de obtener. El reportero simplemente se mantiene en comunicación con la policía y la fiscalía. Pero esta "información" es obtenida frecuentemente sin sentido crítico. Muchas veces se recibe la información sin cuestionarla ni verificarla con otras fuentes independientes. Para mantener acceso a tales fuentes de información es necesario que los corresponsales se lleven bien con la policía y la fiscalía, lo que pone en tela de juicio su objetividad. Como consecuencia las noticias sobre el crimen se ven por los lentes del sistema legal y sus profesionales. Estas noticias no son solamente sesgadas sino también contribuyen a que el crimen se vuelva abstracto y mistificado.

El crimen es también un instrumento importante para los políticos. El crimen puede ser un bastón útil. Una propuesta ante el crimen es una manera estratégica de posicionarse en nuestra sociedad. ¿Es duro e inflexible? ¿Realista? O ¿es sensible o no resuelto? ¿Idealista? Pronunciarse sobre el crimen es una manera de formarse un bando, como lo vimos en las elecciones presidenciales de Estados Unidos en 1988.

Sin embargo, el daño y los eventos detrás de lo que llamamos crimen, se pierden nuevamente. El proceso es mistificado y mitologizado a tal grado que se vuelve más grande que—y distante de— la vida. Como resultado de este proceso todos nos ponemos más temerosos.

Todo esto tiene un impacto sobre nuestro sentido de comunidad. Tenemos varias opciones ante el *crimen*. Podemos juntarnos herméticamente para defendernos del "enemigo". De esta manera se fortalece el sentido de comunidad pero es una comunidad defensiva, exclusiva y amenazada. Por otra parte, podemos recluirnos en casas fortificadas volviéndonos cada vez más desconfiados de otros. Como resultado, el ya debilitado sentido de comunidad se erosiona más.

La cuestión de cómo respondemos a la injuria y la maleficencia, entonces, tiene consecuencias importantes para nuestro futuro.

PARTE II

El Paradigma de la Justicia

CAPÍTULO 5

Justicia Retributiva

A través del proceso de justicia criminal las heridas y las necesidades tanto de la víctima como del agresor se descuidan. Peor aún, los perjuicios pueden agravarse.

A través de este proceso, el fenómeno del crimen se vuelve más grande que la vida. Se mistifica y se mitologiza, creando un símbolo que es fácilmente manipulable por los políticos y la prensa.

Muchos han hecho intentos para reformar este proceso durante los últimos siglos. La conclusión de algunos de que "nada funciona" o que no ha salido nada bueno de estas reformas, es imprecisa. Sin embargo, muchos, si no la mayoría, se han malogrado. Han provocado toda clase de consecuencias no intencionadas. Han usado los esfuerzos de reforma para propósitos muy diferentes de los que inicialmente se visualizaron. Las mismas prisiones se promovieron originalmente como una alternativa humana al castigo corporal y de muerte. La encarcelación debía satisfacer las necesidades sociales de castigo y protección mientras motivaba la rehabilitación de los agresores. Unos años después de su implementación, las prisiones se volvieron lugares de horror y el movimiento de reforma penitenciaria nació.

El reconocimiento de estas insuficiencias y el mal uso de las prisiones llevó a una búsqueda de "alternativas" a la prisión.[1] Se han presentado numerosas alternativas, pero su historia no ha sido muy alentadora. Frecuentemente han servido como alternativa para otras "alternativas", no como alternativas a la prisión. Demasiado a menudo han sido alternativas para no tomar ninguna acción formal. La población encarcelada ha seguido creciendo paralelamente a la expansión de las "alternativas", incrementando el número total de gente bajo el control y la supervisión del Estado. La "red" del control y de la intervención se ha ensanchado, profundizado y extendido, pero sin ningún efecto discernible en el crimen y sin satisfacer las necesidades básicas de la víctima y del ofensor.

¿Por qué es verdad? ¿Por qué son tan irrelevantes para el proceso de "justicia" las verdaderas necesidades de aquellos involucrados en el crimen–sean transgresores o transgredidos? ¿Por qué tienen tan poco éxito los cambios pretendidos como reformas para cambiar este patrón? Las respuestas se hallan en lograr un entendimiento compartido respecto de lo que realmente se trata el crimen y la justicia. A menos que logremos un acuerdo común respecto a estas definiciones fundamentales y premisas, el cambio real será poco probable.

¿Hay, en verdad, premisas compartidas acerca de lo que es el crimen y la justicia? En la superficie, encontramos una diversidad considerable, incluso entre profesionales de la justicia criminal. Los jueces, por ejemplo, muestran una tremenda variedad en sus percepciones acerca de qué resultados son apropiados y por qué. Una razón principal sería la severa falta de uniformidad en las sentencias. La diversidad de la filosofía y de la opinión, ha sido resaltada por estudios en los cuales se les ha dado casos idénticos a los jueces y después se les ha pedido indicar cuáles hubieran sido sus sentencias. El rango de

---

1. Hay una bibiolografía extensa sobre la historia y los efectos de las "alternativas" que han surgido. Ver, por ejemplo, David R. Rothman, *Conscience and Convenience: The Asylum and Its Alternatives in Progressive America*, (Boston: Little, Brown, and Co., 1980) y M. Kay Harris, "Strategies, Values and the Emerging Generation of Alternatives to Incarceration", *New York University Review of Law and Social Change*, XII, No. 1 (1983-84), pp. 141-70.

variación en los resultados es impresionante. Cada juez, cada fiscal, cada oficial de libertad condicional, opera de acuerdo a sus propios criterios de lo que es apropiado, lo que puede variar marcadamente.

Así que los entendimientos, de cómo se debe responder ante el crimen, varían. En Estados Unidos, la gente frecuentemente usa las palabras *liberal y conservador* como una forma de darle sentido a esta diversidad. Generalmente los conservadores demandan un castigo rápido, seguro y duro. De esta forma denigran las reglas que protegen los derechos de los agresores y enfatizan las decisiones del agresor para agredir, minimizando las circunstancias que le influyen. Por otro lado, los liberales están más preocupados por los derechos de los agresores y sus circunstancias. Suponemos que los liberales y los conservadores tendrán diferentes maneras de abordar el crimen y la justicia.[2]

Sin embargo, puede ser que estas dos corrientes "opuestas" realmente no difieren mucho la una de la otra. Con una mirada más detenida encontramos que la mayoría de nosotros comparte premisas y marcos teóricos que trascienden las etiquetas de liberal y conservador. Algunas de estas premisas están incorporadas en el marco jurídico penal. Algunas no. Es importante entender cuáles son.

Cuando identificamos algo como un crimen, unas premisas básicas moldean nuestra respuesta.

Damos por sentado que:

1. La culpa debe ser reparada.
2. El culpable debe obtener "lo que merece".
3. La justicia requiere que se inflija dolor.
4. La justicia se valida por el proceso.
5. La transgresión de la ley define la ofensa.

Miremos estas premisas con detalle.

---

2. Las perspectivas conservadoras y liberales se exploran en el libro de Elliott Currie, *Confronting Crime: An American Dilemma*, (New York: Pantheon Books, 1985). Ver también Nils Christie, "Crime, Pain, and Death" en *New Perspectives on Crime and Justice*, Issue No. 1 (Akron, Pennsylvania: Mennonite Central Committee, 1984).

Fijando la culpa

La cuestión de la culpabilidad es el eje de todo el sistema de justicia criminal. Por lo tanto, fijar la culpa es la actividad principal y en torno a este evento gira todo el sistema.

Dado que este evento es tan importante y las consecuencias tan profundas, reglas elaboradas lo gobiernan. Una vez establecida la culpa, disminuye la preocupación por las pautas y los derechos procesales.

La centralidad de la culpabilidad significa que el verdadero resultado del caso recibe menos atención. La preparación legal se concentra en reglas y procesos relacionados con la culpabilidad y los estudiantes de derecho reciben poca capacitación en la formulación o negociación de sentencias. Consecuentemente, pocos jueces y aun menos abogados tienen alguna preparación respecto a los resultados apropiados de los casos criminales.

Nuestra preocupación con fijar la culpa significa que tendemos a estar orientados hacia el pasado. ¿Qué pasó? ¿Quién lo hizo? Estas preguntas toman precedencia sobre qué hacer para resolver los problemas que la ofensa creó (o de los cuales la ofensa surgió). Los profesionales legales se preocupan poco por lo que se puede hacer para prevenir futuros problemas.

El concepto de culpa, que guía el proceso de justicia, es sobre todo "objetivo" o descriptivo y por lo tanto, específico y altamente técnico. ¿Cometió el imputado el acto específico descrito precisamente por la ley? ¿Tenía la intención de hacerlo? ¿Lo proscribía la ley? La culpabilidad legal consiste en decidir si la persona acusada del hecho cometió el acto o la acción. Entonces, si lo hizo, se examinará si tiene alguna obligación acorde con la ley.

En el sistema legal, las ofensas y cuestiones de culpabilidad, se enmarcan en términos muy diferentes de cómo la víctima y el ofensor las experimentan en realidad. El cargo legal parece llevar poca relación a la ofensa real y el lenguaje de culpabilidad e inocencia, parece tener muy poco que ver con lo que realmente pasó. Como varios defensores del sistema legal reconocieron recientemente, "la culpa legal, no la culpa efectiva . . . es el fundamento del proceso de justicia criminal".[3]

El imputado se da cuenta de la realidad muy pronto. Puede verse acusado con algo que le parece muy diferente de lo que en realidad hizo. Los cargos pueden ser el resultado de la negociación entre su abogado y el fiscal. Incluso si cometió una ofensa, puede ser legalmente no culpable y se le puede recomendar declararse inocente. De hecho, puede llegar a creer que de veras es inocente. Incluso, si es legalmente culpable, su abogado muy probablemente insistirá en que se declare inocente en algún momento. En términos legales, declararse inocente es la forma en que se comunica, "quiero un juicio" o "necesito más tiempo", lo cual tiende a atenuar la realidad experimental y moral de la culpa y la inocencia.

La cuestión de la culpa legal dentro del proceso penal, es una realidad binaria. Los grados de severidad de la ofensa pueden variar, pero al final no hay grados de culpa. Uno es culpable o no. Tiene que haber un ganador y un perdedor. Nils Christie identifica claramente las implicaciones al señalar que se piensa que las cortes transmiten y refuerzan las normas sociales, pero de hecho comunican el mensaje oculto de que la gente puede ser clasificada en dicotomías simplistas.[4]

Aunque el concepto jurista de la culpa es técnico y descriptivo, un agresor puede encontrarse con profesionales que tienen una perspectiva, a lo que el teólogo Tom Yoder Neufeld ha llamado, "prescriptiva". Este concepto de culpa o de responsabilidad se preocupa más por explicar por qué la ofensa se cometió, enfocándose en la causalidad y lo predecible, usualmente en términos sociales y psicológicos.[5]

---

3. Donald R. Danish y David Shichor, "The Victim's Role in the Penal Process: Recent Developments in California", *Federal Probation*, XLIX, No. 1 (March 1985), p. 55.

4. Nils Christie, *Limits to Pain* (Oslo, Noruega: Universitetsforlaget, 1981), p. 45.

5 Está discusión de la culpa se basa mucho en Tom Yoder Neufeld, *Culpa y Humanidad: El Significado de la Culpa para la Humanización del Sistema Jurídico-Penal* (Kingston, Ontario: Colegio Teológico de Queens, 1982). Cf. McHugh, *Fe Cristiana*

El psicólogo, por ejemplo, puede abordar el concepto de culpa en términos que no son legales ni morales. De hecho, puede evadir el concepto del todo. Mas bien, analizará qué factores psicológicos llevaron a este evento, pudiendo considerar el comportamiento como evidencia de enfermedad o de una seria disfunción. Mientras tanto, el sociólogo se enfocará en patrones y causas, en términos de fuerzas sociales en la familia, la comunidad y la sociedad en general. Mientras el jurista tratará al agresor como un individuo autónomo que toma decisiones más o menos conscientemente, los científicos sociales y conductivistas verán al ofensor, al menos en parte, como alguien que responde a diversas fuerzas mayores. Esta perspectiva plantea interrogantes respecto de hasta qué grado es personalmente responsable el agresor y hasta dónde es más un ofensor que una víctima.

Mientras especialistas, tales como juristas y científicos sociales, considerarán el asunto de la culpa a su modo, una tercera perspectiva influirá el pensar de la mayoría de la gente—incluyendo muchos oficiales de la justicia criminal. Este concepto es más moralista y "ascriptivo". En el punto de vista popular, la culpa no es solamente la descripción de cierto comportamiento sino una afirmación de una cualidad moral. La culpa tiene que ver con la calidad de la persona responsable y tiene una cualidad indeleble y "pegajosa". La culpa se adhiere a una persona más o menos permanentemente, como pocos solventes conocidos. A menudo se convierte en una característica definitoria primaria de una persona. Una persona declarada culpable de robo se convierte en ladrón, en agresor. Una persona que cumple condena en prisión se convierte en ex-condenado, ex-prisionero, ex-agresor. Se le convierte en parte de la identidad y es difícil quitárselo.

El joven agresor en el caso que describí anteriormente, estará afectado por siempre y definido por la ofensa, no

---

y Justicia Criminal, Capítulo 7, y Patrick Kerans, *Punishment vs. Reconciliation: Retributive Justice and Social Justice in the Light of Social Ethics* (Kingston, Ontario: Queen's Theological College, 1982).

importa que buenas cualidades tenga o haya desarrollado. El hecho de que él haya agredido a alguien, determinará sus posibilidades de empleo, su potencial profesional y el resto de su vida. Su culpabilidad, no sus otras cualidades, será decisiva. Nada en el proceso de justicia criminal le permitirá sobreponerse a esto – incluso si paga su "deuda con la sociedad" cumpliendo su condena en prisión.

El concepto legal de culpa, entonces, es altamente técnico y ajeno a la verdadera experiencia de la vida. Sin embargo, muchos conceptos de culpa imperan en un caso específico, lo que puede ser confuso para un agresor. Su abogado le hablará de la culpa en términos técnicos y el proceso le motivará a negar su culpa a menos que sea legalmente culpable o no tenga otra opción. Mientras tanto, tendrá consulta con un psicológico o terapeuta que le ayudará a entender su comportamiento en términos psicológicos, posiblemente mutando su sentido de responsabilidad personal. Además, podrá encontrarse con un capellán que le hablará de la culpa moral pero también de la misericordia, gracia y perdón. El capellán le explicará que su culpa es real, no meramente técnica, pero que la resolución es posible. Habrá otras personas tales como los guardias de prisión que reflejarán el concepto popular de culpa que no solamente es culpa real, sino que también es muy difícil quitársela. Él es, de hecho, "malo".

¿Qué significa realmente la culpa? ¿Cómo puede uno que ha agredido darle sentido a esto? ¿Será agresor o víctima? ¿Es él realmente culpable? ¿De qué es culpable? ¿Es posible dejar todo atrás y empezar de nuevo? Como Neufeld ha señalado, a los agresores se les confronta constantemente con la terminología de la culpa, pero sin el lenguaje y una definición suficientemente precisa para comprenderla. Además, faltan mecanismos para su resolución.

Los conceptos legales y populares de la culpa que gobiernan nuestras respuestas al crimen son confusos e incluso contradictorios, pero el elemento común es el enfoque altamente individualista. Los valores y leyes occidentales a menudo se fundamentan en la creencia de que el individuo es un agente moral de libre albedrío. Si comete un crimen, lo ha hecho intencionalmente. Se merece el castigo porque se opta libremente por cometer el crimen. Los individuos son personal e individualmente responsables. La culpa es individual.

La premisa básica de la libertad humana y de responsabilidad personal es importante. El simple determinismo es claramente inadecuado. Aun así, hay problemas con las formas en que se manifiestan nuestras premisas acerca de la libertad y responsabilidad en la cultura occidental.

Mucha evidencia sugiere que los agresores a menudo no actúan por volición propia o por lo menos, que no se perciban a sí mismos capaces de hacerlo. Como he sugerido en el capítulo previo, muchas personas en nuestra sociedad no se ven a sí mismas como agentes libres, a cargo de sus propias vidas. Al contrario, se ven a si mismas como moldeadas por fuerzas casi irresistibles—sean socio-económicas o providenciales. Las ideas de la libertad humana y por lo tanto la responsabilidad, necesariamente toman otros matices en tal contexto.

El entendimiento disgregado de la culpa y de la responsabilidad tampoco toma en cuenta el contexto de la conducta. Aunque cada uno de nosotros es responsable de las opciones que tomamos, ciertamente, el contexto social y psicológico en que nos encontramos influye en nuestras opciones reales y potenciales. El contexto social, económico, político y psicológico de nuestra conducta sí es importante, pero nuestro concepto individualista de la culpa ignora este contexto.

La motivación a causar perjuicio es mucho más compleja de lo que nuestra perspectiva individualista reconoce. El apóstol Pablo, ciertamente, reconoció la complejidad de la responsabilidad del mal obrar. Mientras creía que los seres humanos pueden tomar decisiones y ser responsables de su conducta, él reconoció que la simple imagen de una persona como un agente totalmente libre, no captaba cabalmente la compenetrabilidad y el poder del mal. En su carta a los romanos, capítulo 7, Pablo se afligía sobre el poder del mal en su propia vida, al reconocer su propia tendencia a hacer lo que no debía. Proponiendo que había una diferencia entre la verdadera libertad y la potencial, al pensar en la libertad como un regalo, no como algo intrínseco en el individuo. Obrar mal puede ser un patrón, moldeado por una variedad de fuerzas, algunas de las cuales serán resultados de decisiones tomadas y otras no. Tales patrones pueden ser difíciles de romper.

Con nuestro concepto individualista de la culpa y de la libertad, presuponemos que el individuo es libre de tomar decisiones y que ha anticipado las consecuencias de esas decisiones. Presuponemos que la persona ha modificado su conducta para tomarlo en cuenta. Esta suposición ignora la cuestión de que si los individuos o personas creen que tienen esta libertad. Se supone que tienen la habilidad de anticipar las consecuencias a largo plazo. Aún más, se espera que ellos hagan la conexión entre conducta y consecuencia. Además, se ignora la naturaleza de obrar mal como un patrón complejo. Finalmente, se ignora el contexto social, económico y psicológico en el que ocurre la acción. Consecuentemente, se puede realizar justicia para los agresores, sin referencia a la justicia social y sin amenazar el status quo. El castigo puede ser justamente merecido, sin importar que el entorno social sea justo o no.

Tal vez este concepto de culpa y responsabilidad, es inevitable en una cultura competitiva e individualista, que define el valor en términos del éxito material y social y que define el éxito y el fracaso como puramente individualistas. Las personas son juzgadas en términos de su acceso a la riqueza y al poder. Aquellos que fracasan en alcanzar esta medida son juzgados individualmente por su responsabilidad. No solo han perdido, han sido vencidos. Lo mismo es verdad con la culpa. Se define la culpa como una falla individual. No se toma en cuenta el contexto de la conducta individual. Los agresores han tenido varias opciones y, habiendo tomado las incorrectas, son etiquetados como culpables.

Para resumir, entonces, fijar la culpa es central para nuestro concepto de justicia. La implementación de la justicia es una especie de teatro, en el que las cuestiones de la culpa e inocencia, predominan. El juicio o la declaración de culpabilidad forman la trama del drama, con la sentencia como un desenlace. Como resultado la justicia se preocupa del pasado para el detrimento del futuro.

El concepto legal de culpa, que guía el proceso de justicia es altamente técnico y abstraído de la experiencia. Esto les hace más fácil a los ofensores evadir la responsabilidad personal de su conducta. También frustra a las víctimas que encuentran difícil relacionar la descripción legal del evento con su propia experiencia. Tanto la víctima como el ofensor se ven obligados a usar el lenguaje del "sistema" para definir su realidad en vez del suyo.

El hecho de que la culpa se define tan específicamente, centrada en la conducta individual, nos priva de considerar las raíces económicas y sociales y los contextos del crimen. Consecuentemente, intentamos hacer justicia dejando fuera muchas de las variables pertinentes. Al ver, entonces, la culpa en términos dicotómicos, se promulga una visión simplista del mundo en la que tendemos a ver las cosas como "bien o mal", ellos o nosotros. La justicia se vuelve un drama de culpa, un juego de moralidad que nos incentiva a tener una visión simple del mundo.

Pero el concepto legal de la culpa opera junto a varios otros conceptos. Este hecho en sí causa confusión para los participantes y puede hacer más fácil que los ofensores no reconozcan y asuman la responsabilidad de sus acciones. Algunas de estas suposiciones—tal como la cualidad indeleble de la culpa—tienen consecuencias graves a largo plazo para los agresores.

Los ofensores necesitan asumir responsabilidad por sus actos. Una dimensión de la responsabilidad es el entendimiento y el reconocimiento de su papel en el daño hecho. Nuestros conceptos de culpa, sin embargo, en el mejor de los casos fallan en motivar tal responsabilidad y en el peor, lo hacen más difícil. La falta de un proceso para resolver la culpa motiva el uso de "estrategias exculpatorias" tales como la racionalización y los estereotipos como una manera de protegerse de la pesada carga de la culpa. Alternativamente, los ofensores pueden ser motivados a hacer realidad la conducta inherente al estereotipo que se les dio.

Mientras el proceso se enfoca en asuntos sobre la culpa y responsabilidad del acusado, se tiende a dispersar la responsabilidad de las conclusiones del juicio y a negar cuestiones de responsabilidad colectiva de las agresiones. Los profesionales claves (abogados, fiscales, jueces y oficiales de libertad condicional) en el ejercicio de la justicia, deben de verse a sí mismos como los ejecutores de la ley, como los que cumplen su deber. Deben de creer que la responsabilidad del resultado del caso compete al "sistema", lo que significa que aquellos que "hacen" justicia, pueden negar responsabilidad personal por el resultado. No hay nada que les anime a reconocer a nivel humano, que los agresores son personas igual que ellos.

Renate Mohr, en un documento sobre la ley criminal canadiense, lo ha dicho bien:

> ¿Cómo es que se dice que *hacemos* el castigo? Está hecho de tal manera que no se pueda responsabilizar a ninguna persona en particular por la privación de la libertad de otra persona. El sistema de justicia criminal . . . fue diseñado explícitamente como una serie de compartimientos discretos y autónomos. El que hace la acusación, el que la refuta, el que pronuncia la sentencia y el que la implementa son todas diferentes personas que tienen poco o ningún contacto, el uno con el otro o con la persona acusada. Tenemos una palabra especial para sellar el compartimiento de los jueces. Habiendo completado su trabajo de imponer el castigo, se vuelven "inapelables". Es decir, no necesitan, mejor dicho no deben . . . preocuparse más por los dolores del castigo que le han impuesto a otro ser humano. Y así el proceso se asegura que otros sufran violencia diariamente sin que ninguna persona en particular tome responsabilidad.[6]

---

6 Renate M. Mohr, "A Feminist Analysis of the Objectives and Alternatives Re: Punishment", un trabajo no publicado, presentado a la Conference on Feminist Perspectives on Criminal Law Reform, Ottawa, Canadá, 1987.

Justo merecido y dolor

Una vez que la culpa ha sido establecida, una segunda premisa entra en juego. Suponemos que los agresores deben recibir su "justo merecido". Es decir, lo se merecen. La justicia debe ajustar el marcador, "ojo por ojo". El crimen crea una deuda moral, la que tiene que pagarse y la justicia es el proceso de equilibrar las cuentas. Es como si hubiera un balance metafísico en el universo que ha sido alterado y debe ser corregido.

El concepto de justicia tiende a enfocarse en abstracciones más que en el daño hecho. Presupone que lo que se necesita para ajustar el marcador en cada caso es conocible y accesible. Y propone que lo que se necesita para lograr el balance y para pagar la deuda, es el castigo. Los profesionales de la justicia criminal ven su trabajo como el de encontrar niveles apropiados de castigo. Se anima a los agresores a creer que al recibir su castigo están pagando su deuda con la sociedad.

Ante un análisis más profundo, los agresores sienten que difícilmente estén realmente "pagando su deuda" de esta manera. El "pago" es excesivamente abstracto y no hay ninguna resolución pública cuando la deuda se haya pagado. El pago beneficia muy poco a la comunidad. Mas bien, le cuesta dinero. Al decirle al ofensor, "tú le has causado dolor a alguien así que emparejaremos las cosas infligiéndote dolor", meramente aumenta la cantidad de dolor en el mundo.

La culpa y el castigo son la base fundamental del sistema judicial. La gente debe sufrir por el sufrimiento que ha causado. Solo infligiendo dolor se ajustará el balance.

Debemos ser honestos en el uso de nuestro lenguaje. Cuando hablamos del castigo, hablamos acerca de infligir dolor intencionadamente. Nils Christie nos ha ayudado a ver que la ley penal es de hecho una "ley del dolor" porque es un mecanismo complejo para administrar dosis "justas" de dolor.[7]

---

7. Christie, *Limits on Pain*.

Generalmente intentamos ocultar esta realidad. La nuestra es una cultura que trata de evadir la realidad del dolor. Hemos tratado de borrar la muerte de nuestra experiencia, entregándoles a los profesionales la responsabilidad de encontrarle una cura. También la llamamos de otras maneras: "fallecemos" en vez de morirnos.[8]

La renuencia de infligir dolor se complica por el tabú en contra de la revancha como motivo legítimo. Consecuentemente, se aumenta la necesidad de negar la naturaleza y los motivos de lo que realmente hacemos.

No nos gusta el dolor ni la venganza y ciertamente, no queremos que se piense que lo infligimos, así que lo ocultamos y lo oscurecemos. Sin embargo, es precisamente lo que hacemos cuando hacemos "justicia". Infringimos el dolor en respuesta al crimen.

Así que les entregamos el castigo a los profesionales, para que se lleve a cabo lejos de nuestra vista. Oscurecemos su realidad con una variedad de razones y términos. Hablamos de "centros de adaptación social" en vez de prisiones y de "oficiales de protección" en vez de guardias.

Hemos propuesto una serie de razones para administrar el dolor. Algunas veces lo hemos hecho con el nombre de tratamiento, con un sentido de rehabilitación. A menudo lo hacemos para prevenir el crimen, para disuadir a un agresor específico ("disuasión individual") así como para desmotivar a otros agresores potenciales ("disuasión general") por el miedo a consecuencias similares. Administramos dolor con el nombre de disuasión, de hecho, a pesar de grandes dudas de si la disuasión en verdad funciona. Administramos dolor, con el nombre de disuasión, a pesar de las dudas acerca de la moralidad de administrar dolor a una persona con propósitos de una *posible* disuasión de otras. Administramos dolor a pesar de que pueda tener poca pertinencia para las necesidades de la víctima o los problemas relacionados con la ofensa. Administramos dolor, observa John Lampen de Irlanda

---

8. Christie, *Crime, Pain, and Death*.

del Norte, porque hemos sido educados para creer que la humillación y el sufrimiento realmente representan lo que es la justicia y que se debe eliminar la maldad con dureza en vez de amor o comprensión.[9]

Irónicamente, este enfoque de infligir dolor puede interferir con el primero, el del establecimiento de la culpabilidad. Por la amenaza del castigo, los ofensores son reacios a admitir la verdad. Las consecuencias punitivas son tan graves, que para resguardar los derechos de los ofensores se necesitan pautas complicadas, las cuales pueden dificultar el descubrimiento de la verdad. También, los jueces y jurados, pueden ser menos propensos a condenar cuando el castigo potencial es visto como muy severo.

Las suposiciones básicas del justo merecido y de la imposición del dolor significan que los agresores están atrapados en el mundo de la ley del Talión. Esto a su vez tiende a confirmar la perspectiva y la experiencia de vida de muchos agresores. El mal se compensa con mal y los agresores merecen la venganza. Muchos crímenes se han cometido por gente que "castiga" a sus familias, a sus vecinos o a sus conocidos.

Estudios de la pena capital no han encontrado indicios de que la pena de muerte disuade. Al contrario, hay cierta evidencia que muestra que el ejemplo de la pena de muerte en realidad motiva a algunas personas a matar.[10] Aparentemente el mensaje que algunos agresores potenciales reciben no es que el matar es malo, sino que aquellos que nos hacen daño merecen la muerte. El mensaje de que los agresores deben recibir su justo merecido, y que lo que merecen justamente es el castigo, puede dejar una lección muy diferente de la que se pretende.

La amenaza de infligir dolor a aquellos que desobedecen, ha sido reconocida por mucho tiempo como la base del derecho moderno. La esencia del Estado es a menudo

---

9. John Lampen, *Mending Hurts* (London, England: Quaker Home Service, 1987) pp. 61, 67ff.

10. Por ejemplo, William J. Bowers and Glenn L. Pierce, "Deterrence or Brutalization: What is the Effect of Executions?" *Crime and Delinquency*, 26, No. 4 (October 1980), pp. 453-484.

identificada por politólogos como el monopolio "legítimo" de la fuerza. Como el filósofo político J.W. Mohr ha notado, las instituciones y los procedimientos jurídicos son entonces parte de un ciclo de violencia más que un instrumento para romperlo.[11]

El proceso
La meta principal de nuestro proceso judicial es la de establecer culpabilidad y una vez determinada, la imposición del dolor o castigo. Siguiendo un rumbo fijado por el antiguo derecho romano, sin embargo, la justicia se define más por procesos que por resultados.[12] El procedimiento eclipsa la sustancia. ¿Se ha seguido las pautas y procesos debidos? De ser así, la justicia se ha hecho.

El proceso de apelación en Estados Unidos es un buen ejemplo de esto. Solo en circunstancias especiales puede apelarse los resultados de los juicios sobre la base de los resultados o de los hechos. Mas bien, la apelación se basa enteramente en si se ha aplicado el debido proceso. Una corte de apelación no vuelve a examinar la evidencia original.

Varías características de este proceso necesitan ser notadas.

El proceso confrontacional presupone—y promueve—un conflicto de intereses entre partes. A través de la regulación del conflicto de intereses opuestos, la verdad finalmente se esclarecerá y los intereses de las respectivas partes se salvaguardarán. Supone intereses irreconciliables y a fin de cuentas se esfuerza mucho por asegurarse de que así sean. Por lo tanto, la justicia confrontacional tiende a ser una profecía de autocumplimiento.

---

11 J. W. Mohr, "Causes of Violence: A Socio-Legal Perspective". Trabajo no publicado presentado al congreso de la John Howard Society, "Violence in Contemporary Canadian Society", Ottawa, Canada, Junio 1986.

12 En 1993 la Suprema Corte de los Estados Unidos de hecho dictó que el debido proceso puede justificar una ejecución incluso si el condenado puede presentar nuevas pruebas de inocencia después de la sentencia. En este y otras cuestiones, el trabajo de Herman Bianchi ha sido útil. Ver, por ejemplo, su manuscrito inédito, "Justice as Sanctuary".

Jerold Auerbach, en su historia de la resolución de conflictos en Estados Unidos, ha destacado elocuentemente que es, además, un modelo altamente competitivo e individualista. No solo surge de una sociedad competitiva y fragmentada, sino que la promueve.[13]

Este modelo tiene sus fortalezas, pero es en el fondo un modelo de batalla, un duelo regulado. No es accidental, por lo tanto, que los políticos y la policía tan a menudo usen el lenguaje de "guerra contra el crimen".

Los liberales y conservadores en Estados Unidos pueden diferir en donde ponen el énfasis, pero ambos creen que la justicia es un conflicto guiado por reglas. Los conservadores, expresando lo que se ha llamado la perspectiva del "control del crimen", han tendido a dar más prioridad a combatir el crimen (¡nótese el lenguaje!) que a los derechos de los acusados. Los liberales, por otro lado, han enfatizado la centralidad de los derechos individuales—un modelo de "debido proceso". Ambos, sin embargo, sostienen que la justicia implica una batalla entre partes hostiles, reguladas por reglas específicas.

En este énfasis, en reglas y procesos, se da prioridad a la equidad del trato como una prueba de justicia. La intención es que los acusados sean tratados equitativamente. Se debe notar dos características de este énfasis en la equidad. Primero, se enfatiza más la intención que el resultado final. En la práctica, raramente se alcanza la equidad de resultados, como lo demuestran las disparidades raciales de la población en prisión y condenadas a muerte. Sin embargo, estos resultados son difíciles de cuestionar mientras no se pueda demostrar, que hubo intención de tratar a los acusados inequitativamente.

Se imagina a la justicia como una diosa con los ojos vendados sosteniendo una balanza. Aquí se enfoca la equidad del proceso, no las circunstancias. El proceso de justicia criminal alega ignorar las diferencias sociales, económicas y políticas, intentando tratar a todos los

---

13. Jerald S. Auerbach, *Justice Without Law?* (New York: Oxford University Press, 1983), pp. 138ff.

agresores como si fueran iguales ante la ley. Dado que el proceso apunta a tratar a los desiguales de la misma manera, las inequidades políticas y sociales existentes se desconocen y se mantienen. Paradójicamente, la justicia entonces puede mantener las inequidades en nombre de la equidad.

El proceso de justicia, enmarcado por reglas complejas como debe ser, tiene que depender de profesionales apoderados para representar al agresor y al Estado. Por lo tanto, se remueve el proceso de justicia de las personas y las comunidades afectadas. La víctima y el agresor se vuelven pasivos, no participan en sus propios casos. Una enorme burocracia, con sus propios intereses creados, ha nacido. Se refuerza la tendencia de nuestra sociedad de esperar que los profesionales solucionen nuestros problemas.

Tendemos, entonces, a definir la justicia como reglas de batalla o juegos.[14] Enfatizamos la intención de tratar a la gente como iguales en el proceso, sin importar la equidad de circunstancias y aún menos la equidad de resultado. Nos encontramos dependientes del poder de los profesionales en este proceso complejo.

El crimen como transgresión de la ley

En nuestra sociedad, la justicia se define como la aplicación de la ley. El crimen se define como la transgresión de la ley.

En vez de concentrarse en el daño hecho o en lo que experimentaron la víctima y el agresor, nos enfocamos en el acto de la transgresión de la ley. El acto de romper la ley, no el daño o el conflicto, define la ofensa e inicia el proceso de justicia.

El énfasis en la transgresión de la ley es lo que permite que la ofensa y la culpa sean definidas en términos puramente legales. Como mencioné anteriormente, las cuestiones morales y sociales se vuelven, no solo secundarias,

---

14. Ver John Griffiths, "Ideology in Criminal Procedure or a Third 'Model' of the Criminal Process", *The Yale Law Journal*, 79, No. 3 (Enero, 1970), pp. 359-415.

sino a menudo impertinentes. El contexto de la acción no se toma en cuenta salvo por las implicaciones legales que pudiera tener. Como Christie ha destacado correctamente:

> La preparación en el derecho es una preparación en simplificaciones. Es una capacitación en la habilidad de considerar todos los valores de una situación y de seleccionar solo los legalmente pertinentes, es decir, aquellos definidos como pertinentes por los funcionarios dentro del sistema.[15]

Los factores sociales, morales y personales son importantes solo en la medida en que sean legalmente definidos de interés. Cuestiones de justicia social son raramente pertinentes. El "acto criminal" es de significado decisivo y se define técnica y específicamente.

¿Quién es la víctima?

He tratado de destacar cinco suposiciones básicas que sostenemos acerca del crimen y la justicia. Suponemos que:

1. el crimen es esencialmente el *quebrantamiento* de la ley;
2. cuando se infringe una ley, la justicia consiste en el establecimiento de *culpabilidad*;
3. para que se administre el *justo merecido*,
4. infligiendo *dolor* o *castigo*;
5. a través de un *conflicto* en el cual las *reglas* y las *intenciones* están por encima del resultado.

Estas suposiciones y sus implicaciones ayudan a dilucidar algunas de nuestras fallas, pero aún queda por tratar otro elemento esencial: nuestra identificación de la víctima.

En la legislación penal, el crimen se define como una ofensa contra el Estado. El Estado, no el individuo, se

---

15. Christie, *Limits to Pain*, p. 57.

identifica como víctima. El Estado—y solo el Estado— puede responder.

Puesto que el Estado es la víctima, la ley penal opone al ofensor al Estado. En la práctica, significa que un profesional apoderado representa al agresor (abogado defensor) que se opone a otro profesional representante del Estado (fiscal), con otro profesional (juez) actuando como árbitro.

Porque el poder del Estado es tan vasto y las implicaciones de las libertades civiles tan profundas, que son esenciales complejas garantías para el procedimiento. Porque el Estado es tan impersonal y abstracto, que el perdón y la misericordia son casi imposibles de alcanzar.

Dado que el Estado se define como víctima, no es de sorprenderse que las víctimas sean tan consistentemente dejadas fuera del proceso y que se preste tan poca atención a sus necesidades y deseos. ¿Por qué se debe reconocer sus necesidades? Ni siquiera son parte de la ecuación del crimen. Las víctimas son meros pies de página en el proceso penal, legalmente necesarias solo como testigos.

La compensación de la víctima y programas de asistencia se han vuelto populares recientemente. Y efectivamente así debe ser. Sin embargo, no se puede esperar que tengan un mayor impacto hasta que no reexaminemos nuestra definición de crimen. Mientras las víctimas no sean elementos intrínsecos de la definición del crimen, debemos esperar que sean peones más que participantes.

La justicia no busca la reconciliación entre la víctima y el ofensor porque la relación entre la víctima y el ofensor se ve como un problema importante. Efectivamente, ¿cómo se puede tomar en serio sus sentimientos, el uno hacia el otro, si ninguno es parte de la ecuación?

La sexta suposición, entonces, es tal vez la más importante: que *el Estado es la verdadera víctima*. Las implicaciones de esta suposición son profundas.

El crimen es una ofensa en contra del Estado. La justicia consiste en establecer culpabilidad y administrar dolor o castigo en una batalla regida por reglas. Se presupone que el proceso es responsabilidad—efectivamente, un monopolio—del Estado.

Hasta que comencemos a cuestionar estas suposiciones, los cambios que introduzcamos harán muy poca diferencia. Nuestro sistema es esencialmente un modelo retributivo de justicia y este modelo es la raíz de muchos de nuestros problemas.

CAPÍTULO 6

La Justicia como Paradigma

Durante el siglo pasado nos hemos vuelto un poco más modestos de lo que alguna vez fuimos acerca de lo que sabemos con certeza. Estamos menos confiados de que el conocimiento que creemos tener del universo nos retrata fidedignamente una realidad objetiva externa a nosotros.

Perspectivas históricas e interculturales nos han ayudado a ver cuánta, de nuestra visión del mundo, está formada por el lente particular a través del cual lo vemos. La psicología moderna ha revelado motivaciones escondidas de lo que hacemos y pensamos y ha demostrado que hay capas complejas y superpuestas de realidad consciente e inconsciente. Como resultado, tenemos que reconocer que lo que creemos conocer como realidad es a menudo más compleja y problemática de lo que aparenta en la superficie.

Hace un tiempo las ciencias físicas parecieron prometer una certeza acerca de la naturaleza y la estructura de la realidad. A finales del siglo XX, sin embargo, los científicos están menos confiados de que sus imágenes de la realidad en verdad reflejen el universo físico. Muchos también, son menos insistentes de lo que alguna vez fueron, en que sus métodos puedan ser aplicados de igual manera a todas las áreas de la realidad. Aunque los científicos fueron inicialmente un poco soberbios, pretendiendo certeza y prometiendo respuestas, hoy las ciencias tienden a confirmar ciertos límites a nuestro entendimiento de la realidad. Se están dando cuenta de que trabajan con modelos o "paradigmas" en vez de reproducciones fotográficas de la realidad.

La importancia de los paradigmas

Antes del siglo XVII, el saber occidental del mundo fue gobernado por la concepción Ptolomeica. Todo mundo sabía que la tierra—y la humanidad—estaba en el centro del universo físico. Los planetas incrustados en esferas concéntricas de vidrio giraban alrededor de este núcleo. Esta imagen del cosmos coincidía con la física aristotélica que explicaba el movimiento en términos del propósito y la "naturaleza" de las cosas. La teología y la física, entonces, se apoyaban mutuamente.

La gente generalmente estaba de acuerdo con que está concepción del mundo presentaba una imagen precisa del universo. Todo lo que no se encajara dentro de esta perspectiva parecía inexplicable. Tan extraño como este modelo nos pueda parecer ahora, para la mente del Medioevo y del temprano Renacimiento, era de sentido común.

La revolución científica del siglo XVII creó una nueva imagen del mundo y esta perspectiva ha moldeado nuestro entendimiento hasta la era actual. Este nuevo marco, formado por pioneros tales como Copérnico y Newton, pone al sol en el centro y reconoce a la Tierra como uno de los planetas. Esto separó la teología de la física. La física de Newton, que hacía posible este cosmos heliocéntrico, postula un universo mecanicista y racional que obedece leyes racionales y cognoscibles. Presupone que existen regularidades y que uno puede descubrir y cuantificar tales fenómenos. Implica que se puede explicar tales eventos en términos de causa y efecto. Entonces el pasado se puede ver como causa completa o explicación del presente. Además, el presente da forma al futuro (pero el futuro no puede moldear el presente).

Entonces el universo es predecible, suponiendo que se puedan descubrir los factores claves. Existe solo una racionalidad básica para el mundo y con esta racionalidad se puede entenderlo.

La visión newtoniana, "científica", del mundo funciona bien para explicar y predecir mucho de lo que pasa en el mundo físico y visible. Por años se creyó que representaba una imagen precisa de la estructura del mundo, aplicable al mundo tanto físico como psicológico. Esto ha formado nuestro sentido común.

Hoy estamos descubriendo, sin embargo, que existen límites definidos para nuestro conocimiento. Estos límites existen no solo en áreas como la psicología, sino que también en el mundo físico.

La perspectiva newtoniana sí sirve para cuerpos de tamaño "normal" moviéndose a velocidades "normales"—el mundo "visible y palpable". Sin embargo, los científicos han encontrado que cuando las cosas son más pequeñas o comienzan a moverse a velocidades muy altas, la física de Newton no funciona. Similarmente, en el campo de la genética las premisas newtonianas a menudo no se cumplen. En estas situaciones, la probabilidad empieza a tomar el lugar de las "leyes" y la previsibilidad. El futuro llega a ser difícil de predecir en términos de causa y efecto. En el espacio exterior a altas velocidades, los conceptos de "sentido común" de tiempo y espacio resultan inadecuados mientras éstos se vuelven más plásticos y entremezclados. En este mundo, la física de Einstein empieza a tomar el lugar de la Newton. Hay que empezar a usar una diferente imagen del mundo.

En *Einstein's Space and Van Gogh's Sky: Physical Reality and Beyond* [El Espacio de Einstein y el Cielo de Van Gogh], Lawrence Leshan y Henry Margenau, físico uno y psicólogo el otro, nos han mostrado que la concepción "científica" tradicional del mundo es también inadecuada en el arte, la psicología y la espiritualidad.[1] Aquí

---

1. Lawrence Leshan y Henry Margenau, *Einstein's Space and Van Gogh's Sky: Physical Reality and Beyond* (New York: Collier Books, 1982). Esta obra representa

imperan otras dinámicas y debemos usar otras formas de conocimiento. Los seres humanos, por ejemplo, son capaces de proyectar hacia el futuro y de modificar su comportamiento acordemente. Aquí el futuro puede efectivamente afectar el presente. Las ideas de causa y efecto deben ser templadas con el concepto de propósito. Las "leyes" racionales y mecanicistas no pueden ser presupuestas. Debemos usar otras descripciones de la realidad.

Los límites de la ciencia tradicional en el dominio de la psicología se captan bien en la "Primera Ley de la Psicología Animal".

> Si un animal de trasfondo genético conocido y estable se cría en un laboratorio en un ambiente cuidadosamente controlado, y le administran estímulos precisamente medidos, el animal actuará como bien le parezca.[2]

Leshan y Margenau clarifican y amplían lo que los filósofos de ciencia han dicho desde hace mucho tiempo. Nuestras definiciones de la realidad, en una cultura particular y era específica, son formas de construir la realidad. De hecho, son modelos, paradigmas. "Servirán" para explicar e influir en algunas situaciones, pero posiblemente no en otras. Son imágenes de la realidad moldeadas por nuestras suposiciones y necesidades particulares y pueden ser incompletas.

Los paradigmas moldean nuestra concepción no solo del mundo físico sino también del social, psicológico y filosófico. Proveen el lente a través del cual entendemos los fenómenos. Determinan cómo resolveremos los problemas. Moldean lo que "sabemos" ser posible e imposible. Nuestros paradigmas forman nuestro sentido común y todo lo que se salga del paradigma nos parece absurdo.

Nuestros paradigmas son marcos que nos ayudan a construir la realidad y nuestro concepto retributivo de la justicia, es una de tales construcciones. El paradigma

---

un avance significativo en la teoría de paradigmas. El presente capítulo le debe mucho a su trabajo.

2. Leshan y Margenau, *Einstein's Space*, p. 150.

retributivo de la justicia es una forma particular de organizar la realidad. Este paradigma moldea cómo definimos los problemas y lo que reconocemos como soluciones apropiadas. Se vuelve sentido común.

Sin embargo, es de hecho un paradigma. Como todos los paradigmas, tiene ciertas fortalezas. Como todos los paradigmas, es también una trampa.

Christie ha captado bien la importancia de los paradigmas en moldear nuestras expectativas:

> El guerrero lleva una armadura y el amante, flores. Se alistan de acuerdo a sus expectativas de lo que pasará, y la forma en que se presentan aumenta la probabilidad de que sus expectativas se confirmen.[3]

Así también con la institución de la ley penal.

Aplicando el paradigma

Es interesante que apliquemos el paradigma retributivo solo en situaciones muy particulares. Muchos conflictos y daños suceden todos los días, pero muchos se manejan informalmente o por medios extrajudiciales. Solo una pequeña minoría procede por el proceso judicial. En otras palabras, el sistema judicial es solo uno de muchos modos de resolver disputas y perjuicios y rara vez se usa.

De los pocos que entran al sistema judicial, sin embargo, la mayoría se canalizan a través del procedimiento civil. En los procedimientos civiles se opone una persona a otra persona en vez de al Estado. Aquí el Estado juega el papel de árbitro. Si se vale del proceso o no, generalmente queda a criterio de la gente involucrada. Y pueden salirse del proceso, si o cuando, encuentren una resolución.

Por el hecho de que se enfoca más en un arreglo que en la privación de libertad o vida, los procedimientos civiles son menos regulados que los penales. Por la misma

---

3. Christie, "Images of Man in Modern Penal Law", *Contemporary Crises: Law, Crime, and Social Policy*, 10, No. 1 (1986), 95.

razón, la definición y los criterios de culpa son más flexibles. De hecho, en juego están cuestiones de responsabilidad y de obligación, más que de culpa. También, hay grados de responsabilidad. Consecuentemente, es menos probable que se vean los resultados en términos dicotómicos de ganar o perder como en los casos penales. A diferencia de los casos penales, los casos civiles generalmente resultan en algún tipo de compensación.

Solo una pequeña fracción de las disputas entra a procesos especializados como el proceso penal. Una vez que lo hacen, sin embargo, impera un nuevo conjunto de suposiciones y entendimientos. Aquí reina el paradigma retributivo.

La proporción de las disputas y daños que son "criminalizables" es bastante pequeña y de éstos, de hecho, solo una fracción se "criminaliza".[4] La selección de situaciones que se clasificarán como criminales y los que luego realmente se procesan como penales, es en realidad bastante variable y arbitraria.

Las definiciones del "crimen" varían a través del tiempo y espacio, a menudo en formas arbitrarias. Definimos, por ejemplo, muchos daños causados por individuos como crímenes, pero pasamos por alto los daños graves—a menudo afectando a muchas personas—causados por corporaciones.

De esos actos clasificados como "criminales", solo una fracción se vuelven casos penales. Otra vez, la selección puede ser bastante arbitraria. Por ejemplo, factores tales como el estatus, la raza, y el grupo étnico de la víctima y el ofensor, juegan un rol importante. Así también las prioridades y la carga de trabajo de los fiscales, la policía y el sistema judicial.

Lo importante es que reconozcamos que lo que se clasifica como crimen es apenas la punta de una pirámide de

---

4. Louk H. C. Hulsman ha argumentado esto en un número de contextos. Ver "Critical Criminology and the Concept of Crime", *Contemporary Crises: Law, Crime, and Social Policy*, 10, No. 1 (1986), pp. 63-80. Ver también John R. Blad, Hans van Mastrigt and Niels A. Uildriks, eds., *The Criminal Justice System as a Social Problem: An Abolitionist Perspective* (Rotterdam, Holanda: Erasmus University, 1987).

daños y conflictos, de los cuales solamente algunos son potencialmente criminalizables y aun de estos, solo una pequeña fracción, de hecho, se criminaliza. Manejamos la mayoría de nuestros perjuicios y conflictos de otras maneras.

Una vez que decidimos criminalizar cierto evento o conducta, empezamos a definir la realidad de manera diferente, en formas que, a lo mejor, no corresponden con la experiencia de las partes. El paradigma retributivo crea su propia realidad. *Ahora* la ofensa es contra el Estado, el cual determina la respuesta. El castigo, no la resolución ni el arreglo, se ve como el resultado apropiado. La responsabilidad se vuelve absoluta, definida en términos de culpa más que de obligación. Los resultados se imponen con poca participación de la víctima o el agresor. El paradigma retributivo toma control, moldeando nuestras percepciones de lo que podemos y debemos hacer.

Cambio de paradigma

Nuestro entendimiento de lo que es posible e imposible está basado en nuestras construcciones de la realidad. Estas construcciones pueden y, de hecho, cambian.

Thomas Kuhn, en un influyente libro titulado *The Structure of Scientific Revolutions* [*La Estructura de las Revoluciones Científicas*], ha notado que los cambios en la perspectiva científica ocurren a través de una serie de cambios paradigmáticos.[5]

Un modelo o paradigma reemplaza a otro, causando entonces una revolución en la forma en que vemos y entendemos el mundo. Este patrón de cambios sugiere un posible patrón para cambios de paradigma en general.

El paradigma Ptolomeico, que moldeó el entendimiento occidental hasta el siglo XVII, parecía encajar en los fenómenos observados. Por ejemplo, si te recuestas sobre la espalda en la noche y tomas la estrella polar como punto de referencia, las estrellas y los planetas

---

5. Thomas Kuhn, *The Structure of Scientific Revolutions* (Chicago: University of Chicago Press, 1970).

parecen estar dentro un globo circular con la Tierra como el centro. Además, también parecen girar. Por lo tanto, entonces, tenía sentido pensar en el cosmos como una serie de "esferas cristalinas" concéntricas con la Tierra en el centro.

El universo geocéntrico encajó en las suposiciones teológicas y filosóficas también. La humanidad representaba el pináculo de la creación de Dios y era solo lógico que su morada fuera el centro del universo.

Unos fenómenos no encajaban en este patrón. Con la invención de los telescopios y la subsiguiente exploración de los cielos, su número creció. Los cometas parecían moverse a través de áreas donde debía haber esferas de cristal, por ejemplo. Las distancias calculadas parecían incorrectas. Y los planetas parecían retroceder a ciertos puntos en su órbita.

Este último fenómeno, llamado movimiento retrógrado, era problemático, puesto que era difícil ver cómo podía pasar esto, si los planetas estaban anidados en esferas de cristal. Los científicos decidieron que los planetas debían de moverse en órbitas pequeñas dentro de su órbita mayor. Este fenómeno se llamó epiciclo. Ya que veían un número cada vez mayor de casos de movimiento retrógrado, el número de epiciclos creció de manera fenomenal.

Las disfunciones en el entendimiento Ptolomeico se multiplicaron a principios del siglo XVII. Al mismo tiempo, una serie de nuevos descubrimientos y teorías emergieron. Kepler publicó sus "leyes", Galileo propuso leyes de movimiento. A través del lente del telescopio que él elaboró, comenzó a observar los cielos. Brahe comenzó a registrar sistemáticamente el movimiento en los cielos. Un número creciente de fenómenos simplemente no encajaba en las expectativas del paradigma.

Sin embargo, era difícil descartar el entendimiento Ptolomeico. Después de todo, era de sentido común. Había sido así por siglos. Y estaba vinculado estrechamente con muchos entendimientos filosóficos y teológicos. El desechar este paradigma hubiera sido revolucionario y aterrador. Así que los científicos usaron una gran cantidad de epiciclos para enmendarlo y se hizo mucha presión sobre los innovadores para que desistieran de sus propuestas.

A principios del siglo XVII, sin embargo, más y más fenómenos no encajaban. Al mismo tiempo, los científicos hacían más descubrimientos. Isaac Newton ensambló las piezas en un paradigma que era tan completo, tan lógico, que no podía ser evadido. La física Newtoniana permitió que el universo de Copérnico funcionara, haciendo posible el nuevo paradigma.

Kuhn sugiere que por implicación podemos encontrar en esta revolución científica un patrón para las revoluciones intelectuales. Él sugiere que la forma en que entendemos los fenómenos es gobernada por un modelo particular, un paradigma válido para una determinada época. Parece que la mayoría de los fenómenos encajan en este paradigma vigente y se hacen diversas excepciones para aquellos que no encajan.

Con el tiempo más disfunciones irán apareciendo mientras más y más fenómenos no encajarán en el paradigma. Sin embargo, seguimos tratando de rescatar el modelo inventando epiciclos, reformas, para enmendarlo. Finalmente, a pesar de todo, el sentido de disfunción llega a tal grado que el modelo se descompone y lo reemplaza otro. Esto no puede pasar, sin embargo, antes de que una nueva "física" sea elaborada. Es decir, una variedad de piezas teóricas y conceptuales deben estar accesibles antes de que una nueva síntesis sea posible y un nuevo sentido común emerja.

En un interesante artículo de hace unos años, Randy Barnett sugiere que la historia de nuestro paradigma de justicia muestra algunos síntomas de cambio de paradigma.[6] Como con la revolución científica del siglo XVII, por ejemplo, se ha reconocido por mucho tiempo que

---

6. Randy Barnett, "Restitution: A Paradigm of Criminal Justice" en *Perspectives on Crime Victims*, ed. Burt Galaway y Joe Hudson (St. Louis, Missouri: C.V. Mosby Co., 1981), pp.245-61.

el paradigma tiene ciertas insuficiencias y disfunciones. Se ha usado una serie de "epiciclos" para enmendarlo, pero el sentido de disfuncionalidad se está volviendo demasiado grande para permitir remedios fáciles.

En las primeras aplicaciones del modelo retributivo, el castigo era severo. No había garantías contra el abuso, ni ninguna relación entre la severidad de la ofensa y el castigo infligido. La idea del castigo proporcional fue un invento de la Ilustración que hizo el castigo más racional. La idea era que si se podía ajustar la severidad del castigo según la gravedad del crimen, entonces sería menos arbitrario, menos al antojo de los poderoso y por lo tanto, el castigo más lógico.

Las prisiones se volvieron populares porque presentaban condiciones y contextos muy favorables para aplicar castigos proporcionales. Las sentencias a prisión se miden en términos de tiempo y se pueden ajustar para emparejarlas con el crimen. Pueden verse como científicas y lógicas. En una época en la que la ciencia y la racionalidad eran tan importantes, el castigo proporcional era una manera razonable de reforzar el paradigma del castigo. Los períodos de la condena a prisión se prestaban para la aplicación del concepto "científicamente".

Otros epiciclos han sido construidos. La rehabilitación, por ejemplo, gobernó los esquemas de sentencias durante la primera mitad del siglo XX. Trajo una nueva racionalidad al castigo. En la década de 1960, sin embargo, la rehabilitación se descartó como modelo y se abandonaron las sentencias indeterminadas que eran parte de ese "tratamiento". Ese epiciclo fue reemplazado por la filosofía del "justo merecido", la cual sirve de base para la legislación que exige sentencias obligatorias y definidas tan generalizadas hoy.

La búsqueda de alternativas a prisión representa aun otro intento más de parchar el paradigma. En vez de buscar alternativas al castigo, los movimientos alternativos ofrecen *castigos* alternativos. Al ofrecer nuevas formas de castigar que son menos costosas y más atractivas que la prisión, los proponentes pueden mantener el paradigma a flote todavía. Sin embargo, ya que es solo un epiciclo, no cuestiona las suposiciones fundamentales acerca del castigo. Ha entonces fallado en tener impacto precisamente en los mismos problemas (ej: sobre población de prisiones) que pretendía atender.

Las órdenes de servicio comunitario, por ejemplo, se han vuelto una sanción popular. En su inicio el programa debía abrir espacios en la comunidad para presidiarios restringidos al plantel de la prisión, aligerando así la sobrepoblación. En realidad, se han convertido en una nueva forma de castigar a los ofensores que de otro modo no hubieran sido castigados. Hoy el monitoreo electrónico de los ofensores pretende abrir nuevas posibilidades para el castigo y el control.

La compensación y asistencia de la víctima, puede ser vistas como otro epiciclo. En Estados Unidos, propuestas para tales esfuerzos tienden a estar basadas en los derechos de las víctimas. En Inglaterra, los argumentos son más propensos a enfocarse en sus necesidades y en su bienestar. Ambos enfoques buscan remediar un problema del paradigma existente pero ninguno cuestiona las suposiciones básicas acerca del rol del Estado y de la víctima en la justicia. Reconocen un problema legítimo, pero no la raíz del problema.

El sentido de disfunción y de crisis se ha ido difundiendo más y más. Al mismo tiempo, mucha gente anda a tientas por una nueva "física" para entender y responder a las situaciones definidas como crímenes. Tal vez se está preparando el terreno para un cambio de paradigma.

Yo argumento que la fuente de muchas de nuestras fallas es el lente a través del cual vemos el crimen y la justicia, y este lente es una construcción particular de la realidad, un paradigma. No es el único paradigma posible. En los siguientes capítulos, resumiré algunos de los conceptos históricos y bíblicos, los cuales sugieren que nuestro paradigma retributivo es relativamente reciente y que otros paradigmas son concebibles. También sugieren algunos bloques de construcción para una visión alternativa.

PARTE III

Raíces y Señales

Justicia Comunitaria: La Alternativa Histórica

Los ofensores han transgredido las leyes del estado. Tienen que ser castigados. El Estado necesita hacerse cargo. Todo esto parece tan natural e inevitable. Seguramente este paradigma retributivo debe haber estado con nosotros por largo tiempo. Será una mejora definitiva sobre lo que se hacía antes. Seguramente es lo que debe ser.

El modelo de justicia retributiva no es la única forma en que hemos visto la justicia en Occidente. De hecho, otros modelos de justicia han predominado a través de la mayor parte de nuestra historia. Solo dentro de los últimos siglos el paradigma retributivo ha venido a monopolizar nuestra visión.

La victoria de este paradigma no necesariamente representa tampoco ninguna mejora. Una falacia histórica común es la de interpretar la historia como progreso. Vemos invenciones y programas recientes como mejoras casi inevitables sobre el pasado. Pero el presente no es inevitablemente inherente al pasado ni tampoco representa siempre el progreso.

La interpretación histórica tiene una tendencia a enfocarse en dos fenómenos en la historia de la "justicia criminal": el surgimiento de la justicia pública a expensas de la justicia privada, y de la creciente dependencia del encarcelamiento como castigo. El que ambos ocurrieron en cierta forma es indudable. Sin embargo, investigaciones históricas recientes ponen en tela de juicio el patrón y significado de estos acontecimientos.

Usualmente pensamos en el pasado como dominado por la "justicia privada" caracterizada por la venganza privada, en contraste con la justicia publica de carácter más humano, más balanceado y menos punitivo. Presuponemos que las prisiones son menos punitivas y más humanitarias de lo que había antes. Bajo esta visión, nos hemos vuelto más civilizados y racionales en la administración de la justicia y el castigo.

La realidad es más compleja de lo que esta imagen convencional puede implicar. La justicia "privada" no era necesariamente privada ni implicaba necesariamente la venganza. Los arreglos "privados" no eran necesariamente más punitivos, menos restringidos o menos humanitarios que la justicia impartida por el Estado. Por el contrario, la justicia pública puede ser, de hecho, más punitiva en su enfoque y ofrecer un menor rango de posibles resultados. La venganza, que ciertamente podía ocurrir anterior a la evolución de la justicia del Estado, era solo una de una gran variedad de opciones. La llamada justicia privada ciertamente tenía deficiencias, pero el panorama no es tan simple como generalmente presuponemos.[1]

---

1. Además de los trabajos citados en este capítulo, las siguientes fuentes fueron particularmente útiles: George Calhoun, *The Growth of Criminal Law in Ancient Greece* (Berkeley: University of California Press, 1927); Michael Ignatieff, *A Just Measure of Pain: The Penitentiary in the Industrial Revolution, 1750-1850* (New York: Pantheon Press, 1978); Stanley Cohen and Andrew Scull, eds., *Social Control and the State*, (New York: St. Martin's Press, 1983); John H. Langbein, "The Historical Origins of the Sanction of Imprisonment for Serious Crime", *Journal of Legal Studies*, 5, (1976); Langbein, *Prosecuting Crime in the Renaissance, England, Germany, and France* (Cambridge, Massachussets: Harvard University Press, 1974), Alred Soman, "Deviance and Criminal Justice in Western Europe, 1300-1800: An Essay

La justicia comunitaria

La historia de Occidente abarca una considerable diversidad de estructuras y costumbres. No sorprende, por lo tanto, que las prácticas locales de justicia variaran en tiempo y lugar. Con todo, amplias similitudes existían en el entendimiento general de lo que se involucraba en el crimen y en la justicia en el mundo premoderno. Hasta cierto grado, estas similitudes reflejan tradiciones comunes. Las culturas greco-romanas y germánicas, por ejemplo, moldearon en parte la visión medieval. Las experiencias y necesidades compartidas también contribuyeron a la formación de entendimientos comunes.

Hasta bien entrada la era moderna, se veía el crimen principalmente en un contexto interpersonal. La mayoría de los crímenes, esencialmente eran, hacerle un mal a alguien o entrar en conflicto con otro. Como en los conflictos "civilizados", lo que importaba en la mayoría de las agresiones era el daño realmente causado, no la violación de leyes ni un orden moral o social abstracto. Tales perjuicios creaban obligaciones y responsabilidades que debían efectuarse en cierta forma. El procedimiento aplicado a las disputas hereditarias violentas (ej: entre feudos) era una de las formas de resolver dichas situaciones, pero así también era la negociación, la restitución y la reconciliación. La víctima y el ofensor, igual que los parientes y la comunidad jugaban roles vitales en este proceso.

Dado que los crímenes creaban obligaciones, un resultado típico del proceso de justicia era algún tipo de acuerdo. Los acuerdos de restitución y compensación eran comunes, incluso para ofensas personales. La ley y las costumbres frecuentemente especificaban un rango de compensaciones apropiadas para ofensas a la persona y la propiedad. Estos incluían fórmulas para convertir injurias personales en algún tipo de compensación material.

---

in Structure", *Criminal Justice History: An International Annual*, I (1980), 3-28; Pieter Spierenburg, *The Spectacle of Suffering: Executions and the Evolution of Repression* (Cambridge, England: Cambridge University Press, 1984).

Nuestros conceptos de culpa y castigo pueden representar una transformación (y una perversión, tal vez) de este principio de intercambio. El griego *pune* se refiere a un intercambio de dinero por el daño causado y puede ser el origen de la palabra *punitivo*. De forma similar, *culpa* (guilt en inglés) deriva del anglosajón *geldan* que, como la palabra alemana *geld*, se refiere a un pago.[2]

El agresor y la víctima (o un representante de la víctima en caso de homicidio) arreglaban la mayoría de los conflictos y perjuicios—incluyendo aquellos que nosotros llamamos penales—afuera de las cortes. Lo hacían dentro del contexto de su familia y comunidad. Líderes eclesiásticos y comunitarios a menudo jugaban roles centrales negociando o arbitrando los arreglos y registrando los acuerdos una vez alcanzados. La administración de justicia era principalmente un proceso de mediación y negociación más que un proceso de aplicación de reglas e imposición de decisiones.

Reflejando este entendimiento del rol de la iglesia, un líder con el cargo de anciano en la Iglesia Reformada francesa, instó a la iglesia en 1681 a "trabajar diligentemente en reconciliar cualquier pelea que sea del conocimiento de los miembros del consistorio".[3] Unas peleas incluían ofensas que podríamos calificar como crímenes. Los ancianos entonces decidieron hacer una lista de los conflictos, instaron a las partes a resolverlos y suspendieron de la Eucaristía a los que no lo lograron. Los "actos de acomodamiento" franceses representaban tales acuerdos registrados ante notario.[4]

Como lo precedente sugiere, esta manera de hacer justicia bien puede llamarse justicia comunitaria mejor que

---

2. J. W. Mohr, "Criminal Justice and Christian Responsibility: The Secularization of Criminal Law", ensayo no publicado presentado en la Mennonite Central Committee Annual Meeting, Abbotsford, British Columbia, January 22, 1981.

3. Soman, "Deviance and Criminal Justice", p. 18.

4. Bruce Lenman and Geoffrey Parker, "The State, the Community and the Criminal Law in Early Modern Europe", en *Crime and the Law: The Social History of Crime in Western Ceropre Since 1500*, eds., V. A. C. Gatrell, Bruce Lenman, Geoffrey Parker (London: Europa Publications, 1979), pp. 19ff.

justicia privada. La justicia era privada solo en el sentido en que no era justicia estatal. Pero el daño causado y el resultante proceso de "justicia" se situaban claramente en un contexto comunitario. Los perjuicios se veían a menudo de manera colectiva. Cuando le hacían daño un individuo, la familia y la comunidad, se sentían perjudicadas también. Por lo tanto ambas se involucraban en la resolución de manera substancial. Podían presionar para un acuerdo o servir como árbitros o mediadores. Podían ser llamados como testigos o incluso para ayudar a reforzar los acuerdos.

La justicia comunitaria valoraba de manera muy especial los acuerdos negociados extrajudicialmente, resultando generalmente, en algún tipo de compensación. Sin embargo, existían dos abordajes alternativos. Ambos tendían a ser opciones de último recurso, escogidas bien como medios para forzar la negociación o surgidas del fracaso de la misma. Ambas opciones, entonces, representaban una especie de fracaso, aunque su existencia pudo haber ayudado a asegurarse que se cumpliera la norma.

La opción retributiva

La venganza representaba una de estas alternativas. Se recurría a esta opción con menos frecuencia de la que comúnmente se piensa por razones obvias. La venganza era peligrosa. A menudo llevaba a la violencia recíproca. En sociedades caracterizadas por pequeñas comunidades muy unidas, por necesidad se hacía énfasis en mantener las relaciones. Aquí la negociación y la compensación tenían más sentido que la violencia.

La posibilidad de la venganza ciertamente existía, pero el uso de ella era limitado y su rol y significado era a menudo diferentes de lo que presumimos.

Una limitante en la venganza, el que a su vez confirma la importancia de la justicia negociada, era la existencia de santuarios.[5] A través de la Edad Media y hasta por lo menos

---

5. Respecto a santuarios vea Herman Bianchi, Justice as Santuary: Toward a New System of Crime Control (Bloomington, Ind.: Indiana University Press,

la Revolución Francesa, esparcidas por toda la Europa Occidental se encontraban áreas seguras independientes de otras leyes y autoridades. Aquellos que eran acusados de alguna fechoría podían huir a estas áreas con el fin de escapar de la justicia privada o incluso de las autoridades locales. Muchos no eran asilos de largo plazo, sino lugares seguros que permitían calmarse los ánimos mientras se realizaban las negociaciones. Algunos santuarios especificaban el tiempo que podía permanecer el acusado. Pero mientras tanto, los asilados permanecían seguros.

El criminalista holandés Herman Bianchi ha sugerido la posibilidad de otro rol para tales santuarios. Bianchi y sus colaboradores, han encontrado que los peregrinos que viajaban para hacer penitencia se detenían en los santuarios. Estos peregrinos al parecer hacían su viaje como penitencia por un crimen, lo que sugiere que tanto el castigo como la compensación pudieran haber sido respuestas apropiadas para ciertos crímenes.

Recientemente mientras pasaba un tiempo sabático en la ciudad inglesa de Winchester, descubrí la "casa de Godbegot". Este edificio, ahora una tienda de ropa, es un vestigio del Señorío de Godbegot legado a la Iglesia en 1052 por la Reina Ema. Se le cedió autonomía absoluta, incluyendo el derecho de "excluir del lugar a todos los oficiales ajenos". Registros de la corte existentes sobre el señorío sugieren que sirvió como santuario para agresores hasta que Enrique VIII lo disolvió en el siglo XVI.

Registros de la corte indican que en varias ocasiones la gente entró al santuario a aprehender a los agresores. Pero también muestran que esto era considerado como una violación al santuario. Un estatuto del siglo XIII en Winchester especifica que no se podía pertenecer simultáneamente a Winchester y al señorío sin pagar una multa. La excepción, significativamente, era para aquellos que

---

1994); Michael R. Weisser, *Crime and Punishment in Early Modern Europe* (Atlantic Highlands, New Jersey: Humanities Press, 1979), p. 54; Paul Rock, "Law, Order and Power in the Late Seventeenth-and Early Eighteenth-Century England," en *Social Control and the State*, eds., Cohen y Scull, pp. 191-221.

estaban ahí por "traición". Ambos ejemplos sugieren que el papel del señorío era de santuario para agresores.

La venganza la limitaba una combinación de ley y de costumbre. Por ejemplo, en la Europa Medieval las disputas tradicionales no se consideraban legítimas a menos que las negociaciones hubieran sido realizadas y rechazadas. La bien conocida fórmula del Antiguo Testamento, "ojo por ojo". era el tipo de fórmula que ayudó a regular la venganza privada a través de la historia occidental.

Claro que el "ojo por ojo" se podía tomar literalmente y tal venganza podía ser brutal. Sin embargo, en sociedades no reguladas por códigos legales ni procedimientos formales, estas fórmulas no eran mandamientos, sino maneras de controlar la violencia: "Haz esto, pero solo esto". Las respuestas eran en proporción al daño y no debían intensificar el conflicto.

Por otra parte, las personas a menudo han entendido estás fórmulas como ecuaciones para determinar la compensación: "el valor de un ojo por el valor de otro ojo". Arreglos en dinero o propiedades han sido bastante comunes en nuestra historia, incluso en casos de violencia severa. Tales códigos proveían principios para determinar la compensación.

Incluso cuando el "ojo por ojo" se tomaba literalmente, era visto como compensación. Cuando se mata o se lastima a alguno en una sociedad comunitaria, el balance de poder entre tribus, clanes, u otros grupos se altera. El balance debe restablecer emparejando las cosas. La violencia, siguiendo esta fórmula, pretendía tanto balancear el poder como precisar la venganza.

Entonces como ahora, las víctimas necesitaban ser reivindicadas moralmente. Demandaban reconocimiento público de que habían sido perjudicadas y reconocimiento por los agresores de sus responsabilidades. La compensación era una manera de lograr esta reivindicación, pero la retribución podía también, a veces, proveer cierta compensación moral. Algunas veces también la amenaza de retribución servía para motivar a los agresores a reconocer públicamente su responsabilidad.

La amenaza de la retribución ciertamente existía, pero pudo haber sido tanto un medio como un fin en sí mismo. Por otra parte, el significado y las funciones de la retribución a menudo reflejan una visión compensatoria. El sistema descansaba, antes que nada, en la necesidad de compensar a la víctima y de enmendar las relaciones. Para lograrlo generalmente se necesitaban negociaciones para alcanzar un acuerdo que reconociera las responsabilidades y obligaciones del agresor.

A través de la mayor parte de nuestra historia ha habido excepciones a este ideal de justicia restitutiva para ciertas clases de crimen. Las primeras sociedades teocráticas consideraban que unas cuantas ofensas tenían dimensiones religiosas y por lo tanto requerían respuestas "anormales". Algunas ofensas sexuales, por ejemplo, eran especialmente nefastas por ofender a la deidad, lo cual traía culpa colectiva sobre toda la sociedad. Para demostrar el repudio de tal conducta y por tanto evadir la culpa compartida, se necesitaba una limpieza simbólica. Sin embargo, tales ofensas eran pocas y precisamente proscritas tanto por la ley como la costumbre y no marcaban la pauta para la mayoría de las agresiones "criminales".

En la temprana edad moderna en Europa se veían ciertas ofensas como un desafío al orden moral y político, requiriendo por lo tanto la aplicación de respuestas violentas. Entre éstas se incluían la brujería, el incesto, la sodomía y ciertos tipos de homicidios particularmente atroces.

La opción judicial
La venganza era una alternativa para el ideal de justicia negociada y restitutiva. Recurrir a la corte establecida era otra. Como la venganza, sin embargo, está opción era usualmente el último recurso cuando las negociaciones fracasaban o en aquellas situaciones en las que la ley o las costumbres lo requirieran. Se escogía como medio para motivar los arreglos negociados. Para la mente moderna, los miembros de esta sociedad eran notablemente renuentes a usar los mecanismos formales de la justicia.

Durante la Edad Media en el occidente de Europa continental, por ejemplo, había una variedad de cortes "oficiales". Algunas de estas cortes eran estatales o reales. Otras las administraban autoridades eclesiásticas, municipales o señoriales. Sin embargo, las cortes estatales tendían a funcionar dentro del contexto y los principios de la justicia comunitaria.

Las cortes medievales eran de carácter "acusatorio". Con la excepción de ciertos tipos de ofensas (por ejemplo, aquellas contra la corona), las cortes reales no podían iniciar el proceso sin petición de la víctima o de su familia. Sin demandante, no podía haber caso. No había fiscales públicos y pocas bases legales para un procesamiento independiente de parte del estado salvo por una ofensa en la que se atentara contra la corona.

Una vez que alguien iniciara el proceso, el rol de las cortes era velar para que las partes cooperaran. Era igualar las relaciones de poder en la medida posible y generalmente regular el conflicto. Las cortes entonces servían como una especie de árbitro. Si las partes involucradas llegaban a algún acuerdo, tenían la libertad de terminar el caso en cualquier momento. El estado no tenía autoridad legal para continuar el proceso sin un demandante. La iniciativa estaba en manos de los involucrados.

Las personas usualmente acudían a las cortes solamente para presionar a la otra parte para reconocer la responsabilidad y para llegar a un acuerdo. Bien entrada la edad moderna, aún había preferencia por formas extrajudiciales de justicia comunitaria. Esta renuencia de usar la opción judicial se basaba en diversos factores. La preferencia por acuerdos negociados era uno. Sin embargo, la resistencia local a los reclamos de las autoridades centrales era un factor principal también. Otro era el costo financiero que representaba el proceso. Además, las cortes medievales a menudo asumían el riesgo recíproco. Si el demandante fallaba en justificar exitosamente su demanda, podía sujetarse a las consecuencias previstas para el acusado. Por lo tanto, un demandante debía, por necesidad, tener un caso fuerte antes de proceder.

Finalmente, las cortes reales a menudo tenían la opción de un imponer una multa como resultado. Dado que el dinero se pagaba al funcionario que operaba la corte, no beneficiaba a la víctima en nada.

El modelo acusatorio que moldeaba la estructura y procedimiento de las cortes, entonces, operaba en el contexto de la justicia comunitaria, la que a su vez valoraba mucho la compensación y la iniciativa de los participantes. Así que las cortes acusatorias confirmaron la centralidad de la justicia comunitaria.

Una valoración

La justicia premoderna convencionalmente se retrata como vengativa y barbárica, en contraste con el enfoque más racional y humano de la justicia moderna. Claramente esa imagen es demasiado simplista y severa. Sin embargo, sería igualmente incorrecto ponerse nostálgico por una época dorada que se ha perdido. La justicia comunitaria tenía serias deficiencias. Los métodos para establecer la culpa en los casos litigados eran arbitrarios e inexactos, carentes de salvaguardas. Esta forma de justicia funcionaba más satisfactoriamente entre iguales. Cuando los agresores eran subordinados, la justicia podía ser sumaria y cruel.

La justicia comunitaria podía también poner una carga pesada sobre las víctimas, desde que el procesamiento de casos dependía de su iniciativa y tal vez incluso de sus recursos. Las penas por las agresiones, que se consideraban especialmente atroces, podían ser barbáricas.

Con todo, los acuerdos compensatorios negociados que guiaban la justicia comunitaria representan un entendimiento alternativo importante del crimen y la justicia. Los conceptos tradicionales de justicia reconocían que se había dañado a alguien, que los involucrados tienen que ser centrales en la resolución y que la reparación del daño era crítica. La justicia comunitaria valoraba mucho el fortalecimiento de relaciones y la reconciliación. Así el paradigma de justicia comunitaria pudo haber reflejado la realidad del crimen mejor de lo que lo hace nuestro paradigma más "civilizado".

La justicia tradicional se caracteriza a menudo como justicia punitiva. Sin embargo, el castigo era solo uno de muchos posibles resultados y a menudo representaba una falla en la realización de lo ideal. La justicia comunitaria ofrecía una gama más amplia de resultados de los que ofrece nuestro paradigma retributivo contemporáneo. Como mínimo, debemos revisar nuestra valorización de la justicia tradicional para reflejar *tanto* las posibilidades de retribución *como* las de reconciliación.

La revolución legal

No había ningún sistema de derecho penal tal como lo entendemos nosotros en la Europa medieval. Ningún código escrito de leyes calificaba ciertos actos como crímenes ni prescribía ciertos castigos. Normalmente los casos no los manejaban los profesionales legales. Las autoridades políticas y jurídicas tenían un rol reconocido, pero era bastante limitado. Había una variedad de cortes, pero en general funcionaban dentro de los supuestos y parámetros de la justicia comunitaria. Sin embargo, había mucha renuencia a usarlas.

En los siglos XI y XII, sin embargo, una serie de cambios comenzaron a sentar las bases para una orientación radicalmente nueva al crimen y la justicia para los siglos posteriores. Estos cambios tomaron siglos para desarrollarse plenamente y fueron ferozmente resistidos por muchos. El nuevo modelo de justicia no fue victorioso sino hasta el siglo XIX. Sin embargo, esta metamorfosis, aunque prolongada y a menudo sobre-estudiada por los historiadores, constituyó lo que el historiador legal Harold J. Berman ha llamado la "revolución legal".[6]

Las primeras autoridades políticas se habían sentido obligadas a moldear el derecho dentro del marco de las

---

6. Harold J Berman, *Law and Revolution: The Formation of the Western Leagal Tradition* (Cambridge, Massachussets: Harvard University Press, 1983) y "The Religious Foundations of Western Law", *The Catholic University of America Law Review*, 24, No. 3 (Spring, 1975), pp. 490-508. El trabajo pionero de Berman es sumamente importante. Otras fuentes importantes sobre la temprana justicia moderna y la revolución legal son A. Esmein, *A History of Continental Criminal Procedures* (Boston: Little, Brown, y Co., 1913) y Weiser, *Crime and Punishment*.

prácticas y concepciones acostumbradas. En el período medieval tardío empezaron a reclamar el derecho de hacer nuevas leyes y abrogar las viejas. Los códigos formales escritos que incorporaban nuevos principios empezaron a reemplazar la costumbre. Para los siglos XVIII y XIX, se había desarrollado un cuerpo especial de leyes codificadas para cubrir ciertos daños y disputas calificadas como crímenes.

Nuevos planteamientos y procedimientos empezaron a abrir la posibilidad de que el Estado iniciara o interviniera en ciertos tipos de casos. En el continente europeo, los fiscales que representaban al Estado comenzaron a aparecer. En Inglaterra los jueces de paz empezaron a representar al Estado para delitos menores. Las cortes comenzaron a dejar su rol reactivo o pasivo de arbitraje para reclamar el derecho de procesar ciertos tipos de casos. Empezaron a tomar la iniciativa en los procesos y a compilar pruebas pertinentes a tales casos.

En el continente europeo, las cortes cambiaron del estilo acusatorio al inquisitorio. Ahora la corte era responsable de presentar los cargos, compilar las pruebas y determinar el resultado—a menudo en secreto. En Inglaterra, se mantuvo el marco acusatorio por rol del jurado y por la retención, al menos en la forma, del procesamiento privado. Aquí también los agentes del estado desplazaron a los ciudadanos como los principales participantes en el procesamiento de los casos "criminales".

En tales casos, la naturaleza de los resultados empezó a cambiar. El castigo empezó a tomar precedencia sobre los acuerdos. Las multas-que iban a las arcas del estado-empezaron a reemplazar la restitución de las víctimas. La tortura llegó a ser no simplemente una pena aceptable sino una herramienta forense para descubrir la verdad. Por lo tanto, pasaron a segundo plano la participación y los intereses de la víctima en el proceso.

Este proceso no se dio por una posesión directa e inmediata de un gran número de casos por el Estado. Al contrario, los representantes del Estado gradualmente se inmiscuyeron en los procesos acusatorios. Empezando como investigador, por ejemplo, el Estado finalmente terminaba convirtiéndose en demandante. Para 1498, la ley francesa reconoció que el rey o sus representantes tomaban parte en todos los juicios. Alegando primero que tenían derecho a participar en los casos, a fin de cuentas el estado terminaba administrándolos.

Los abogados del Estado usaban una variedad de dispositivos y argumentos legales, algunos nuevos y algunos viejos, para justificar la intromisión estatal. Los procedimientos acusatorios habían reconocido que el modo "ordinario" de que los casos se iniciaran era mediante las víctimas o los parientes. Algunas jurisdicciones habían permitido la implementación de ciertos procedimientos "extraordinarios" por la corte o el Estado en situaciones limitadas. En la Francia del siglo XIV, por ejemplo, había varias maneras en que la corte podía tener conocimiento de una ofensa. La forma ordinaria era mediante la presentación de una denuncia. Sin embargo, en el caso de una "fechoría presencial" (el acusado atrapado en el acto) o por un "reporte común" (cuando el acusado y la ofensa eran de conocimiento común) la corte podía intervenir sin ningún demandante directo. También, se hacían unas disposiciones para iniciar un caso mediante la "denuncia". Aquí habría demandantes, pero se mantenían fuera de escena, jugando un rol mínimo. Muy comúnmente, procedimientos pretendidos como extraordinarios a la larga se volvían ordinarios.[7]

El uso de tales dispositivos legales se combinaba con nuevos planteamientos. La corona comenzó a pretender que era protectora de la paz. De ahí dista poco para alegar que, cuando la paz se rompía, el estado era la víctima. Que el rol y las demandas de las víctimas individuales se hayan perdido en este proceso, no sorprende.

Rol del Derecho Canónico

No accidentalmente, el desarrollo de este nuevo sistema legal con autoridades centrales ocurrió dentro de

---

7. Ver Esmein, *A History*, p. 121.

un contexto de una lucha general por el poder. Esta pelea por la hegemonía ocurrió dentro y entre las estructuras religiosas y seculares. Afectó profundamente el modo en que se impartía justicia. El desarrollo del derecho canónico—la ley de la Iglesia Católica—era una parte crucial de estas luchas.

Durante los primeros siglos del Cristianismo, la iglesia fue descentralizada. Gradualmente varios poderes competidores emergieron, cada uno reclamando la autoridad. Además, problemas de disciplina interna surgieron en la iglesia. Una preocupación importante del papado durante la época medieval, por lo tanto, era consolidar su autoridad dentro de la iglesia. Al mismo tiempo, el papado luchaba para reclamar igualdad de autoridad con las autoridades políticas "seculares".

Autoridades centrales seculares empezaron a emerger durante este tiempo, sin embargo, con necesidades similares. También necesitaban consolidar su poder dentro de sus reinos para encontrar la forma de subordinar otros poderes, incluyendo la Iglesia.

Las autoridades, tanto religiosas como seculares, por lo tanto, buscaban nuevos argumentos y dispositivos que los ayudaran a consolidar su autoridad. La ley del Imperio Romano proveía precisamente tal instrumento, primero para la Iglesia, luego para el Estado.

Durante la República Romana, el crimen se había mantenido básicamente como un asunto privado o comunitario con el Estado jugando solo un rol limitado. Mientras crecía el Imperio, sin embargo, una tradición se desarrolló reconociendo un rol expandido del Estado en la creación de leyes y la administración de justicia.

Esta ley desapreció después del siglo V, aunque a lo mejor no se olvidó totalmente. El redescubrimiento del Código de Justiniano por el Occidente a finales del siglo XI pudo haber sido no por accidente. Los partidarios del papa y tal vez los de las autoridades seculares también, pudieron haberlo estado buscando hacía tiempo. Una vez redescubierto en el siglo XI, el derecho romano creó las bases para el derecho canónico, la que luego se volvió la ley fundamental de la Iglesia. Posteriormente, sus lineamientos fueron adoptados por los poderes seculares a lo largo de Europa Occidental e influyó, también, en la ley inglesa hasta cierto punto.

Berman ha examinado esta ley y sus adaptaciones. Él nota que el derecho romano se apartó radicalmente de las prácticas acostumbradas. Lo que se adoptó era un código legal autónomo de una civilización distante en tiempo y cultura. Este código introdujo nuevos elementos importantes.

El derecho romano era formal, racional, codificado y se basaba en la lógica y ciertos principios fundamentales. En lugar de fundamentarse en la costumbre y la historia, era totalmente autónomo. Por lo tanto, proveía a las autoridades centrales las posibilidades y los métodos para promulgar nuevas leyes y derogar las viejas. Además, el derecho romano giraba en torno a una autoridad central y por lo tanto ponía las bases para legitimar el inicio de la acción por parte de dicha autoridad central. Parte de lo atractivo del derecho romano, entonces, era el importante rol que daba a las autoridades centrales.

El derecho romano era una Ley escrita, basada en principios que eran independientes de costumbres específicas. Tenía un método para ensayar y elaborar leyes (ej: Escolástica). Por lo tanto, además, no solo podía ser sistematizada y expandida sino que también estudiada y enseñada internacionalmente por profesionales. Este carácter universal ayuda a explicar por qué era tan atractiva para las universidades y su rápida difusión entre ellas por la mayor parte de Europa Occidental.

Fundamentándose en el derecho romano, la Iglesia elaboró la estructura compleja del derecho canónico, el primer sistema legal moderno. Fue un logro revolucionario. Le facilitó al papado un instrumento importante en su lucha por la supremacía tanto dentro de la Iglesia como en sus relaciones con las autoridades políticas seculares.

Al autorizar el procesamiento por una autoridad central, establecía las bases para atacar tanto a la herejía como el abuso clerical dentro de la Iglesia. La expresión más extrema de este nuevo enfoque fue la Inquisición, en la cual representantes del papa cazaban a los herejes y los torturaban tanto para obtener evidencia como para arreglar cuentas.

Ya no era el individuo la víctima principal. En la Inquisición, la víctima era todo un orden moral, y la autoridad central era el guardián. Los males ya no eran simples daños que requirieran compensación. Eran pecados.

Como se implica, el derecho canónico representaba no solo la introducción del derecho formal sistemático y un ensanchamiento del rol de las autoridades centrales. Implicaba todo un concepto diferente de crimen y justicia. La justicia se convirtió en un asunto de aplicar reglas, establecer culpas y arreglar penas. Las primeras prácticas cristianas se habían enfocado en la aceptación y el perdón por el mal hecho, enfatizándose en la necesidad de reconciliación y redención.[8]

El derecho canónico y la teología paralela que surgió, comenzaron a definir el crimen como un mal colectivo contra un orden moral o metafísico. El crimen era pecado, no solo contra una persona sino contra Dios y la Iglesia tenía la obligación de purgar el mundo de esta transgresión. De aquí distaba poco a la suposición de que el orden social era impuesto por Dios, que el crimen era un pecado contra el orden social. La iglesia (y luego el Estado) debe entonces proteger ese orden. Sin sorprender a nadie, el enfoque cambió de los arreglos negociados entre participantes al castigo administrado por las autoridades establecidas.[9]

El derecho canónico y la teología formalizaron los conceptos de libre albedrío y responsabilidad individual,

---

8. Gerald Austin McHugh, *Christian Faith and Criminal Justice: Toward a Christian Response to Crime and Punishment* (Nueva York, Publicaciones Paulistas, 1978), pp. 14ff.

9. Este tipo de razonamiento no era totalmente nuevo, por supuesto. El juicio medieval estaba basado en conceptos relativos. El pensamiento medieval relacionaba el comportamiento y la naturaleza. Dado que ciertas ofensas eran contrarias a Dios y a la naturaleza, por lo cual se esperaría que la naturaleza rechazara al ofensor. De manera que una persona malvada lanzada al agua flotaría puesto que el agua, siendo pura, la rechazaría. Se esperaría que una persona inocente se hundiera – una victoria dudosa si uno no podía nadar.

lo que ayudó a sentar las bases para un castigo racional. El encarcelamiento se convirtió en un modo de castigar a los sacerdotes desobedientes, lo que llevó al uso generalizado del encarcelamiento como castigo en los siglos XVIII y XIX.

El derecho canónico introdujo importantes nuevos principios. Estos a su vez fueron adoptados y adaptados por las autoridades políticas, sirviendo como un modelo importante para sistemas legales seculares desde Inglaterra hasta Polonia y Hungría.

El ejemplo del derecho canónico, no es de ninguna manera una explicación completa del desarrollo de una justicia retributiva centralizada en el Estado. El derecho canónico tuvo menor impacto en Inglaterra que en el resto del continente. Aunque no desarrolló un sistema judicial inquisitivo, si forjó un sistema de legislación criminal con el Estado como el poder principal. Dadas las tendencias sociales y las necesidades de las naciones emergentes, la justicia bien se pudiera haber desarrollado, tal como se hizo, sin el ejemplo del derecho canónico. Sin embargo, el patrón provisto por esta adaptación del derecho romano, si aportó técnicas y conceptos importantes para las autoridades políticas en la consolidación de sus posiciones.

El rol de la teología cristiana en todo esto es incierto. Algunos historiadores argumentan que los conceptos teológicos de culpa y responsabilidad moral jugaron un rol causante, ayudando a crear nuevos conceptos de crimen, justicia y poder; todos luego incorporados por el Estado. Otros han planteado que el desarrollo de la justicia moderna se basó en las necesidades políticas de las naciones emergentes o en procesos socio-económicos. Luego surgió la teología, justificando estas nuevas formas. Sin embargo, el que haya vínculos entre la teología y estos nuevos acontecimientos, es claro.

Victoriosa justicia del Estado

Los historiadores Bruce Lenman y Geoffrey Parker han sugerido que la historia Occidental puede verse como una dialéctica entre dos modelos básicos de ley y justicia: comunitaria y estatizada.[10]

La justicia estatizada alzó la cabeza temprano. Se puede ver elementos de esto en el Código babilónico de Hamurabi o en las reformas Solónicas en la Antigua Grecia. Sin embargo, solo en los últimos siglos ha salido victoriosa la verdadera justicia estatizada, monopolizando nuestra visión del crimen.

La justicia comunitaria, en el mejor de los casos, representaba la justicia restitutoria negociada. Su sentido se capta en *frith*, la palabra germánica tribal para paz, implicando una paz horizontal mutuamente acordada. La justicia estatizada, sin embargo, es la "paz del Rey". Es vertical, jerárquica, impuesta y punitiva.[11]

Mientras la justicia comunitaria y la estatizada pueden verse como conceptos opuestos, es mejor verlas como polos de un continuo, con muchas variaciones en medio.[12] En un polo se encuentra la justicia comunitaria pura, caracterizada por arreglos negociados entre las partes directamente afectadas. La justicia se vuelve un poco más formal cuando otras partes, tal vez nombradas por las autoridades políticas, se involucran como árbitros o notarios. Las cortes acusatorias son aún más formales, especificando un rol del Estado. Al final de la escala se sitúa la verdadera corte estatal caracterizada por la iniciativa, discreción y control estatal y el Estado como víctima.

La justicia comunitaria, como operaba en la temprana Europa moderna, contenía elementos de justicia estatizada. Tal vez la mezcla, esa relación simbiótica entre las dos formas de justicia, permitió que la justicia comunitaria funcionara. Tal vez la amenaza de la justicia estatal facilitó los trabajos de la justicia comunitaria. Tal vez la habilidad de seleccionar espacios temáticos para los acuerdos

---

10. Lenman y Parker, "The State, the Community, and the Criminal Law". La tesis de Lenman y Parker aporta parte del marco conceptual para este capítulo.

11. Bianchi, "Justice as Sanctuary", Chapter 6, p. 13.

12. Ver también Herman Diederiks, "Patterns of Criminality and Law Enforcement During the Ancien Regime: The Dutch Case", en *Criminal Justice History: An International Annual*, I (1980), pp. 157-74.

era importante. Al surgir victoriosa la verdadera justicia estatal, sin embargo, las concepciones de lo que era apropiado y posible cambiaron. La justicia comunitaria ya no era una opción para la mayoría de los sucesos que calificamos como crímenes.

Para finales del siglo XVI, ya se habían cimentado las piedras angulares de la justicia estatal en Europa. Nuevos códigos legales en Francia, Alemania e Inglaterra ensancharon las dimensiones públicas de ciertas ofensas y le dieron un papel mayor al Estado. Los códigos penales comenzaron a especificar los perjuicios y a enfatizar el castigo. Algunos de estos castigos eran excesivamente severos, incluyendo la tortura y la pena de muerte. Las sanciones económicas permanecieron como posibilidades en muchos casos.

La reforma protestante del siglo XVI puede haber motivado la tendencia hacia sanciones punitivas administradas por el Estado. Lutero activamente aprobaba al Estado como agente de Dios para administrar los castigos. El calvinismo tendía a enfatizar las imágenes de Dios como un juez punitivo. También dio al Estado un rol importante en el fortalecimiento del orden moral.

La justicia estatal representaba la ola hacia el futuro, pero no era dominante aún y no podía reclamar un monopolio. La Ilustración del siglo XVIII y la revolución francesa iban a ser necesarios antes de que la justicia estatal pudiera hacer un reclamo tan radical.[13] Para el siglo XVIII, el Estado había logrado ejercer poder absoluto, el que ejercía de maneras excesivamente arbitrarias y abusivas. Formas casi inimaginables de tortura y castigo eran comunes–no solo para los "criminales" debidamente condenados, sino también para los sospechosos y enemigos políticos. La corona pretendía estar por encima de la ley y la ley era un laberinto absurdo de costumbre y

---

13. Además de las fuentes previamente citadas, ver Michael Ignatieff, "State, Civil Society, and Total Institutions: A Critique of Recent Social Histories of Punishment", en *Social Control and the State*. eds. Cohen and Scull, pp. 75-105; y Jacques Ellul, *The Theological Foundations of Law* (New York: Seabury Press, 1969).

principios, lógica y arbitrariedades, intereses especiales y preocupaciones públicas.

Los reformadores de la Ilustración buscaban poner la ley por encima de los gobiernos y darle un fundamento racional. Profundamente críticos de la tradición y la religión, las cuales se rechazaron por supersticiosas e ilógicas, optaron mas bien los reformadores por un sistema de derecho basado en la ley natural y en principios racionales.

En este proceso, los pensadores ilustrados comenzaron a formular nuevas concepciones de la sociedad y del Estado basadas en un presunto contrato social. Las leyes deben reflejar la voluntad de la mayoría, decían ellos y los gobiernos deben administrar y aclarar tales leyes. Esto No quiere decir que creían que la gente común podía tomar decisiones políticas. ¡La mayoría de los pensadores ilustrados eran necesariamente antidemocráticos! Sin embargo, comenzaron a expresar el concepto de gobierno como representante de los intereses de la mayoría en lugar de los grupos de interés o de la familia real.

Ante el abuso de poder del estado que pretendía ser absoluto, los reformadores del siglo XVIII pudieron haber cuestionado a fondo los supuestos del Estado centralizado. Pero no lo hicieron. Al contrario, no solo dieron por sentado un Estado poderoso sino que plantearon las bases para el ensanchamiento de poder enraizado en una nueva lógica y nueva responsabilidad. La nueva lógica consistía en un contrato social y la nueva responsabilidad en rendir cuentas a sectores más amplios de la población y a la ley.

El libro de Cesare Beccaria, *Sobre Crimen y Castigo*, publicado por primera vez en 1764 y a menudo citado como las bases del derecho penal moderno, era en parte una expresión de este enfoque ilustrado. Beccaria aceptaba que la ley debía fundamentarse racionalmente en la voluntad de la comunidad entera. Él decía que se debía aplicar igualmente a todos y que debía ser administrada de una manera racional *por el Estado*.

Beccaria postuló que la gente guiaba su comportamiento de acuerdo con las expectativas acerca del dolor y placer que pudiera resultar de sus decisiones. La ley debía administrar dosis racionales y limitadas de dolor, por lo tanto, tomando en cuenta la cantidad de dolor necesario para compensar el placer derivado de la ofensa. El dolor administrado, sin embargo, debe ser proporcional al daño hecho.

El libro de Beccaria sirvió como una herramienta útil para atacar los abusos del Estado y de la ley tradicional. En vez de cuestionar el rol central del Estado en asuntos de justicia, le dio una nueva legitimidad. Por otra parte, aunque muchos lo tomaban como la confirmación de un concepto de ley completamente racional y utilitaria, de hecho retenía elementos fuertemente punitivos e incluso retributivos.[14]

La revolución francesa, que comenzó en 1789 y se extendió al siguiente siglo, surgió de la Ilustración pero tenía su propia dinámica. También atacaba la costumbre y el privilegio, buscando remplazarlos con un concepto racional de ley y un nuevo concepto de Estado. Como la Ilustración, abarcaba conceptos más, no menos, ambiciosos del poder del Estado.

Los nuevos códigos penales adoptados por los gobiernos revolucionarios y napoleónicos ilustraban estas tendencias. Le entregaban al Estado fuertes poderes de prosecución. Estos códigos eran también bastante punitivos, pero con un enfoque más racional y equitativo.

Los acontecimientos de los siglos XVIII y XIX, por lo tanto, jugaron un papel importante en la formulación de la justicia retributiva moderna. El Estado logró tanto una nueva legitimidad como un nuevo mecanismo para ejercer el poder. Invistieron la ley de un mayor sentido sagrado, haciendo su quebrantamiento más reprensible y las consecuencias más "merecidas".

El pensamiento ilustrado y la práctica post-ilustrada incrementaron la tendencia de definir las ofensas en

---

14. Ver David B. Young, "Let's Content Ourselves with Praising the Work While Drawing the Veil Over Its Principles: Eighteenth-Century Reactions to Beccaria's *On Crime and Punishment*," *Justice Quarterly*, 1, No. 2 (Junio 1984), pp. 155-69.

términos del quebrantamiento de la ley en lugar de por los daños en sí. Al grado de que los daños fueran importantes, se enfatizaban más las dimensiones públicas que las privadas. Si el Estado representaba la voluntad y los intereses públicos, era más fácil definirlo como víctima y darle el monopolio sobre la intervención. Lo más importante era que la Ilustración planteó una nueva física del dolor.

Los pensadores ilustrados y revolucionarios franceses no cuestionaron la idea de que cuando se comete una ofensa, se debe administrar dolor como respuesta. Al contrario, ofrecieron nuevas justificaciones. Sentaron pautas más racionales para la administración del castigo. Además elaboraron nuevos mecanismos para implementar el castigo.

Los instrumentos principales para aplicar el dolor eran las prisiones. Hay muchas razones para justificar el encarcelamiento como una sanción criminal en esa época. Sin embargo, lo atractivo del encarcelamiento era que se podían graduar los períodos de condena según la ofensa. Las prisiones hacían posible calibrar los castigos en unidades de tiempo, dando una apariencia de racionalidad e incluso de ciencia en la aplicación del dolor.

Las prisiones también coincidían bien con las sensibilidades y necesidades emergentes. La publicidad y el sufrimiento físico habían caracterizado los castigos durante el Antiguo Régimen. Los regímenes absolutistas habían usado castigos públicos brutales para demostrar su poder. Los gobiernos nuevos y más populares no necesitaban tantas exhibiciones públicas de poder para reforzar su legitimidad. Por otra parte, la gente se volvía cada vez menos conformes con el dolor y la muerte. Las formas de abordar la muerte y la enfermedad cambiaron, reflejando la necesidad de esconder e incluso negar estos aspectos duros de la vida.[15] En ese contexto, las prisiones se prestaron como espacios donde se podía administrar dolor en privado.

---

15. Spierenburg, *Spectacle of Suffering*, Capítulo 6.

JUSTICIA COMUNITARIA: LA ALTERNATIVA HISTÓRICA   117

Mientras la tecnología para infligir dolor cambiaba, así también el alcance de lo que se pretendía. Las formas premodernas de sanciones castigaban el cuerpo, a menudo de maneras brutales. Los usos modernos de la prisión buscaban, como el historiador francés Michael Foucault hace notar, llegar al alma.[16] Los Amigos (Cuáqueros) Norteamericanos que defendían la prisión lo hacían con la esperanza de motivar el arrepentimiento y la conversión.[17] Justificaciones posteriores de prisiones las proponían como laboratorios para cambiar el comportamiento y patrones de pensamiento con el fin de transformar la personalidad. Una gran diversidad de excelentes razones se han planteado para justificar el uso de la prisión para administrar lo que Christie ha llamado el "dolor con propósito".

Las raíces de la justicia formal centrada en el Estado se remontan muchos siglos atrás, pero la justicia estatal se topó con mucha resistencia. Solo hasta el último siglo pudo salir adelante. La experiencia estadounidense es un caso concreto.[18]

Retratos de la justicia estadounidense a menudo enfatizan el desarrollo de formas de justicia públicas, localizando el origen de la prosecución pública formal en el periodo pre-revolucionario. Estudios recientes, sin embargo, han encontrado que los fiscales públicos solo tenían roles limitados. Tenían poca autoridad para iniciar o dejar casos criminales hasta mediados del siglo XIX, o incluso después. Al contrario, otras formas de justicia (incluyendo mediación, arbitraje y procedimientos de la corte civil) eran populares y persistieron mucho después

---

16. Michael Foucault, *Discipline and Punish: The Birth of the Prison*. (New York, Pantheon Press, 1977). Ver también Ignatieff, *A Just Measure of Pain* y "State and Civil Society".

17. En 1990 se marcó el aniversario del bicentenario de la primera prisión moderna, la cárcel de Walnut Street.

18. Ver Josephine Gittler, "Expanding the Role of the Victim in a Criminal Action: An Overview of Issues and Problems", *Pepperdine Law Review*, 11, (1984), pp. 117-82; y Allen Steinburg, "From Private Prosecution to Plea Bargaining: Criminal Prosecution, the District Attorney, and American Legal History", *Crime and Deliquency*, 30, No. 4 (Octubre 1984), pp. 568-92.

de que la justicia estatal prevaleciera. La restitución era una forma popular de arreglo, al menos para daños de propiedad y las víctimas tenían roles importantes.

Finalmente la justicia estatal salió victoriosa. El establecimiento de los fiscales públicos con amplios poderes discrecionales, combinado con la expansión de las penitenciarías, fue parte importante de este proceso en los Estados Unidos. El resultado es que hoy, como Jerold Auerbach ha dicho tan elocuentemente, "la ley es nuestra religión nacional; los abogados constituyen nuestro sacerdocio; la corte es nuestra catedral, donde se representan los dramas de pasión contemporáneos".[19]

Dimensiones de la revolución legal

La victoria de la justicia estatizada tardó en llegar. Pero, como Berman ha documentado, representaba nada menos que una revolución legal con profundas implicaciones. Las dimensiones de esta revolución en la forma en que hacemos justicia y en la forma en que pensamos acerca de la justicia, pueden ser resumidas de la siguiente manera.

Primero, la esencia de esta revolución consiste en la transición de la justicia comunitaria o privada a la justicia pública. Esta transición empezó con la apertura de posibilidades para las querellas iniciadas por el Estado. Con el tiempo el Estado reclamó co-sociedad, después propiedad, hasta que finalmente, para daños y conflictos denominados crímenes, el Estado tenía un monopolio sobre la justicia.

En este proceso, la víctima del crimen fue redefinida, con el Estado convirtiéndose en la víctima legal. Las víctimas eran abstraídas y los individuos se volvieron periféricos al problema o a la solución.

Segundo, concurrente con este proceso, la justicia llegó cada vez más a basarse en la ley en vez de la costumbre o la conveniencia. La justicia llegó a igualarse con

---

19. Jerold S. Auerbach, *Justice Without Law?* (New York: Oxford University Press, 1983), p. 9.

la ley codificada, en el sentido de que era, interpretada y manejada por profesionales. La justicia, cada vez más, comenzó a medirse de acuerdo al proceso usado.

Ciertos daños y conflictos llegaron a definirse como diferentes de otros, activando procesos criminales en los que el Estado predominaba. Otros fueron dejados a la ley civil, en donde los participantes mantuvieron considerable discreción y poder.

Tercero, la venganza era un posible resultado de la justicia comunitaria. El Estado tomó control sobre esa opción, disminuyendo la disponibilidad de otras posibilidades. El castigo se volvió normativo. La resolución y los acuerdos se volvieron inusuales e incluso ilegales. Dado que el castigo, en vez de la resolución, se volvió normativo, se redujo el papel de las víctimas individuales en sus casos.

Interesantemente, la Iglesia nunca tuvo ninguna crítica seria del proceso. Preocupada de mantener el control sobre la venganza privada y pronto en reconocer un rol del Estado, proveyó un apoyo activo.

Mientras el castigo se volvió normal, nuevas formas de castigo surgieron. El castigo también cambió su significado simbólico.

En el mundo premoderno, el motivo de la venganza claramente jugó un rol cuando se buscaba el castigo. Al menos tan importante como la venganza, para la idea del castigo, era la reivindicación de la víctima. Los castigos eran ampliamente públicos. En castigos impuestos, una declaración simbólica de los derechos morales de la víctima estaba implícita.

En sociedades teocráticas, el castigo también incluía una función simbólica purificadora que limpiaba a la comunidad de la contaminación creada por el crimen. El castigo demostraba que la sociedad no condonaba tales acciones, ayudando entonces a mantener el sentido de limites y de identidad propia para la comunidad.

Los gobiernos emergentes eran a menudo altamente concentrados en la familia real y estaban preocupados por asegurar su posición. El castigo público y brutal servía como un símbolo del poder del Estado, una manera de afirmar y exagerar su poder. La justicia en estas circunstancias era a menudo no más que un teatro de culpa y reivindicación que demostraba el asombroso poder de las autoridades centrales.[20] Ese rol simbólico ayuda a explicar la severidad de muchos castigos. Se hicieron para demostrar el poder del Estado y las consecuencias de la oposición. El castigo debía causar terror. Este rol como símbolo del poder del Estado también ayudaba a explicar la resistencia pública a algunas formas de castigo. La horca era una figura particularmente aborrecible en muchas comunidades europeas, en parte porque representaba la imposición de la justicia por el Estado.[21]

Hoy el castigo se justifica usualmente en términos utilitarios y pragmáticos—como disuasión, coacción, rehabilitación. Detrás de él quedan funciones simbólicas importantes, sin embargo, que pueden retener elementos de formas anteriores de castigo. Al haber observado el castigo impuesto, a menudo sospecho una necesidad de dramatizar el poder del Estado y de la ley sobre el individuo.

Cuarto, con conceptos cambiantes de justicia vinieron nuevos entendimientos del crimen y del criminal. En vez de un conflicto o mal individual, ciertos comportamientos se volvieron daños y herejías morales o sociales colectivas. Los crímenes eran ahora violaciones de un orden social y supranatural. Las dimensiones públicas se elevaron por encima de las privadas. Esto proveyó una justificación importante para que el Estado reforzara el orden moral y social. La justicia se llegó a ver como un balance metafísico de abstracciones.

---

20. Ver Spierenburg, *Spectacle*, pp. 200ff.; Mark A. Sargent, revisión de Foucault en *New England Journal on Prison Law*, Spring, 1979, pp. 235-40; Heinz Steinert, "Beyond Crime and Punsishment", *Contemporary Crises: Law, Crime, and Social Policy*", 10, No. 1 (1986), p. 25; y Horace Bleackley and John Lofland, *State Executions Viewed Historically and Sociologically* (Montclair, Nueva Jersey: Patterson Smith, 1977).

21. Ver Spierenburg, *The Spectacle of Suffering*, Capítulo 2 and pp. 200ff.

Causas del cambio de paradigmas

La revolución legal, como ya he sugerido, involucró un cambio de paradigmas, de modos de construir y entender la realidad. ¿Qué estaba detrás de este cambio? Se puede sugerir y puede haberse sugerido ya una variedad de respuestas.

Leshan y Margenau notaron que los nuevos paradigmas emergen como un intento de resolver los problemas sociales o culturales más urgentes.[22]

El paradigma científico, ellos argumentaban, surgió como un intento de resolver los problemas sociales de Occidente de mayor preocupación de la Edad Media. Era el problema enfocado por las catástrofes como la Peste Negra. La sociedad se enfrentaba con una necesidad urgente de controlar su ambiente, y por lo tanto desarrolló un paradigma adecuado para hacerlo. Mientras otros problemas emergían, sin embargo, el paradigma resultó inadecuado y nuevos paradigmas tuvieron que surgir.

¿Cuál, entonces, era el problema que el paradigma retributivo intentaba resolver? Algunas explicaciones se han centrado en la creciente complejidad y anonimato de la sociedad mientras su población crecía, mientras las ciudades surgían y la sociedad se industrializaba. Tal vez los métodos tradicionales de resolver los problemas no trabajaban tan bien sin la base de la comunidad.

Otros han notado la necesidad de la sociedad, o por lo menos de los niveles más altos de ella, de controlar el malestar. Habían buscado reducir los conflictos de clases y encontrar maneras de mantener el orden sin romper los patrones de inequidad social y política.

Una interpretación común apunta a la necesidad del control de la venganza privada. Bajo esta visión, la venganza estaba fuera de control, y solo dando al Estado un "monopolio legítimo de la fuerza" podía controlarse la venganza. Representantes del Estado a menudo

---

22. Lawrence Leshan y Henry Margenau, *Einstein's Space and Van Gogh's Sky: Physical Reality and Beyond* (New York: Collier Books, 1982).

avanzaban en este argumento. Los historiadores han cuestionado, sin embargo, si la venganza era incontrolable o las alternativas tan limitadas como sugiere esta explicación.

Parte de la respuesta a nuestra pregunta puede estar en las necesidades de los Estados emergentes a monopolizar y ejercitar el poder. ¿Cuál era el problema que el paradigma retributivo buscaba resolver? Tal vez era la necesidad del Estado de legitimar y consolidar su poder. El Estado moderno es, en términos del sociólogo Lewis Coser, una "institución codiciosa".[23]

De todos modos, el paradigma cambió. Pero insuficiencias en el nuevo paradigma pronto se volvieron aparentes y una variedad de "epiciclos" y modificaciones se introdujeron. Hoy el sentido de disfunción es alto. ¿Es posible otro paradigma? Y si esto es posible, ¿puede valerse de elementos del pasado? Nuestra tradición sugiere algunas posibilidades.

---

23. Lewis A. Coser, *Greedy Institutions* (New York, Free Press, 1974).

La Justicia del Pacto: La Alternativa Bíblica

Nuestro pasado nos da un modelo que muestra un camino diferente: la justicia comunitaria. Sin embargo, hay otro modelo que para los cristianos es aún más importante: la justicia bíblica.

El que la justicia bíblica se contrastara marcadamente con el modelo de la justicia retributiva, puede sorprender. Después de todo, donde más se cita la Biblia en nuestra sociedad es precisamente en esta área. "Ojo por ojo", dice el Señor. ¿Puede haber algo más claro que el que la Biblia exija el justo merecido en la forma del castigo para el crimen?

Pero el "ojo por ojo" significa más de lo que a primera vista se piensa. Al examinarlo profundamente, el principio de *lex talionis* significa algo diferente de lo que la mayoría de la gente cree. Además no es, de ninguna manera, el tema principal, el paradigma de la justicia bíblica.

¿Qué dice la Biblia?

¿Cómo aborda la Biblia las cuestiones del crimen y la justicia? Obviamente tiene mucho que ofrecer sobre estos temas. Sin embargo, no todo lo que dice tiene sentido para nosotros, dada la época y la situación en la que vivimos. Algunos pasajes aún nos parecen contradictorios a primera vista.

Veamos, por ejemplo, los siguientes pasajes tomados todos de la Torá del Antiguo Testamento.

> Al que lesione a su prójimo se le infligirá el mismo daño que haya causado: fractura por fractura, ojo por ojo, diente por diente. Sufrirá en carne propia el mismo daño que haya causado.
> (Levítico 24:19-20)

> No seas vengativo con tu prójimo, ni le guardes rencor. Ama a tu prójimo como a ti mismo. Yo soy el Señor.
> (Levítico 19:18-19)

> Si un hombre tiene un hijo obstinado y rebelde, que no escucha a su padre ni a su madre, ni los obedece cuando lo disciplinan, su padre y su madre lo llevarán a la puerta de la ciudad y lo presentarán ante los ancianos. Y dirán los padres a los ancianos: "Este hijo nuestro es obstinado y rebelde, libertino y borracho. No nos obedece". Entonces todos lo hombres de la ciudad lo apedrearán hasta matarlo. Así extirparás el mal que haya en medio de ti. Y todos en Israel lo sabrán, y tendrán temor.
> (Deuteronomio 21:18-21)

> Será culpable y deberá devolver lo que haya robado, o quitado, o lo que se le haya dado a guardar, o el objeto perdido que niega tener, o cualquier otra cosa por la que haya cometido perjurio. Así que deberá restituirlo íntegramente y añadir la quinta parte de su valor. Todo esto lo entregará a su dueño el día que presente su sacrificio por la culpa.
> (Levítico 6:4-5)

> No ares con una yunta compuesta de un buey y un burro.
> (Deuteronomio 22:10)

> Además todo el que pronuncie el nombre del Señor al maldecir a su prójimo será condenado a muerte. Toda la asamblea lo apedreará. Sea extranjero o nativo, si pronuncia el nombre del Señor al maldecir a su prójimo, será condenado a muerte.
> (Levítico 24:16)

Algunos pasajes parecen enfatizar la retribución, mientras otros parecen restaurativos. Algunos tienen sentido para la mente de la época actual. Otros nos parecen muy extraños o demasiado bárbaros. Seguramente no podemos cumplirlos todos. ¿Cómo sabemos por cuáles optar? ¿Cómo logramos una perspectiva clara y correcta?[1]

Un enfoque que podría reducir el número de problemas de interpretación, sería el de limitarnos al Nuevo Testamento, el contenido bíblico más reciente. Este enfoque tiene cierto mérito, ya que, Cristo mismo afirmó que el *nuevo pacto* supera al *antiguo*.

Claramente el Nuevo Testamento debe ser nuestro criterio normativo principal. Pero no tomar en cuenta el Antiguo Testamento significa perder acceso a un gran acervo de material, mucho del cual sirvió de trasfondo y de raíz del Nuevo Testamento. No podemos pasar por alto al Antiguo Testamento, por la simple razón de que se le cita con tanta frecuencia en nuestra sociedad.

Al estudiar la Biblia, y especialmente el Antiguo Testamento, debemos recordar que estamos leyendo la literatura de un mundo diferente. Este mundo está lejos de nosotros no solamente en tiempo y geografía, sino también en filosofía, sistemas políticos y estructura social. Como es de esperar, las leyes eran muy diferentes. Tenían propósitos muy diferentes y se administraba de maneras muy distintas a las de hoy.[2] Aun suposiciones fundamentales de temas como la culpa y la responsabilidad diferirían mucho de las nuestras, por lo tanto, afectaría conceptos como la ley y la justicia.

La culpa, por ejemplo, era colectiva como también la responsabilidad. Por lo tanto, se creía que ciertos tipos de

---

1. Para discusiones de las diferentes perspectivas de la interpretación bíblica, ver Willard M. Swartley, *Slavery, Sabbath, War and Women: Case Issues in Biblical Interpretation* (Scottdale, Pennsylvania: Herald Press, 1983), Capítulo 5; y Perry Yoder, *Toward Understanding the Bible* (Newton, Kansas: Faith and Life Press, 1978).

2. Excelentes introducciones a la ley del Antiguo Testamento: Hans Jochen Boecker, *Law and the Administration of Justice in the Old Testament and Ancient East* (Minneapolis: Augsberg Publishing House, 1980); Dale Patrick, *Old Testament Law* (Atlanta: John Knox Press, 1985); trabajos de Millard Lind, citado abajo.

crimines contaminaban a toda la sociedad. Para exonerar tal culpa, era necesaria la expiación colectiva ceremonial, por lo tanto, las respuestas recetadas en Antiguo Testamento tienen un carácter sacrificador que nos parece extraño.

Por tal motivo, los códigos de conducta o normativos de Levítico o Deuteronomio nos pueden parecer extraños. Tal como se hizo notar en la sección anterior, temas de interés que nos parecen legítimos en un código legal, como el homicidio o el robo, muchas veces se mezclan con otros temas poco pertinentes según nuestra perspectiva (por ejemplo, agricultura, comida, ropa, matrimonio, culto). Algunas ofensas y respuestas claramente tienen dimensiones religiosas y de culto, mientras otras parecen más sencillas.

Por ser tan diferentes nuestros respectivos mundos, puede ser bastante problemático aplicar pautas bíblicas—especialmente del Antiguo Testamento—legales y jurídicas a nuestras propias situaciones. Seguramente no se debe seleccionar simplemente cierta ley para aplicarla directamente a nuestra propia situación. Tampoco es acertado tomar conceptos aislados para insertarlos en otras suposiciones filosóficas. Como veremos, ese procedimiento ha resultado, de hecho, en la tergiversación de importantes ideas bíblicas. Mas bien, primero tenemos que tratar de entender los principios e intenciones fundamentales para luego pasar de éstos a conceptos tales como la ley y la justicia. Como Cristo ha sugerido, debemos entender el espíritu, no solo la letra de la ley. Solamente después de esto podemos comenzar a entender leyes bíblicas particulares para aplicarlas a contextos actuales.

Estas perspectivas y orientaciones son las que tenemos que tratar de profundizar aquí. No es el lugar para hacer un análisis minucioso de la función, forma, contendido y administración de la ley hebrea. Mas bien, me valdré del esbozamiento del procedimiento de lo que parecen ser las orientaciones fundamentales, para luego examinar los conceptos de justicia y ley, a la luz de esas orientaciones. Finalmente, trataré de sacar conclusiones respecto al significado del crimen y la justicia de aplicación actual.

Dos conceptos fundamentales son necesarios si esperamos empezar a comprender los principios bíblicos sobre la ley y la justicia (o, en realidad, cualquier otra cosa): el shalom y el pacto. De aquí tenemos que empezar.

Shalom: visión unificadora

Un tema esencial del mensaje bíblico, expresado tanto en el Antiguo Testamento como el Nuevo, reside en la palabra hebrea *shalom*. (En el Nuevo Testamento griego, la palabra comparable es *eirene*. El shalom no es un tema marginal, ni tampoco simplemente un tema entre muchos. El shalom es una "creencia medular" en base de la cual se organizan muchas otras creencias importantes. El shalom encapsula la intención básica y la visión de Dios, para la humanidad. Por consiguiente, debemos comprender la salvación, la redención, el perdón y la justicia a través de sus raíces en el shalom.

La traducción típica de *shalom*, como *paz*, capta un aspecto del concepto, pero no expresa todas las connotaciones de la palabra. El shalom se refiere a una condición de "integridad", de las cosas en su debido orden, con respecto a diversas dimensiones. El estudio definitivo, realizado por el académico especializado en el Antiguo Testamento Perry Yoder, descubrió que el shalom, como se usó en la Biblia, tiene tres dimensiones básicas de significado.[3]

Contrario a las suposiciones populares, el shalom se refiere generalmente a condiciones o circunstancias materiales o físicas. La voluntad de Dios es que la humanidad goce del bienestar físico. Como mínimo, significa una situación en la cual todo está bien. Sin embargo, a veces parece incluir más, la prosperidad y la abundancia. De todos modos, las visiones del futuro, expresado tan gráficamente por los profetas, abarcan la salud y la prosperidad material, además de la ausencia de amenazas físicas como enfermedad, pobreza y guerra.

---

3. Perry B. Yoder, *Shalom: The Bible's Word for Salvation, Justice and Peace* (Newton, Kansas: Faith and Life Press, 1987). Este capítulo se basa en gran medida en el comentario de Yoder sobre el shalom, la justicia, la ley y el pacto.

Una segunda dimensión del shalom tiene que ver con las relaciones humanas. Dios quiere que la gente viva en relaciones íntegras tanto consigo misma como con Dios. Gozar el shalom implica que la gente viva en paz, sin enemistad (¡pero no necesariamente sin conflicto!).

La Biblia afirma claramente que esto abarca vivir en una comunidad caracterizada por relaciones económicas y políticas justas. Una y otra vez, la Biblia destaca con claridad que la opresión y la injusticia son contrarias al shalom, que no se les puede condonar bajo ninguna circunstancia. El shalom depende de las relaciones sanas entre las personas, por lo tanto, la opresión tiene que ser eliminada. Las desigualdades marcadas de condiciones materiales y poder, que resultan en el empobrecimiento y la opresión de algunos, no pueden coexistir con el shalom, ya que el shalom significa el bienestar de todos en una sociedad. Cuando falta, no puede haber shalom.

Una tercera aplicación o dimensión del shalom, en su significado bíblico tiene que ver con la esfera moral o ética. Según Yoder, el shalom en este contexto se refiere a la "claridad". El concepto funciona de dos maneras en este sentido. Se refiere a la honestidad o la ausencia del engaño en el trato de los unos a los otros y a la condición de inocencia (ej: sin culpa o falla). El shalom implica una condición de honestidad, de integridad moral. Esta dimensión del shalom, aunque importante, es la que menos se menciona en la Biblia.

El shalom define la condición de las cosas según la voluntad de Dios. Dios pretende que la gente viva en un estado de "pleno bienestar" en el mundo material; en relaciones interpersonales, sociales y políticas; y en el carácter personal. No puede haber shalom si las cosas no están como deben estar, y la ausencia del shalom, es el meollo de la condenación que los profetas del Antiguo Testamento dirigieron al pueblo de Dios. La visión del shalom también forma las esperanzas y expectativas del futuro.

Aunque las implicaciones más amplias del shalom están fuera del alcance del tema actual, esta visión del shalom fundamenta el significado de otros pilares centrales de la fe bíblica. La visión del shalom, ayuda también a entender las acciones y las promesas de Dios a través de la historia bíblica.

El tema del shalom sostiene el pensamiento del Antiguo Testamento, pero es central también en el Nuevo Testamento. Los escritores del Nuevo Testamento usaron *eirene* como el shalom para definir las buenas noticias de Dios para la humanidad.[4] Como el shalom, eirene se refiere a la paz entre el pueblo y Dios y también entre el pueblo mismo en diferentes niveles.

La vida, enseñanza y muerte de Cristo muestran un modelo para vivir de esta manera. Transforman las relaciones divinas-humanas, pero también transforman las relaciones entre las personas. En palabras de Yoder, "Jesús vino para que las cosas estuvieran como debieran estar entre el pueblo mismo, entre el pueblo y Dios y aun en la naturaleza".[5]

De manera que la reconciliación es un tema importante del Nuevo Testamento, pero el estado del "bienestar pleno" que Dios quiere para todos, sigue teniendo las dimensiones materiales y físicas que había tenido en el Antiguo Testamento.

Pacto: la base para el shalom

La base y principal modelo del shalom en la Biblia es el concepto del pacto.[6] Parte de lo que diferenciaba a los Israelitas, tan marcadamente de sus contemporáneos en el Antiguo Medio Oriente, era la creencia de que Dios había hecho un pacto con el pueblo. Este concepto de pacto influyó mucho en la formación de los conceptos

---

4. Yoder, *Shalom*, pp. 19-21.
5. Yoder, *Shalom*, p. 21.
6. Además del trabajo de Yoder (por ejemplo, pp. 75-82), me he valido mucho de los comentarios de Millard Lind sobre el pacto y la ley. Ver "Law in the Old Testament" en *The Bible and Law*, ed. Willard M. Swartley, Occasional Papers No. 3 del Council of Mennonite Seminaries (Elkhart, Indiana: Institute of Mennonite Studies, 1983); y "The Transformation of Justice: From Moses to Jesus, Issue", No. 5 of *New Perspectives on Crime and Justice: Occasional Papers* (Akron, Pennsylvania: Mennonite Central Committee, 1986).

de la ley, justicia, orden social, fe y esperanza. Las leyes que eran similares a—y tal vez en algunos casos tomados de—las de los pueblos circundantes que fueron radicalmente transformadas por el pacto.

En el medio bíblico, un pacto era un acuerdo valedero convenido entre dos partes. Los pactos suponían una relación personal entre las partes y conllevaban ciertas responsabilidades y compromisos recíprocos. La fe bíblica supone un pacto entre Dios y el pueblo, un pacto basado en los actos justos de Dios para la salvación. El acto central de salvación del Antiguo Testamento fue un acto de liberación, el Éxodo de Egipto. Este acto de salvación se realizó por el amor de Dios, no porque se había ganado o merecido.

A pesar de que el Éxodo fue determinante, la historia del Antiguo Testamento se caracteriza por continuos ciclos de liberación, repetidos de ciclos de actos de salvación. Los profetas creían que estos repetidos actos de liberación eran parte del compromiso de Dios expresado en el pacto con su pueblo. Aunque el pueblo de Dios frecuentemente no cumplía con las responsabilidades implicadas en el pacto, los profetas sostenían que Dios había permanecido fiel al compromiso original.

El pueblo renovaba de vez en cuando su pacto con Dios y el resultado creaba condiciones para el shalom, ya que, la relación se había reparado otra vez. El pacto, por lo tanto, proveía tanto la base como el modelo para el shalom.

Sin embargo, un pacto conlleva responsabilidades recíprocas. Los conceptos de ley y justicia proveen medios para que la gente comprenda el shalom o se esfuerce por lograrlo al atender a dichas responsabilidades.

En el Antiguo Testamento, el acto fundamental de la liberación que sirvió de paradigma del pacto y la base de la visión de shalom, fue el Éxodo de la esclavitud en Egipto. El nuevo acto de liberación representado por la vida, muerte y resurrección de Cristo formó la base de un "nuevo convenio", una nueva manera de vivir en comunidad. El Nuevo Testamento, tal vez mejor entendido como el nuevo convenio, nació de concepciones anteriores y da continuidad a los conceptos de shalom y pacto pero de una manera reformada. Una nueva era en las relaciones entre Dios y la humanidad—y entre las personas—ha nacido. Sin embargo, como en el Antiguo Testamento, la base de este convenio es el acto de salvación y liberación que proviene de Dios. Este acto de Dios nos ofrece una manera de vivir juntos en shalom, que conlleva responsabilidades recíprocas entre Dios y el pueblo y entre el pueblo mismo.

El pacto del Antiguo Testamento se basó en un acto primordial de salvación y liberación. Este pacto creó la base de una nueva sociedad, una que fuera diferente de las demás, con sus propias pautas operacionales, las cuales apuntarían hacia el shalom. El convenio del Nuevo Testamento también se basó en un acto primordial de salvación y liberación. También crea la base de una nueva comunidad, con sus propias pautas operacionales, las cuales proveerán la base del trabajo shalom de Dios en este mundo. El convenio sigue siendo fundacional.

Shalom y convenio como fuerzas transformadoras

El shalom y el convenio fueron fuerzas transformadoras en el desarrollo de ideas sobre la ley y la justicia en la sociedad bíblica. Mientras se desarrollaba, la sociedad hebrea encontró muchas de las mismas necesidades y presiones que encontraron otras sociedades de la zona de Antiguo Medio Oriente. Como el gobernante babilónico Hamurabi, para empezar, los líderes hebreos también enfrentaron la necesidad de estandarizar y unificar directrices en vistas del crecimiento, la urbanización y la especialización. Las herramientas judiciales y legales utilizadas en el proceso, a veces tenían formas comunes o incluso raíces comunes en Israel y en otros reinos de Medio Oriente. Sin embargo, las ideas hebreas de ley y justicia eran radicalmente diferentes en esencia de aquellas provenientes del Código de Hamurabi. Eran diferentes porque fueron transformados por el shalom y el convenio.

El académico especialista en el Antiguo Testamento Millard Lind, ha escrito que el Código de Hamurabi era la ley del Estado. Era jerárquica, impuesta, punitiva, enraizada claramente en un distante y todopoderoso rey.[7] La ley hebrea, por otro lado, sostenía que Dios era la fuente de toda autoridad, por encima incluso de los reyes. Este Dios era personal, fiel y preocupado por el oprimido y por la condición humana en general. Estas cualidades encajaban en la visión del shalom y en el reconocimiento del convenio. En conjunto, transformaron la justicia y la ley. Consecuentemente, la justicia del Pacto contrastaba marcadamente con la ley estatal.

El concepto de transformación es importante, pero tiene otra dimensión también. Dios trabaja dentro de los límites de una época, dentro de los límites del entendimiento y la visión. El entendimiento humano es siempre incompleto, como Cristo nos recuerda (Marcos 10:5), una realidad que se toma en cuenta. Así Dios nos pone a prueba, buscando expandir nuestro entendimiento y nuestros conocimientos. Consecuentemente, el entendimiento humano se desarrollaba sucesivamente a través de la historia bíblica y a través de la historia. Como parte de este proceso, Cristo se fundamentó en, pero a menudo transformó, entendimientos anteriores del convenio. Los conceptos de shalom y convenio fueron fuerzas transformadoras, ideas formadoras de ley y justicia, que a su vez fueron transformadas.

El concepto de transformación, por lo tanto, tiene sentido en varias dimensiones. Lind ha llamado útilmente a este proceso multidimensional "la transformación de la justicia desde Moisés hasta Jesús".

Justicia del Pacto

El concepto de shalom implica, que la cuestión de justicia no esta en la periferia en la Biblia. La justicia no es un concepto "opcional", que podemos descartar.[8] La

---

7. Lind, *The Transformation of Justice*, p. 3.
8. Además de los trabajos citados, ver Matthew Fox, *A Spirituality Named*

LA JUSTICIA DEL PACTO: LA ALTERNATIVA BÍBLICA

justicia tiene que ver con las relaciones de shalom y por lo tanto, es fundamental para el actuar de Dios, para lo que Dios es y para lo que nosotros debemos ser. De hecho, la justicia es la prueba del shalom, es decir, si se logró o no.

No es sorprendente, entonces, que el tema de justicia aparezca tan frecuentemente en la Biblia. Tampoco debemos sorprendernos que cuando los profetas condenaban a Israel por apartarse de su Dios, dejaban claro que la injusticia era el problema tanto como haber fallado en su debida adoración.

Ninguna palabra hebrea en sí, se traduce directamente como "justicia", pero dos palabras a menudo traducidas de esta forma son "sedegah" y "mishpat".[9] Las dos tienen que ver con el concepto de "ordenar" en el sentido de "volver a su debido orden" o de enmendar en el caso de las relaciones. De manera que "hacer justicia" es la acción de ordenar correctamente o de reparar o restaurar lo que se ha descompuesto o dañado; es decir, lo que el Pacto Bíblico hizo para reparar la relación entre Dios y el pueblo de Israel. La justicia bíblica se deriva del concepto de shalom, ejemplificado por la acción de Dios para reconciliarse con su Pueblo, el Pacto. Así que podemos concluir que la manera en que Dios responde a la maleficencia nos permite vislumbrar la justicia de Dios, a saber, la bíblica.

¿Cuáles son, entonces, las cualidades de la justicia de Dios?

Al igual que los griegos y los romanos, desglosamos la justicia en varias categorías; a saber, la justicia social, conocida a veces como la justicia distributiva, y la justicia criminal o la justicia retributiva. Cuando hablamos de los males que tienen que ver con la distribución de la riqueza y el poder, nos referimos a cuestiones de la justicia social. Al hablar de males calificados en términos legales como crímenes, los clasificamos bajo el rubro de la justicia retributiva, o criminal.

Compassion and the Healing of the Global Village, Humpty Dumpty and Us (Minneapolis: Winston Press, 1979).

9. Por ejemplo, en Miqueas 6:1-8. Ver Lind, *Transformation*, p. 1.

La justicia distributiva, por un lado, pensamos que es casi imposible lograrla, una meta muy lejana, por lo cual no nos esforzamos mucho por alcanzarla. Mientras que por otro, sin embargo, activamente perseguimos la justicia retributiva. Creemos que es posible separar los diferentes tipos de justicia y abordarlos de distintas maneras.

La justicia bíblica es mucho más integral, holística. Cree que los diversos tipos de justicia forman parte de una sola justicia que abarca, o integra, todas las demás. La injusticia de cualquier tipo es contraria al shalom. Los actos perjudiciales del opresor son tan graves como los del asaltante o ladrón. Los actos de ambos son contrarios al shalom. La justicia no se puede desglosar.

Tanto el campo de la justicia retributiva como de la distributiva, aunque regidos por diferentes directrices, piensan que la justicia tiene que ver con la distribución equitativa de los beneficios. Ambas se preocupan en que la gente reciba lo que se merece. Así que tanto la justicia retributiva como la distributiva se basan en el principio de la reciprocidad, del justo merecido, lo que a menudo sugiere una especie de orden moral abstracto, en el cual los desequilibrios deben ser ajustados. También implica que la justicia debe ser merecida o ganada. La justicia distributiva, por ejemplo, plantea que en cierto grado la gente tiene que ganarse los beneficios que recibe. De igual manera, una de las principales preocupaciones de la justicia retributiva es el de asegurarse que la gente reciba el castigo merecido.

La Biblia reconoce en cierto grado la legitimidad de la justicia del "ojo por ojo", pero su énfasis es otro. La justicia del "ojo por ojo" debe ser moderada por la justicia del shalom y lo importante para la justicia del shalom, como también de la salvación divina, son las necesidades, no los méritos.

El rechazo definitivo de la justicia legalista del "ojo por ojo" se reitera a través de la historia bíblica. Aparece en muchas situaciones donde, las consecuencias ordenadas o reconocidas por la ley, no se llevan a cabo. Aunque Caín pudo haber merecido la pena de muerte por el homicidio, Dios rechaza esta pena. Cuando la esposa de Oseas comete un pecado capital, se le perdona. La mujer que había cometido adulterio merecía la muerte según las normas contemporáneas. Sin embargo, Jesús rechaza la pena. Este rechazo del justo merecido se demuestra también en la historia de los trabajadores del viñedo relatado por Cristo. Los trabajadores que empezaron al mediodía recibieron el mismo pago generoso que aquellos que comenzaron por la mañana, contrario a los criterios de la justicia del "ojo por ojo".

Sobre todo, este rechazo del justo merecido, lo muestran también las propias acciones de Dios, acciones orientadas a modelar la justicia del shalom. Aun ante la insistencia en reincidir en el mal obrar, Dios no se desesperó de Israel.

Generalmente pensamos que el amor y la misericordia son diferentes u opuestos a la justicia. Un juez pronuncia una sentencia. Entonces como acto de misericordia, puede mitigar la pena. La justicia bíblica, sin embargo, surge del amor. Tal justicia es de hecho un acto de amor que busca reparar o enmendar el mal. El amor y la justicia no son opuestos, ni están en conflicto. Mas bien, el amor promueve una justicia que busque primero enmendar el mal.

Vale la pena notar aquí que los conceptos occidentales de amor emotivo y romántico complican nuestro entendimiento del amor como una fuente motivadora de nuestras acciones. Los conceptos bíblicos del amor no excluyen los sentimientos. Ciertamente, Cristo afirma que los sentimientos de odio son tan graves como las acciones. Con todo, no se define el amor como una emoción débil o irracional. Mas bien, el amor es un acto racional y volitivo de buscar el bien del otro. Cuando la Biblia habla del amor, las palabras generalmente connotan acción y voluntad más que sentimientos.

La justicia bíblica busca reparar el mal y el énfasis está en la liberación. Dios busca reparar el mal al liberar a los oprimidos material, social y emocionalmente. La justicia es un acto de liberación. Esta liberación no se realiza por mérito sino por necesidad.

Nuestra imagen de la justicia, tomada de los romanos pero codificada por la Revolución Francesa, es de una mujer de ojos vendados que balancea una báscula. La justicia es tratar a todos por igual, imparcialmente. ¿Pero será realmente justo tratar a los desiguales igualmente? ¿No solo perpetuará la desigualdad? La justicia bíblica repara el mal y esto a menudo significa liberación para los desiguales. La justicia bíblica entonces muestra una clara opción preferencial por los oprimidos y los desprovistos. Está claramente del lado de los pobres, reconociendo sus necesidades y desventajas. La justicia bíblica está atenta a todo, con los brazos abiertos a los necesitados.

Dado que la justicia bíblica busca reparar las rendijas en el tejido social a raíz del mal, la justicia no se dedica a mantener el status quo. Efectivamente, su intención es perturbar el status quo, mejorarlo y acercarlo al shalom. El acercamiento al shalom no es necesariamente una buena noticia para todos. De hecho, son muy malas noticias para el opresor, lo que también se contrasta marcadamente con aquella justicia que—al trabajar para mantener el "orden"—de hecho refuerza el orden actual, el status quo, incluso cuando es injusto.

Según la perspectiva bíblica, no se conoce la justicia por la aplicación de las reglas debidas de manera debida. La prueba de la justicia es su resultado. El árbol se conoce por su fruto.[10] Es la sustancia, no el proceso que define la justicia. ¿Cuáles deberán ser los resultados? La prueba clave (la de tornasol) es cómo afecta a los pobres y a los oprimidos.

En términos prácticos, la administración de la justicia en los tiempos bíblicos, a pesar de que necesariamente fue una imperfecta reflexión de este ideal, a menudo incorporaba los planteamientos de la justicia del convenio, del Pacto.[11] Cuando se cometían agravios, la gente común

---

10. Herman Bianchi, "A Biblical Vision of Justice", No. 2 of *New Perspectives on Crime and Justice: Occasional Papers* (Akron, Pennsylvania: Mennonite Central Committee, 1984, p. 7.

11. Ver Boecker, *Law and the Administration of Justice*, p. 31.

LA JUSTICIA DEL PACTO: LA ALTERNATIVA BÍBLICA   137

acudía a las entradas de la ciudad en busca de justicia en una "asamblea jurídica", en la que había participación ciudadana. El enfoque de esta corte, conocida a veces como una "organización reconciliadora", no era la de satisfacer con algún concepto abstracto de justicia, sino de encontrar una solución. Aquí la palabra para juicio o justicia se puede traducir por *acuerdo*. La restitución y la compensación eran resultados comunes. El pasaje del capítulo 6 de Levítico citado anteriormente era típico, ya que, exigía la restitución de la pérdida, más cierta compensación adicional. En el capítulo 18 de Éxodo, estableció un sistema de jueces. Su propósito no era tanto el de identificar a los ganadores y perdedores como el de asegurar que "toda esta gente pudiera regresar a casa satisfechas" (es decir, en shalom; v. 23).

Dado este énfasis, no debe sorprender que las palabras para restituir (*shillum*) y para recompensar (*shillem*) derivan del mismo origen que *shaloam*. La restitución era una manera de tratar de enmendar los agravios. La recompensa, traducida *retribución* a veces, pero con un sentido más de satisfacción que de venganza, producía la vindicación. Ambas tenían que ver con la restauración del shalom.[12]

---

12. Ver Dan W. Van Ness, *Crime and Its Victims* (Downers Grove, Illinois: InterVarsity Press, 1986), p. 120; y Van Ness, "Pursuing a Restorative Vision of Justice", en *Justice: The Restorative Vision*, No. 7 de *New Perspectives on Crime and Justice: Occasional Papers* (Akron, Pennsylvania: Mennonite Central Committee, 1989), p. 18.

Millard Lind ha propuesto las siguientes definiciones:

Shillum: Desquite, retribución, repago (Oseas 9-7; Miqueas 7:3)

Shillem: Recompensa (Deuteronomio 32:35)

Shalom: Bienestar que resulta de la relación pactada (el Pacto)

Mishpat: Expresión social de la justicia de Dios; la norma para la conducta que resulta de las relaciones divinas-humanas, y las relaciones entre humanos derivadas de éstas.

Sedeqah: Sinónimo de *mishpat*, puede traducirse *justicia*. Difiere en que *mishpat* puede referirse a la justicia aplicada en la práctica, mientras que *sedeqah* del carácter de Dios como líder soberano. Muchas veces puede ser traducida como salvación o victoria. Respecto a los humanos, puede hacer referencia a su conducta moral, aquellos actos humanos que honran la memoria de los hechos y enseñanzas de Jehová.

Eirene: Armonía y concordia entre naciones e individuos; seguridad y bienestar resultando de la relación pactada (el Pacto).

Planteaban que las ofensas atentaban contra las personas y el shalom y la justicia sentaba las pautas y los procedimientos para su resolución. Este es el modelo de Miqueas, capítulo 6. El pueblo de Israel había transgredido la voluntad de Dios, quebrantando el Pacto. El descontento de Dios se expuso, a lo mejor, de acuerdo al formato típico de los juicios de aquel entonces. Por medio del profeta Miqueas, el descontento de Dios—y las consecuencias de tales ofensas—se presenta de manera gráfica. Luego viene el desenlace final. A pesar de ello, Dios no se desesperará. En Miqueas 7:18 demuestra la justicia de Dios: "¿qué Dios hay como tú, que perdone la maldad y pase por alto el delito? . . . No siempre estarás airado, porque tu mayor placer es el amor".

Como este ejemplo sugiere, la retribución es un tema del Antiguo Testamento. Usualmente, sin embargo, el castigo de Dios aparecía en el contexto del shalom. El castigo no era—al contrario de como generalmente es para nosotros—el fin de la justicia. Estaba a menudo dirigida a la restauración o a romper el poder del opresor (por ejemplo, al reivindicar al oprimido). Y este contexto de shalom servía para limitar su potencial retributivo.

Así mismo, el castigo era a menudo entendido en un contexto de amor y comunidad. Esto es, el castigo venía acompañado de una renovación del convenio. Esto significa que el castigo podía ser visto como justo y merecido. También mantenía vigente la posibilidad de una futura reconciliación y restauración más que la perpetua enajenación. Era entonces restaurativo más que destructivo. El castigo no era el fin. El concepto de shalom contemplaba entonces, la operación de la justicia retributiva.

La justicia bíblica decididamente no era una investigación forense del mal obrar para establecer la culpa y decidir el castigo merecido. Al contrario, la justicia bíblica pretendía reparar el mal y encontrar soluciones que aseguraran el bienestar.

Ley del Convenio (Pacto)

El enfoque de la justicia bíblica era en esencia mucho más que la legalidad. La ofensa no se definía principalmente como la falta de atenerse a las reglas o las leyes. La justicia no era meramente la aplicación debida de las reglas.

Esto puede parecernos de algún modo problemático. Tendemos a pensar que las leyes salvaguardan tanto la justicia como el orden. Por lo tanto, definimos la ofensa como la transgresión de las leyes y la justicia como la aplicación de ellas. La Biblia no hace ni el uno ni el otro.

Los Diez Mandamientos, los más famosos (aunque no necesariamente los más característicos) de las leyes bíblicas, nos permiten vislumbrar la naturaleza y función de la ley. Tendemos a interpretar tales leyes desde la perspectiva de nuestra propia ley, así que las vemos principalmente como imperativos, prohibiciones: "¡Haz esto, o verás!" Pero se puede leer el Decálogo en un futuro indicativo. Los Diez Mandamientos, como la mayor parte de la ley bíblica, son invitaciones, promesas: "Si realmente estás viviendo como debes, así será la vida. No matarás. No robarás..." Se pretende que Los Diez Mandamientos —y de hecho toda la Torá—sean un modelo para vivir en convenio, en shalom.[13]

La Torá es entonces un modelo para vivir en shalom bajo el viejo convenio, el Pacto. Nosotros estamos malentendiendo si lo vemos básicamente como un conjunto de imperativos, de reglas que no se deben romper. Es una promesa, una invitación, un ejemplo de cómo debe ser la vida.

Si la Torá ofrece un modelo para vivir en comunidad bajo el viejo convenio, el Sermón del Monte provee un modelo para vivir bajo el nuevo convenio. Otra vez, interpretamos mal este conjunto de enseñanzas, si las vemos principalmente como reglas, como imperativos y prohibiciones. Como la Torá, es una invitación, un modelo para el shalom. Ambas, tanto el Decálogo como la Torá, no son tanto reglas sino un vistazo de cómo la vida sería cuando realmente vivamos, cuando vivamos en shalom.

---

13. Herman Bianchi, *A Biblical Vision*, pp. 5-7. Ver también su discusión sobre *Torah* y *sedeqah* aquí.

La ley bíblica pretende señalar un camino: "Este es el rumbo que debes llevar". *Torah* se traduce por *enseñanza* y puede incluir tanto historia como directrices o "halaka", cómo se debe caminar. Dado nuestro entendimiento de la rigidez y la finalidad de la ley, estamos a menudo sorprendidos de cuánto los israelitas cuestionaban y discutían la ley. Pero las leyes debían ser usadas en la enseñanza de principios de moralidad. Así también, servían como punto de partida para la discusión, pues la gente debía discutir sobre la ley. Martín Buber, en su traducción alemana de la Biblia, tal vez capta mejor el espíritu de la ley bíblica cuando llama a las leyes "sabias indicaciones". Señalan una dirección y al hacerlo establecen principios, pero con el propósito de que sean focos de discusión.

La ley bíblica debía ser un medio, no un fin en sí. La mejor ley era la oral, y lo que importaba era el espíritu de la ley, no el texto. Este era el enfoque original de la Torá, pero con el tiempo se volvió más rígido. Y fue este legalismo, esta rigidez, a lo que tanto se oponía Cristo. Esta perspectiva también ayuda a explicar porque tan a menudo el espíritu, no el texto de la ley, es lo que se aplica en el Antiguo Testamento. Como Cristo señaló en sus comentarios sobre el sábado, la ley fue hecha para la gente, no la gente para la ley. La intención era que las "sabias indicaciones" fueran interiorizadas para que se siguiera el espíritu de la ley.

La Biblia contiene muchas declaraciones de la ley muy detalladas referentes a una amplia diversidad de temas. Tendemos a entender estas leyes desde la perspectiva de nuestras propias leyes, así que las interpretamos como códigos. De hecho, sin embargo, muchas de estas representan decisiones judiciales pasadas, ofrecidas como punto de referencia para encontrar posibles principios aplicables en otras situaciones. De nuevo, son más sabias indicaciones que reglas de conducta. Ofrecían principios útiles para arreglar disputas, no bases para establecer culpa e imponer castigos.

La ley debió verse como un medio, no un fin. Era un instrumento para construir el shalom, para construir relaciones sanas. Su propósito característico no era castigar sino redimir, reparar el daño.

Los códigos legales de los contemporáneos del antiguo Israel combinaban elementos de ley comunitaria y estatal.[14] Sin embargo, a fin de cuentas, leyes tales como el Código de Hamurabi o como los códigos legales actuales, eran impersonales y basados en el poder coercitivo del Estado. Las bases del convenio de la ley bíblica, sin embargo, pretendían que la obediencia debía ser una respuesta a los actos liberadores de Dios, no por la coerción del gobierno. Más aún, tanto las autoridades legales como políticas estaban sujetas a Dios. Ninguna tenían reconocimiento independiente. La ley no era autónoma, tampoco lo era la formulación. La administración de la misma, debía estar centrada en el Estado. Aunque Israel adoptó una forma de monarquía, las leyes nunca fueron reorientadas para centrarse en ella, así que la administración de la justicia permaneció principalmente como un asunto de las cortes locales y los clanes.

La forma de la ley bíblica refleja sus bases en el convenio y su enfoque en la redención. La ley bíblica comúnmente comienza con una declaración de lo que Dios ha hecho, después aborda las respuestas apropiadas. Es decir, en la declaración de la ley, a menudo se comenzaba con lo que se conoce como una "cláusula de motivo". Dios ha realizado un acto de salvación liberadora, *por lo tanto* esta es la respuesta apropiada. La ley deuteronómica sobre los esclavos, por ejemplo, tiene la siguiente cláusula de motivo.

> Recordarás que eras esclavo en la tierra de Egipto, y que el Señor tu Dios te redimió; por lo tanto yo te mando esto hoy.

Similarmente, los Diez Mandamientos siguen un recordatorio del acto de liberación de Dios (Dt. 5:15). Esta

---
14. Esta discusión referente a la ley se basa principalmente en Lind, Yoder, Boecker y Patrick. Sin embargo, ver también John E. Toews, "Some Theses Toward a Theology of Law in the New Testament" en *The Bible and Law*, ed. Willard M. Swartley, pp. 43-64.

cláusula de motivo es característica de la mayoría de la ley del Antiguo Testamento, pero el mismo patrón de *"por lo tanto"* lo usa San Pablo en el Nuevo Testamento.[15]

La cláusula de motivo, el patrón de *"por lo tanto"*, está directamente enraizado en el concepto de convenio y de esta forma la ley misma se volvió una reiteración del convenio. La ley está basada en los actos de liberación salvadora de Dios, realizado por amor y no por mérito. Dado que Dios ha hecho esto por nosotros, aquí tenemos cómo debemos responder. El patrón, entonces, es la gracia seguida de la ley. El formato de la ley estipula no solo nuestra responsabilidad sino que también las razones de ella: los actos redentores de Dios.

La historia verdadera de la Biblia, desde el Antiguo Testamento hasta el Nuevo, es ésta: Dios no se desespera. Es precisamente de esta forma en la que debemos imitar a Dios, al ser "perfectos": en el amor indiscriminado, amor inmerecido, perdón y misericordia.

La frase "ojo por ojo" se aprovecha comúnmente para resumir la naturaleza retributiva de la ley bíblica. Sin embargo, la frase solo aparece tres veces en el Antiguo Testamento. En el Nuevo Testamento, Cristo específicamente la rechaza. "Han escuchado decir, 'ojo por ojo,'" él dice, "pero yo les digo, hagan el bien a aquellos que los maltratan". ¿Estaría contradiciendo directamente la ley del Antiguo Testamento?

La ley del Talión era una ley de proporción, que pretendía limitar más que incentivar la venganza. Limitaba la venganza destructiva. De hecho, este principio legal sentó las bases para la restitución, proveyendo un principio de proporcionalidad en respuesta a los agravios.

El enfoque entonces de la ley del Talión no era la retribución sino los límites y la proporción. Pero hay más. En el contexto del convenio, con su enfoque en la liberación, este principio común también establecía equidad.

---

15. Ver especialmente Deuteronomio 12-28 y Levítico 17-26. Para discusiones breves sobre el patrón de la cláusula de motivo, ver Lind, "Law in the Old Testament", p. 17 y Yoder, *Shalom*, p. 71ff.

LA JUSTICIA DEL PACTO: LA ALTERNATIVA BÍBLICA   143

Levítico 24 es uno de los tres libros donde esta frase aparece. El principio de la ley del Talión se expresa poéticamente en varias versiones. Inmediatamente le sigue una amonestación que debe haber un solo criterio para todos, para el extranjero tanto como el lugareño. Los extranjeros eran a menudo los oprimidos. Dios, frecuentemente, le recordaba al pueblo de Israel que ellos fueron alguna vez extranjeros, que fue el acto de liberación de Dios el que los rescató. A cambio, debían cuidar al extranjero entre ellos. Un indicador como el "ojo por ojo" entonces, establecía la idea de que todos debían ser tratados por igual.

El motivo para la venganza existe y es reconocido en el Antiguo Testamento, pero la ley bíblica pronto buscó establecer límites. Un límite era la ley del Talión, *lex talionis*, la pauta de proporcionalidad.[16] Otro límite eran las ciudades de refugio. Deuteronomio 19 manda el establecimiento de santuarios adonde aquellos que cometieron homicidio involuntariamente podían acudir y estar seguros mientras los sentimientos se enfriaban y las negociaciones se llevaban a cabo.

Paradigma bíblico

Todo esto sugiere que el paradigma de la justicia bíblica, incluyendo la justicia del Antiguo Testamento, no se puede encontrar en la retribución. La clave no está en la ley del Talión sino en la cláusula de motivo. La respuesta de Dios al obrar mal es la normativa.

Cuando se confrontaba Dios con la maldad, se lo describe en términos humanos como enojado, lleno de ira. Las raíces de las palabras traducidas como *ira* y *enojo* (*aph, anaph, naqam*) tienen connotaciones gráficas que incluyen calor, bufidos y exasperación. Dios se enoja y en ocasiones, se cree, castiga.[17]

---

16. Ver Patrick, *Old Testament Law*, chapter 4; Roland de Vaux, *Ancient Israel* (New York, McGraw-Hill, 1961), p. 149; Boecker, *Law*, 171.

17. Ver Virginia Mackey, *Punishment in the Scripture and Tradition of Judaism, Christianity, and Islam*, (New York: National Interreligious Task Force on Criminal Justice, 1983). Ver también C. F. D. Moule, "Punishment and Retribution: An

Nuevamente, sin embargo, debemos ser cuidadosos en la traducción. Estudiosos del hebreo informan que muchas raíces etimológicas a menudo traducidas como retribución y castigo pueden significar restringir, enseñar, restituir. El concepto del castigo puede estar presente, aunque a menudo con diferentes connotaciones que en nuestra palabra en español.[18]

Por otra parte, San Pablo nos recuerda en Romanos 12:19, citando las escrituras, que tal castigo es asunto de Dios, no nuestro.

Estas connotaciones ayudan a entender lo que parece ser una contradicción entre las descripciones de Dios como castigador y Dios como abundante en amor y misericordia (ejemplo, Éxodo 34:6; Números 14:18). Dios castiga, pero Dios es también fiel. Israel repetidamente hace lo malo, lo que enoja a Dios, pero Él no se desespera. Es decir, Dios pasa por la etapa de la ira para luego llegar a la restauración. El que la retribución esté subordinada al shalom templa y limita la justicia retributiva.[19]

Este carácter de la justicia de Dios se demuestra dramáticamente en pasajes tales como Levítico 26 y Deuteronomio 4. La gente de Israel recibe descripciones gráficas de las horribles consecuencias del obrar mal. Cosas terribles pasarán. Con todo, los pasajes terminan con la promesa de que Dios no los abandonará. Dios no los destruirá. Dios es fiel y compasivo.

En el Nuevo Testamento, el enfoque de Cristo es incluso más claro en las respuestas restaurativas al mal obrar. Esto no presenta ningún giro radical en la dirección del Viejo Testamento, ningún rechazo del sentido general

---

Attempt to Delimit Their Scope in New Testament Thought", *Svensk Exegetisk Arssbok*, XXX (1966), pp. 21-36; James E. Lindsey, Jr., "Vengeance", en The Interpreter's Dictionary of the Bible, volumen suplementario (Abingdon: Nashville, 1976), pp. 932-33. Sobre la ira de Dios, los escritos de Mort MacCallum-Paterson han sido muy útiles. Ver, por ejemplo, "Blood Cries: Lament, Wrath, and the Mercy of God", *Touchstone*, Mayo 1987, 14-25: y *Toward a Justice that Heals: The Church's Response to Crime* (Toronto: United Church Publishing House, 1988).

18. Bianchi, *A Biblical Vision*, pp. 1-2. Cf. Moule, "Punishment and Retribution".
19. Yoder, *Shalom*, p. 36.

del viejo pacto. Mas bien, demuestra una perspectiva en constante evolución, una continua transformación de la justicia.

La Biblia comienza con la historia de un homicidio. La Biblia reconoce que la venganza ilimitada es una respuesta humana normal. Génesis 4 retrata la "ley de Lamech" como setenta veces siete, casi sin fin.[20]

Pero pronto se limita la venganza. En el caso de Caín, la primera historia de homicidio, la respuesta "normal" de la muerte no se aplica. Y en Levítico encontramos la ley del Talión, el principio de límite, de proporcionalidad.

Se incluye incluso otro límite: ama a tu prójimo. No tomes venganza contra tu hermano ni tu hermana. Vern Redekop ha proveído una útil traducción de Levítico 19:17-18.

> No dejes que tu mente se llene de odio hacia tu hermano o hermana. Reprenda a tu socio, presentándole un argumento bien articulado o elaborado. No te dejes llevar por un camino equivocado (pecado). No tomes venganza ni mantengas sentimientos de rabia contra la gente de tu comunidad. Ama a tu prójimo como a ti mismo. Yo soy tu Dios.[21]

El shalom será posible solo si juntos buscamos el bienestar común, incluso del que obra mal.

Cristo continúa con este tema, profundizando y ampliando su aplicación. La historia del buen samaritano resalta que nuestro prójimo no es simplemente uno más de entre nuestra gente. Tenemos responsabilidades más allá de nuestra gente. De hecho, debemos hacer el bien a aquellos que nos hacen mal. Sin venganza ilimitada, la ley de Lamech. Tampoco venganza limitada, la ley del Talión. Mas bien, amor ilimitado. No es accidente, tal vez, que Cristo lo extienda a 70 veces 7, un número casi

---

20. Clarence Jorden ha señalado en varios lugares esta transición de la venganza ilimitada al amor ilimitado. Ver, por ejemplo, *Sermon on the Mount* (Valley Forge, Pennsylvania: Judson Press, 1973), rev. ed., p. 63.

21. Church Council on Justice and Corrections (Canada). "Update" (Spring 1985).

imposible de imaginarse. De la venganza ilimitada al amor ilimitado—hemos dado el giro completo.

El Dios salvador, que nos libera de la opresión sin importar los méritos, está limitado en la ira pero ilimitado en el amor (en el lenguaje poético del Deuteronomio, "a la milésima generación"). Es el amor ilimitado de Dios, no la ira de Dios, lo que debemos imitar. Está cláusula de motivo es también una cláusula de ejemplo.[22]

La cláusula de motivo, no la ley del Talión, capta la esencia de la justicia del convenio. La restauración, no la retribución, es el paradigma.

En el capítulo 2, esbocé varios supuestos en los que nuestro actual modelo retributivo de justicia se basa. ¿Cómo entonces se comparan con el estándar bíblico? La siguiente tabla compara supuestos bíblicos y contemporáneos acerca de la justicia.

Conceptos de justicia: contemporánea y bíblica

Justicia contemporánea	Justicia bíblica
1. La justicia se divide en varias áreas, cada una con reglas diferentes.	1. La justicia se ve como un todo integrado.
2. Administración de justicia como una búsqueda de culpas.	2. Administración de justicia como una búsqueda de soluciones.
3. La justicia se conoce por las reglas y procedimientos.	3. La justicia se conoce por el resultado, el contenido.
4. Se enfoca en la imposición de dolor.	4. Se enfoca en la reparación del daño.
5. El castigo es un fin.	5. El castigo se da en contexto de redención, de shalom.
6. La sanción se basa en lo que se merece, el "justo merecido".	6. La justicia se basa en necesidades.

---

22. Lind, *Transformation*, p. 5ff.

7. La justicia se opone a la misericordia.	7. La justicia se basa en la misericordia y en el amor.
8. La justicia es neutral, dice tratar a todos como iguales.	8. La justicia es equitativa tanto como particular.
9. La justicia resulta manteniendo el status quo.	9. La justicia es activa, progresiva, buscando transformar el *status quo*.
10. Se enfoca en la culpa y principios abstractos.	10. Se enfoca en el daño causado.
11. El mal es una violación de las reglas y leyes.	11. El mal es un daño a las personas, a las relaciones y al shalom.
12. La culpa es imperdonable.	12. La culpa se perdona aunque exista una obligación.
13. Diferenciación entre "ofensores" y otros.	13. Reconocimiento de que todos somos ofensores.
14. El individuo es el único responsable; contextos políticos y sociales son impertinentes.	14. Responsabilidad individual pero en un contexto integral.
15. Los actos resultan de decisiones voluntarias (volitivas).	15. Los actos resultan de decisiones, pero se reconoce el poder de la maldad.
16. La ley como prohibición.	16. La ley como "sabias indicaciones", una enseñanza, un tema de discusión.
17. Se enfoca en el texto de la ley.	17. El espíritu de la ley es más importante.
18. El Estado es la víctima.	18. Las personas y el shalom son las víctimas.
19. La justicia sirve para dividir.	19. La justicia busca unir.

Nuestro sistema de justicia es sobre todo un sistema para asignar las culpas. Consecuentemente, se enfoca en el pasado. La justicia bíblica busca primero resolver problemas, encontrar soluciones, enmendar daños, siempre viendo hacia el futuro.

La justicia actual busca administrar a todo ofensor su justo merecido, asegurarse de que la gente reciba lo que se merece. La justicia bíblica responde en base de la necesidad, a menudo pagando el mal con el bien. La justicia bíblica responde ante la falta de shalom, no porque la justicia sea merecida.

Nuestra primera—y a menudo la única—respuesta, una vez establecida la culpa, es infligir el dolor como castigo. Una vez entregado el castigo, el proceso de justicia ha terminado. Cuando se aplica el castigo en el contexto de la justicia del convenio, sin embargo, generalmente no es el fin, sino un medio para lograr la restauración. Por otra parte, el castigo corresponde principalmente a Dios. El enfoque principal de la justicia bíblica es reparar el daño y construir el shalom, actuando en beneficio de los necesitados.

Hoy la prueba de la justicia generalmente responde a si se ha seguido el debido proceso. La justicia bíblica o "sedeqah" se conoce en esencia por el resultado, por sus frutos. ¿Logra el resultado enmendar el mal? ¿Se está reparando el mal para los pobres y los menos poderosos, "los que menos se lo merecen"? La justicia bíblica se enfoca en relaciones sanas, no en leyes pertinentes.

Nuestro sistema legal define las ofensas como violaciones de la ley, de las reglas. Definimos al Estado como víctima. En términos bíblicos, sin embargo, el mal obrar no es una contravención de las reglas sino una violación de las relaciones sanas. Las personas y las relaciones, no los gobiernos o las reglas o incluso el orden moral, son las víctimas.

Las suposiciones de la justicia bíblica son entonces bastante diferentes de las nuestras. Pero una crítica bíblica de la justicia moderna va más allá de los supuestos que señalé en el capítulo 2. La justicia bíblica no nos permite separar las cuestiones del "crimen", de las de la pobreza y el poder. La justicia es un todo. No puede ser fragmentada.

Las corporaciones que cometen fraude o que dañan a personas a través de la destrucción del ambiente, son tan responsables de sus acciones como aquellos individuos que cometen homicidio. Por otra parte, el contexto social del crimen debe ser considerado. No se puede separar los actos o actores criminales de la situación social que les sirve de trasfondo. Las leyes injustas, cualesquiera que sean, tienen que ser desafiadas.

La justicia contemporánea busca ser neutral e imparcial. Busca tratar a la gente equitativamente. Cree que su objetivo principal es la preservación del orden. Dado esto y porque puede separar elementos de la justicia penal de la justicia social, el orden que tiende a mantener es el orden actual, el status quo. Muy a menudo, por lo tanto, la ley moderna es una fuerza conservadora. La justicia bíblica, por otro lado, es activa, una fuerza progresiva buscando transformar el orden presente a uno más justo. Al hacerlo, se preocupa especialmente por los pobres y los débiles.

La justicia contemporánea pone al Estado y su poder coercitivo al centro, como la fuente, el guardián y ejecutor de la ley. La justicia bíblica pone a las personas y las relaciones al centro, manteniendo la ley y el gobierno bajo la soberanía de Dios.

La justicia bíblica, entonces, plantea un paradigma alternativo que cuestiona críticamente nuestro enfoque retributivo centralizado en el Estado.

Un cortocircuito histórico

Contrariamente a las suposiciones comunes, entonces, la justicia bíblica es primeramente más restaurativa que retributiva. Si es cierto, ¿cómo surgió este concepto equivocado? ¿Cómo se impuso tan abrumadoramente el tema retributivo sobre el restaurativo?

Algunos han argumentado que tales percepciones equivocadas se formaron como resultado de un "cortocircuito histórico" surgido de la mezcla de las ideas bíblicas con las greco-romanas.[23]

---

23. Ejemplo, Herman Bianchi, "Justice and Sanctuary".

Conceptos tales como la ley del Talión, que tienen un significado específico en el contexto del convenio y del shalom, fueron tomados de un contexto e introducidos en otro más punitivo y abstracto como el de la filosofía greco-romana. Las ideas de retribución y penalización perdieron sus bases en el shalom y se volvieron fines en sí mismas, separadas de cualquier contexto o propósito restaurativo. Los intereses greco-romanos en los principios e ideales abstractos, llevaron a una abstracción de los conceptos de justicia y merecimiento que eran contradictorios con el espíritu de la ley bíblica. Entonces se perdió y se distorsionó el enfoque original mientras algunas de las viejas formas se mantuvieron. Consecuentemente, las nuevas perspectivas híbridas parecían tener raíces bíblicas.

Por lo tanto, la gente comenzó a mirar la Biblia a través de este lente, interpretando y traduciendo pasajes desde esta perspectiva. Trabajando con una mentalidad retributiva con énfasis en la rigidez de la ley, la culpa, el castigo y la condenación, resultaba fácil encontrar tales temas en la Biblia. Era entonces facilmente, pasar por alto la más grande y más importante historia de la restauración.

Nuestro entendimiento de un evento central de la Biblia, la expiación, puede ser un ejemplo. Perry Yoder explica que la Biblia misma no ofrece ninguna teoría bien desarrollada de la redención (por ejemplo, la muerte de Cristo).[24] En su lugar, ofrece una serie de imágenes, metáforas y reflexiones que los teólogos han usado para construir varias explicaciones.

Una pregunta central para mucha gente ha sido por qué murió Cristo, cómo la muerte de una persona puede "expiar" los pecados de otros. Las teorías que se desarrollaron en respuesta a esta pregunta tienden a interpretar el resto de la Biblia desde un punto de vista de las ideas romanas de justicia.

Algunas teorías sobre la expiación, por ejemplo, ponen a Dios como un juez enojado que necesita ser pacificado.

---

24. Yoder, *Shalom*, pp. 53-70.

Las personas son pecadoras culpables y han ofendido a Dios. Merecen el castigo, pues el castigo es normativo y no hay otra forma de lograr la restitución. Dios no puede simplemente perdonar porque representaría el fracaso de la justicia retributiva. Hay una deuda y Jesús se ofreció a sí mismo, como substituto para pagarla. El contexto de este planteamiento, entonces, es claramente la justicia retributiva más que la justicia del shalom.

La traducción y aplicación usual de Romanos 5:1-11 ilustran esta perspectiva. Las palabras de apertura de este pasaje tienen que ver con la paz y la justicia, pero la preparación teológica y las traducciones han oscurecido esta dimensión.[25] Generalmente se traducen como sigue, "En consecuencia, ya que hemos sido *justificados* mediante la fe, tenemos paz con Dios . . . (NVI)". La mayoría de los Protestantes se han enfocado en la *justificación*, interpretándola como un acto por el cual Dios nos proclama inocentes aunque no lo somos. Un procedimiento judicial, una ficción legal, está en el meollo de la expiación, y requería la acción de Dios, no la nuestra. Lois Barrett nota que una traducción más fiel del pasaje puede ser, "Por lo tanto, dado que llegamos a una buena relación a través de la fe (o la fidelidad) . . . " El trasfondo del Antiguo Testamento con el cual trabajó Pablo era la justicia del pacto. La expiación toma nuevas dimensiones vista desde esa perspectiva.

Así que una perspectiva basada en el shalom permite una apreciación diferente de la expiación, una que armoniza la vida y muerte de Cristo con el ámbito más amplio de la historia bíblica. La vida de Cristo es un intento de llevar a la humanidad hacia el shalom, hacia el reino de Dios. Esto lo llevó a un conflicto con las autoridades establecidas, resultando en su muerte. Pero Cristo resucitó y la resurrección es una señal: una señal que el amor sufriente es victorioso sobre el mal, una señal de que el bien vencerá a la larga. La vida de Cristo es un modelo

---

25. Ver Lois Barrett, "The Gospel of Peace", *MCC Peace Section Newsletter*, 18, No. 2 (March-April, 1988), pp. 1-8.

de cómo vivir en el shalom. Su muerte y resurrección son heraldos de una liberación futura, una señal de que el shalom es posible.

Aprovechando el simbolismo del sacrificio del viejo pacto, se afirma uno nuevo. Como es característico de la justicia del convenio, Dios ofrece el perdón—no porque nos lo hayamos ganado o merecido—sino porque Dios nos ama. La pizarra puede, de hecho, borrarse. Que el enfoque principal de la Biblia sea restaurativo o retributivo, no es nada insignificante. La cuestión está en el meollo de nuestra concepción de la naturaleza de Dios y de la naturaleza de las acciones de Dios a través de la historia. Es un asunto que los cristianos no pueden evadir.

CAPÍTULO 9

PRVO: Una Parcela Experimental

El 28 de Mayo de 1974, dos jóvenes de Elmira, Ontario, se declararon culpables del vandalismo en 22 propiedades.[1] Nadie pudo haber adivinado que sus casos iban a llevar a un movimiento de dimensiones internacionales.

Varios días antes, un grupo de cristianos se había reunido para buscar una respuesta cristiana a la ratería en las tiendas. El caso de Elmira había sido ampliamente publicitado y por lo tanto se tocó en la discusión. El oficial de libertad condicional Mark Yantzi, cuya responsabilidad era preparar el informe previo a la sentencia, fue presentado. Mientras esperaba, pensó "¡qué bonito sería que estos agresores conocieran a sus víctimas!" Sabiendo que era imposible, Mark descartó la idea.

Pero Dave Worth, coordinador de los voluntarios del Comité Central Menonita (CCM) en Kitchener, Ontario, no dejó la idea. Frustrado con el proceso usual e interesado en llevar a la práctica los conceptos de paz y justicia, anunció, "estoy listo para una propuesta demasiado

---

1. John Bender relata esta historia en el *Peace Section Newsletter*, 16, No. 1 (Enero-Febrero, 1986), pp. 1-5. También lo hace Dean Peachey, "The Kitchener Experiment", *Mediation and Criminal Justice: Victims, Offenders, and Community*, eds. Martin Wright and Burt Galaway (London: Sage Publications Ltd., 1989), pp. 14-26.

idealista". Mark, menonita también, había sido originalmente ubicado como voluntario en la oficina de libertad condicional a través de un arreglo cooperativo con el CCM. Su trabajo era ayudar a explorar alternativas orientadas a la comunidad. Estaba abierto a nuevas ideas, pero tenía sus dudas. Se preguntó, "¿quiero arriesgar mi reputación sugiriendo un arreglo negociado entre la víctima y los agresores que no tiene ninguna base legal?" Finalmente, Mark decidió arriesgarse y propuso al juez que los ofensores conocieran y remuneraran a las víctimas.

La primera respuesta del juez fue predecible: "No se puede hacer". Para sorpresa de Mark y David, sin embargo, cuando llegó el tiempo de la sentencia, encuentros personales directamente entre las víctimas y los ofensores para arreglar la remuneración fue exactamente lo que el juez ordenó. Acompañados por los oficiales de libertad condicional o el coordinador voluntario, los dos muchachos visitaron las casas de todos, salvo el caso de dos víctimas que se habían mudado. La restitución fue negociada, y a los pocos meses se había cumplido. Fue así como el movimiento de la reconciliación víctima-ofensor nación en Canadá. En los Estados Unidos el movimiento comenzó a través de un proyecto iniciado en Elkhart, Indiana en 1977-78.

En el caso de Elmira, el abordaje fue simplista. "Fuimos bastante rústicos", recuerda Mark. "Caminamos hacia la puerta. Ellos (los muchachos) tocaron. Nos mantuvimos atrás con nuestros apuntes". Afortunadamente, tanto la aproximación como la filosofía básica del Programa de Reconciliación Víctima Ofensor (PRVO) han sido elaborados mucho más desde entonces.

Aunque el acercamiento y los nombres varían, hoy hay alrededor de 100 programas en Estados Unidos que usan la mediación víctima-ofensor, un elemento principal del PRVO.[2] Varias docenas de programas existen en Canadá.

---

2. Mark Umbreit, "Mediation of Victim Offender Conflict", *Journal of Dispute Resolution*, 1988, pp. 85-105.

Programas relacionados se implementan también en Inglaterra, al igual que en varios países de la Europa continental, incluyendo Alemania, Francia, Finlandia y Holanda.[3] No todos tienen su raíz en el PRVO. Se cree que cerca del 60% de los programas en los Estados Unidos, por ejemplo, están explícitamente vinculados con la tradición del PRVO. Sin embargo, en conjunto, estos programas proveen una amplia base de experiencia para una aproximación que combina dentro de un marco de justicia penal, elementos de mediación y justicia reparativa. Una amplia variedad de programas de resolución de conflictos ha nacido, algunos de los cuales manejan casos potencial o directamente relacionados con la justicia penal. Por lo tanto, se ha creado un acervo adicional de experiencias.

El concepto de PRVO (Programa de Reconciliación Víctima y Ofensor)
En su forma "clásica" como fue iniciada en Kitchener, Ontario y Elkhart, Indiana. PRVO es una organización independiente fuera del sistema de justicia penal. Pero trabaja en cooperación con el sistema.[4] El proceso del PRVO consiste en un encuentro, cara a cara, entre la víctima y el ofensor en casos que se han procesado penalmente y el ofensor se ha declarado culpable. En estas reuniones, se hace énfasis en tres elementos: los hechos, los sentimientos y los acuerdos. Un mediador capacitado, preferiblemente un voluntario de la comunidad, preside y dirige el encuentro.

Facilitadores o mediadores externos, en calidad de tercera parte, juegan un rol muy importante en el proceso,

---

3. Se sugieren algunas dimensiones de este movimiento en ensayos de Heinz Messmer y Hans-Uwe Otto, eds., *Restorative Justice on Trial: Pitfalls and Potentials of Victim-Offender Mediation—International Research Perspectives* (Dordrecht: Kluwer Academic Publishers, 1992). Ver el Ensayo Bibliográfico al final de este libro para otros títulos. En años recientes, las conferencias de grupo familiar en Nueva Zelanda y los círculos de sentencia en algunas comunidades aborígenes de Canadá han sugerido nuevas posibilidades para el PRVO. Ver Apéndice 4.

4. Howard Zehr hace una revisión general del PRVO en *Mediating the Victim-Offender Conflict* (Akron, Pennsylvania: Mennonite Central Committee, 1990). Muchas de las fuentes incluidas en el Ensayo Bibliográfico también tratan el tema.

pero su capacitación les enseña a no imponer sus propias interpretaciones o soluciones. Los encuentros se manejan en un ambiente estructurado pero suficientemente flexible para permitir que los participantes determinen los resultados más que los facilitadores. Se le invita a ambas partes a contar sus historias. Cada uno tiene la oportunidad de formular preguntas, de descubrir lo que realmente pasó desde la perspectiva del otro. También hablan del impacto y las implicaciones de esta experiencia. Luego de terminar la etapa narrativa, deciden juntos lo que se deberá hacer al respecto. Una vez que han llegado a un acuerdo, firman un contrato escrito, el cual a menudo incluye la restitución financiera, pero no es la única posibilidad.

Los agresores pueden aceptar trabajar para sus víctimas. Algunas veces las víctimas piden que los agresores trabajen para la comunidad y frecuentemente firman un acuerdo de servicio comunitario. O pueden también, comprometerse a cierto comportamiento. Si las partes del incidente se conocían antes, el acuerdo puede especificar cómo se comportarán el uno con el otro en el futuro.

Estos encuentros pueden ser experiencias importantes tanto para las víctimas como para los ofensores. Las víctimas reciben la oportunidad inusitada de "conocer los hechos", de hacer las preguntas que les preocupaban. También pueden hablar de lo que la ofensa significó para ellas y para los que la cometieron. Ya que tienen la oportunidad de conocer a la persona directamente involucrada, se cuestionan los estereotipos y el miedo se baja. No solo reciben la oportunidad de ser compensados por sus pérdidas, también tienen injerencia en determinar cómo se hará. Así, PRVO provee la oportunidad de expresar los sentimientos, intercambiar información y recobrar las pérdidas, dejando a las víctimas, a su vez, con un mayor sentido de seguridad.

Los agresores a menudo reciben la oportunidad de ponerles rostro a sus víctimas. Conocen de primera mano las consecuencias de sus acciones. Tienen que confrontar directamente los estereotipos y racionalizaciones. De esta manera—y al ser motivados a tomar la responsabilidad de reparar la situación—se les hacen directamente responsables por lo que han hecho. Se les da la oportunidad de cerrar, a nivel emocional, la herida de la ofensa al tomar la iniciativa de reparar el daño y, si lo desean, de expresar su remordimiento o de pedir el perdón. Dado que son participantes reales y no solo espectadores, ellos también pueden experimentar un mayor sentido de poder propio.

Los encuentros de víctima-ofensor, para abordar la ofensa y su resolución, son la sustancia del proceso PRVO, pero el trabajo importante se hace antes y después de las reuniones. Primero se reúne por separado con la víctima y el agresor, lo que les da la oportunidad de expresar sus sentimientos y sus necesidades y decidir si desean participar en un encuentro, o no. Si deciden hacerlo, se arregla un encuentro. Después del encuentro, es necesario hacer un seguimiento. El encargado del caso debe controlar los contratos, asegurándose de que se cumplan y localizando las fallas si no se llevan a cabo. Algunos programas instituyen encuentros de clausura en la víctima y el ofensor para cerrar el caso una vez que los acuerdos se hayan cumplido.

La corte remite la mayoría de los casos de PRVO, aunque hay excepciones. Unos programas reciben remisiones de la policía. Algunas veces las víctimas o los ofensores inician el contacto. Los casos pueden servir para esquivar el proceso judicial, pero en su forma clásica en Estados Unidos, el programa toma la mayoría de sus remisiones de la corte, con el acuerdo convirtiéndose en la sentencia o en parte de ella. Para los casos remitidos por la corte, los agresores a menudo se encuentran en libertad condicional mientras su acuerdo se cumple.

La mayoría de los casos llevados por los PRVO en Estados Unidos y Canadá se han relacionado con delitos de propiedad, siendo el robo el más común. El robo se presta muy bien para el proceso del PRVO. Mientras que el "sistema" a menudo trata el robo como un crimen menor, las víctimas lo experimentan como un ataque personal violento. Una reunión con el ofensor provee la oportunidad de ventilar los sentimientos, de enterarse de lo que realmente pasó y de conocer a la persona que lo hizo. (¿Por qué mi casa? ¿Qué si yo hubiera estado ahí? ¿Qué pasó con mis cosas que tenían tanto valor sentimental?) Los miedos se aplacan y los estereotipos se modifican. Dado que hay pérdidas materiales, las discusiones sobre la restitución proveen un enfoque concreto para la reunión.

Cada vez más, se realizan casos de delitos no relacionados con la propiedad. Los programas de Batavia, Nueva York y Langley, B.C., por ejemplo, se han diseñado específicamente para trabajar con casos de violencia grave. Tales casos, por supuesto, requieren precauciones especiales. Algunos específicamente buscan proveer oportunidades para sanar más que ser un medio alterno para la resolución de conflictos.[5] Un programa en la prisión de Graterford (Pennsylvania) requiere, como condición de participación, que el agresor prometa no usarlo en un procedimiento legal o de conmutación. Como lo ha demostrado un estudio del programa británico, la gravedad del caso no es lo que determina si el proceso tendrá éxito o no.

¿Qué se ha aprendido?

Los resultados de la mayoría de las investigaciones hasta ahora han sido alentadores. Aunque solo la mitad de las remisiones terminan en encuentros (y este número es coherente con las estadísticas para los programas de mediación en general), casi todas los encuentros resultan en acuerdos.[6]

Por otra parte, a diferencia de los contratos de restitución no mediados, la mayoría de estos acuerdos se

---

5. Referente a la mediación en casos de violencia grave, ver, por ejemplo, Mark S. Umbreit, *Mediating Interpersonal Conflicts: A Pathway to Peace* (West Concord, Minnesota: CPI Publishing, 1995), pp. 148ff.

6. Las investigaciones desde 1990 confirman los resultados resumidos aquí. Ver Mark S. Umbreit, *Victim Meets Offender: The Impact of Restorative Justice and Mediation* (Monsey, N.Y.: Criminal Justice Press, 1994) y "Victim and Offender Mediation: International Perspectives on Theory, Research, and Practice," Harry Mika ed., *Mediation Quarterly*, 12, no. 3 (edicion especial, primavera 1995).

cumplen en una proporción normalmente mayor del 80 o incluso del 90 por ciento.

Un estudio acerca de los PRVO en Estados Unidos encontró que solo el 11% de las víctimas que participaron, expresaron cierta insatisfacción. El 97% respondieron que lo volverían a hacer y que lo recomendarían a sus amigos.[7] Todas las víctimas en un estudio, más pequeño pero más reciente, del PRVO de Langley, Columbia Británica, dijeron que optarían por participar otra vez en este programa.[8] Es evidente, entonces, el alto grado de satisfacción de la víctima.

Las víctimas dan una gran variedad de razones para participar, pero al entrar al proceso muchos notan la importancia de la restitución. Después de la experiencia del PRVO, sin embargo, otros beneficios alcanzaron mayor importancia para ellas. Por ejemplo, en un estudio acerca del robo en la ciudad de Minneapolis, las víctimas dijeron que el beneficio más importante fue poder reunirse con el agresor. Algunas veces esto aliviaba los miedos, reducía los estereotipos o les daba la oportunidad de lograr que el ofensor recibiera ayuda. Pero también notaron la importancia de contar lo que pasó y obtener respuestas.[9]

En conjunto, un sentido de participación fue el tema más destacado de este estudio. El PRVO parece crear algunas de las condiciones previas para la sanación: recuperación del poder propio, narrativas transparentes, respuestas a preguntas, recuperación de las pérdidas e incluso un sentido de seguridad. También les da a las víctimas la oportunidad de sentir que están haciendo algo que podría ayudar a cambiar la conducta del ofensor,

---

7. Robert B. Coates y John Gehm, *Victim Meets Offender: An Evaluation of Victim-Offender Reconciliation Programs* (Michigan, Indiana: PACT Institute of Justice, 1985).

8. Andrew Gibson, "Victim-Offender Reconciliation Program: Research Project, Langley, B.C." (Simon Fraser University, 1986).

9. Mark S. Umbreit and Mike Schumacher, *Victim Understanding of Fairness: Burglary Victims in Victim-Offender Mediation* (Minneapolis: Minnesota Citizens Council on Crime and Justice, 1988).

un tema que la investigación ha encontrado que es de importancia sorprendente para las víctimas.[10]

Aparentemente los ofensores también encuentran satisfacción en participar. Todos los ofensores en el estudio mencionado previamente (acerca de los PRVO en Estados Unidos) y el 91% de los ofensores en el estudio de Langley, B.C., dijeron que si lo tuvieran que hacer de nuevo, lo volverían a hacer por el método PRVO. Los ofensores expresaron una mayor apreciación de las víctimas como personas y se pudo medir un cambio de actitud en algunos casos. Sin embargo, sintieron la experiencia difícil y la describieron como un castigo duro. A menudo los ofensores calificaban el encuentro como la mejor y a la vez la peor parte del proceso.

¿Puede el PRVO cambiar el comportamiento del agresor? Varios estudios recientes han encontrado una reducción en las tasas de reincidencia para los que participaron. Se necesitan más estudios, pero Burt Galaway, un renombrado especialista en la restitución, revisó la literatura y concluyó que el impacto de la restitución y del PRVO en la reincidencia es tan grande o mayor que el de otras sanciones.[11]

Los practicantes del PRVO tienden a creer que el programa sí motiva los cambios de conducta, pero cuestionan si esto debe de ser la preocupación principal. El PRVO es importante porque aborda la relación víctima-ofensor y atiende necesidades importantes de la víctima y el ofensor, que generalmente no se toman en cuenta. El programa reconoce las obligaciones creadas por el crimen e incluso si no tuviera ningún impacto en la conducta, la reparación del mal aún sería lo que se debe hacer.

¿Pero acaso hace justicia el PRVO? En el estudio previamente mencionado, se les pregunto a víctimas y ofensores lo que significaba la justicia y si ellos la habían

---

10. Para la perspectiva de las víctimas en Inglaterra, ver Helen Reeves, "The Victim Support Perspective," *Mediation and Criminal Justice*, eds. Wright y Galaway, pp. 44-55 (mirar especialmente pp. 51ff.).

11. Burt Galaway, "Restitution as Innovation or Unfulfilled Promise?" *Federal Probation*, XII, No. 3 (Septiembre, 1988), pp. 3-14.

experimentado. Casi el 80% de las víctimas tanto como los ofensores que participaron en el programa, creyeron que la justicia se había hecho en sus casos. Las definiciones de justicia variaban, pero ideas que solían salir eran "la reparación del mal" (¡un concepto bíblico!), "la insistencia en que los ofensores reconocieran su responsabilidad" y "la equidad y justicia en la resolución del caso". "Reparar el mal", de hecho, fue la razón principal señalada por los ofensores por su participación en el programa de Langley. En el estudio en Minneapolis, la idea más tradicional de justicia usando el encarcelamiento como castigo fue la preocupación menos frecuente expresada por las víctimas que participaron.

El estudio de Minneapolis era limitado y preliminar, pero uno de sus descubrimientos fue particularmente esperanzador. Era dos veces más probable que las víctimas que habían participado en el programa PRVO sintieran que habían sido tratadas justamente por el sistema penal, que las que no. Aparentemente el PRVO sí provee una experiencia de justicia.

En un artículo de 1988, Burt Galaway examinó lo que se había aprendido de los programas de restitución, incluyendo el PRVO, desde principios de la década de los 70.[12] Sus conclusiones son alentadoras.

Galaway concluye que la experiencia de esos 16 años confirma definitivamente que tales programas pueden ser implementados. El establecer las sumas de la restitución no ha sido tan difícil y las tasas de cumplimiento son altas. Esto incluye el PRVO. Los estudios muestran que más del 50% de las víctimas están dispuestas a participar. La mediación "es un método viable para llegar al monto de la restitución y es una experiencia constructiva tanto para la víctima como para el ofensor".

La restitución y el PRVO pueden cumplir algunas metas clave del modelo de justicia actual, según Galaway. Al asumir que la gente debe recibir su justo merecido, la justicia retributiva busca un sentido de proporcionalidad

---

12. Galaway, "Restitution as Innovation or Unfulfilled Promise?"

entre la ofensa y la pena. Esto se logra cuando los participantes perciben que el resultado es justo. Aunque la investigación al respecto es aún limitada, parece que las víctimas, los ofensores y el público en general consideran que la restitución es justa y satisfactoria. Puede, por lo tanto, verse como el justo merecido.

Otro propósito del castigo es la disuasión específica. ¿Repite la gente sus agresiones? Un gran acervo de evidencia sugiere que el impacto de la restitución, incluyendo el PRVO, en la reincidencia es tan grande o mayor que el de otras sanciones.

Tanto las víctimas como el público en general apoyarían el uso de la restitución. Muchos estudios muestran que el público aprueba las sanciones reparativas y, como las víctimas, apoya pasos para administrar sanciones no custodiales como la restitución. Por otra parte, programas tales como el PRVO pueden proveer información a las víctimas acerca de sus casos y darles un sentido de participación, dos asuntos de mucho interés para las víctimas según varios estudios.

Dados estos hallazgos, Galaway concluye que los programas de restitución tales como el PRVO deben comenzar a reemplazar otras penas dentro del sistema de justicia actual. El Comité de Justicia del parlamento canadiense y el Procurador General han tomado pasos hacia ese fin.[13]

En Agosto de 1988, publicaron un informe sobre sentencias, sanciones y libertad condicional titulado "Tomando Responsabilidad". Este informe describe el PRVO y sus beneficios y recomienda reformas para facilitar y motivar este abordaje. Una de las recomendaciones propone que el siguiente inusitado propósito respecto a la imposición de sentencias sea decretado:

---

13. "Taking Responsibility: Report of the Standing Committee on Justice and Solicitor General on Sentencing, Conditional Release, and Related Aspects of Corrections", David Daubney, President. Summary and abstracts in "Justice", November 1988, a publication of the Church Council on Justice and Corrections, 507 Bank St., Ottawa, Ontario K2P 1Z5, Canada.

El propósito de la sentencia es contribuir a la preservación de una sociedad justa, pacífica y segura al hacer responsables a los ofensores por su conducta criminal a través de la imposición de sanciones justas que:

a. requieran, o motiven cuando no sea posible requerir, que los agresores reconozcan el daño que hayan hecho a las víctimas y a la comunidad y que tomen responsabilidad por las consecuencias de su conducta.

b. tomen en cuenta los pasos que los agresores han dado, o pretenden dar, para hacer reparaciones a la víctima y/o a la comunidad por el daño hecho o demostrar aceptación de su responsabilidad de otra manera.

c. faciliten la reconciliación víctima-ofensor cuando las víctimas así lo soliciten, o estén dispuestas a participar en tales programas.

d. provean, si es necesario, a los ofensores oportunidades que propicien su adaptación o readaptación como miembros productivos y respetuosos de la ley; y

e. denuncien, si es necesario, la conducta del ofensor y/o lo recluyan.

"Taking Responsibility" ["Tomando Responsabilidad"] atiende específicamente las preocupaciones de la víctima y reconoce que definir el crimen como una ofensa contra el estado "no reconoce el sufrimiento de la víctima ni los sentimientos de injusticia". Continúa diciendo que "hay cinco cosas necesarias para permitir que las víctimas recuperen su sentido de valor y sigan con sus vidas". Las cinco se especifican como la información, el apoyo, el reconocimiento del daño, la reparación del mismo y la protección efectiva.

Como lo muestra la siguiente cita, el Comité reconoce el concepto de la justicia restaurativa.

> Los proponentes del concepto de la justicia restaurativa han reconocido la importancia tanto para la víctima como para el

ofensor (y por lo tanto, en última instancia, para la comunidad) de que los ofensores asumen la responsabilidad de sus acciones y tomen pasos para reparar el daño hecho.

Las metas son importantes

El enfoque de PRVO claramente tiene el potencial de satisfacer cierto número de necesidades. Sin embargo, ha sido difícil para el movimiento en general tener claridad respecto a sus valores y metas. ¿Es el objetivo principal ser una alternativa? ¿Reformar a los ofensores? ¿Ayudar a las víctimas? ¿Involucrar a la comunidad? ¿Castigar a los ofensores? Las metas que el PRVO opta a seguir afectarán mucho cómo operará en la práctica.

De hecho, al movimiento se le ha señalado que sus metas en ocasiones son poco claras y que algunas de ellas pueden resultar hasta contradictorias. Los programas necesitan escoger una meta principal y ser claros sobre las implicaciones de esta decisión para sus otras metas y operaciones.

Si un objetivo primario es reformar a los ofensores o mitigar su castigo, los programas pueden fácilmente ser negligentes con las necesidades de las víctimas y sus perspectivas, incluso si el programa pretende tomar en serio a las víctimas. Está crítica ha surgido de evaluaciones de algunos programas británicos.[14]

Si los PRVO buscan proveer primeramente una alternativa a la prisión, se concentrarán principalmente en casos graves de reclusos—para perjuicio de casos "menores" que también pueden tener serias implicaciones para la víctima y el ofensor o sus relaciones. Es importante tener claridad sobre la prioridad de las respectivas metas.

Algunos programas han tomado en cuenta esta cuestión y otros la han respondido de diversas maneras. El programa de Elkhart concluyó que su objetivo

---

14. El Ministerio del Interior británico ha auspiciado extensiva investigación cuantitativa y cualitativa sobre el PRVO o proyectos de "reparación". Estoy en deuda con Tony Marshall—quien supervisó la investigación para el Ministerio del Interior—por resúmenes de los resultados. Se planea una publicación.

principal era la reconciliación. El personal reconoció que podía parecer una meta extraña en el mundo de la justicia penal y que la reconciliación era difícil de definir. Sin embargo, la reconciliación como una meta significa que la relación víctima-ofensor es el enfoque principal del proceso. Una vez decidido esto, tuvieron que rediseñar las operaciones del programa para reflejar esta prioridad. Los voluntarios tuvieron que ser capacitados, por ejemplo, no solo para lograr un acuerdo, sino para motivar la expresión de sentimientos y actitudes también.

Una decisión para hacer de la reconciliación (o al menos *oportunidades* para la reconciliación) el objetivo principal, no significa que otros beneficios potenciales no existan o no se deban buscar, pero son secundarios. Los practicantes del PRVO creen, por ejemplo, que el sentido de responsabilidad personal que el programa exige a los ofensores, puede cambiar sus actitudes y conductas. Con todo, no es la meta principal. El proceso vale la pena realizarse incluso si las actitudes y comportamientos no cambian. Una ofensa daña a una persona y crea una obligación para con esa persona. Una respuesta justa, entonces, incluye el intento de enmendar el mal hecho. Es lo que sí se tiene que hacer, no importa sus otras consecuencias.

El enfoque del PRVO en una meta poco convencional, como es la reconciliación es fuente de cierta tensión con el sistema judicial. ¿Cómo se acopla un proceso que es de enfoque restaurativo con uno retributivo? ¿Puede hacerse?, o ¿se impondrá el sistema mayor al menor al final? ¿Puede el PRVO ayudar a transformar el sistema judicial orientado a lo retributivo o transformará el sistema al PRVO? ¿Le sucederá al PRVO lo mismo que a otras "alternativas"?, o ¿se convertirá incluso en un nuevo instrumento de control y represión?

Son preguntas reales, prácticas y los investigadores hacen un llamado de alerta al respecto. Algunos programas, por ejemplo, han llegado a reflejar la orientación centrada en el ofensor del sistema y han sido negligentes con la víctima. La reconciliación como meta a veces se sustituye por objetivos más conocidos tales como la responsabilidad o incluso la restitución. Muchos han empezado a minimizar la reconciliación como meta y se han enfocado en la mediación, el proceso.

Un estudio reciente de programas británicos advierte de los peligros de tratar de insertar nuevas alternativas en el sistema judicial actual, incluso (¡o especialmente!) las restaurativas.[15] Como mínimo, nos recuerdan los investigadores, que debemos mantener la cuestión de valores de vanguardia. Plantean un nuevo entendimiento y lenguaje de la justicia e investigaciones que formen y prueben la viabilidad del paradigma reparativo.

El PRVO como catalizador

Desde 1978, he sido participante en el movimiento del PRVO. Inicialmente, mi participación fue escéptica y contraria. Por mi trabajo previo en la justicia criminal había desarrollado una perspectiva que yo consideraba bastante crítica. Y dudé que el PRVO cuestionara suficientemente a fondo las premisas básicas del sistema. Al experimentar el PRVO de primera mano, sin embargo, me di cuenta que los parámetros de mi marco "crítico" anterior eran, de hecho, bastante convencionales. Era el PRVO el que tenía el potencial de transformar mis ideas sobre la justicia.

En mis primeros trabajos con prisioneros y demandados, no había entendido las perspectivas de las víctimas. De hecho, no quise hacerlo, porque servían básicamente para obstaculizar el proceso de encontrar la "justicia" para el ofensor. No cuestioné fundamentalmente el rol del Estado en la justicia, ni siquiera la administración de dolor era el enfoque debido. Fui, sin embargo, muy consciente de las numerosas injusticias sistemáticas de la manera en que la justicia identificaba y trataba a los ofensores.

---

15. Gwynn Davis, Jacky Boucherat, y David Watson, *A Preliminary Study of Victim Offender Mediation and Reparation Schemes in England and Wales*, Research and Planning Unit Publication 42 (London: Home Office, 1987), pp. 60-65.

El PRVO me obligó a conocer y a escuchar a las víctimas del crimen, y eso me llevó a repensar lo que era el crimen y cómo se debía tratar. La experiencia de ver a dos personas hostiles—víctima y ofensor—salir de un salón con nuevas concepciones de lo que pasó, no podía más que dejar un impacto. A menudo se iban con una nueva comprensión del otro, algunas veces incluso con nuevas y amistosas relaciones. Finalmente, lo que todo esto implicaba comenzó a tener sentido. El PRVO se ha vuelto, para mí, el agente de transformación de mis conceptos de la justicia y una demostración de que la justicia no es solamente teórica, sino práctica también. Sin embargo, la implementación y la difusión del PRVO también han planteado preguntas importantes y han levantado algunas banderas de alerta.

Cuando los agricultores quieren resolver ciertos problemas con los plantíos, a menudo experimentan con nuevas especies. Para hacerlo, ensayan plantándolos en parcelas experimentales. Si tales parcelas resultan exitosas, se pueden convertir en parcelas de demostración para convencer a otros agricultores de que lo intenten. Desde 1974, el PRVO ha servido tanto como experimento como demostración.[16] El rol demostrativo del PRVO es importante: sirve como un recordatorio de que hay otras formas de entender y responder al crimen—que la justicia puede reparar. Pero el rol experimental no puede ser abandonado. El programa mismo debe continuar experimentando, ensanchando sus límites. Necesitamos nuevos experimentos que vayan más allá del PRVO— experimentos que ayuden a desarrollar y a probar nuevas comprensiones del crimen y la justicia.

Al plantar y nutrir tales cultivos, el papel de la Iglesia es esencial. Aunque el movimiento del PRVO está bien establecido en gran parte del mundo ahora, la Iglesia jugó un rol de pivote en su desarrollo y difusión y se mantiene aún profundamente involucrada en muchas

---

16. La analogía de las parcelas experimentales surge de los escritos de Clarence Jordan y John H. Yoder.

comunidades. Así debe ser. El PRVO incorpora una visión de justicia que es inherentemente bíblica y por lo tanto, abre un espacio donde la iglesia puede implementar su visión.

El movimiento PRVO necesita desesperadamente de la iglesia, si quiere sobrevivir de manera tal que tenga un impacto de valor. Hay muchas presiones que intentan desviarla de su visión. La iglesia puede proveer la base autónoma de valores y la institucionalidad independiente que el PRVO necesita para sostener su visión. Motivados por una visión bíblica de la justicia como la restauración, tal vez la iglesia puede continuar sembrando parcelas que ensayen y demuestren nuevas opciones. Si el PRVO debe sobrevivir como un catalizador para el cambio, la iglesia debe permanecer involucrada.

PARTE IV

Un Nuevo Lente

Un Lente Restaurativo

Mientras escribía este capítulo, me aparté un tiempo para asistir a un juicio. Un muchacho de dieciocho años, mi vecino, estaba por recibir su sentencia. Se le había declarado culpable de acosar a su vecina. La madre del joven me había pedido ayuda. No quería que lo condenaran a prisión donde, a lo mejor, él se convertiría en víctima, pero sí quería que cambiara su conducta. "Si fuera cualquier otro", me dice, "tendría ganas de ahorcarlo. Pero Ted solo necesita ayuda".

Ted ha mostrado conducta indebida con otras jóvenes también, incluyendo con una de mis hijas.

"Voy a aplazar esta sentencia", dijo el juez. "Francamente, no sé qué hacer. Howard, tal vez tú puedes ayudarme".

¿Por dónde se empieza en tales casos? Yo empiezo por analizar los problemas de una forma convencional. Él ha infringido la ley. ¿Qué exige la ley? ¿Qué aceptará la corte? ¿Qué debe hacer la corte con él? Entonces recuerdo lo que estoy escribiendo, y mi enfoque empieza a cambiar.

El enfoque: sí importa. ¿Cómo entendemos lo que pasó? ¿Qué factores son pertinentes? ¿Qué respuestas son posibles y apropiadas? El lente a través del cual observamos, determinará cómo enfocamos tanto el problema como la "solución". Ese enfoque es el tema de este libro.

Me he desempeñado en la fotografía por muchos años. Una de las lecciones que he aprendido es: qué tan profundamente el lente por el que miro, afecta la realidad que veo. El lente escogido determina en qué circunstancias puedo trabajar y cómo percibo lo que veo. Si escojo un lente "lento" con una pequeña apertura máxima, la imagen será débil y será difícil obtener fotografías de buena calidad con bajos niveles de luz.

La longitud de enfoque del lente también importa. Un objetivo de gran angular es altamente inclusivo. Incorpora dentro del marco una multitud de cosas, pero lo hace a costo de cierta distorsión. Los objetos que están más cerca se hacen más grandes, haciendo pequeños los objetos a la distancia. También, las formas de los objetos en las esquinas del cuadro se alteran. Los círculos se vuelven elipses.

Un teleobjetivo es más selectivo. El alcance de su visión es más angosto, incorporando menos objetos dentro del marco. También "distorsiona", pero de una manera diferente que el lente de ángulo amplio. Con un lente para telefotografía, los objetos son más grandes pero la distancia se comprime. Los objetos parecen más cercanos a la cámara—y más cerca el uno del otro—de lo que están para el ojo humano.

El lente escogido, entonces, afecta lo que queda en la imagen. También determina las relaciones y proporciones de los elementos incluidos. Similarmente, el lente que utilizamos para examinar el crimen y la justicia, afecta lo que incluimos como variables pertinentes, la prioridad relativa que les damos y lo que consideramos como el resultado apropiado.

Nosotros vemos el crimen a través de un lente retributivo. El proceso de "justicia penal" que usa este lente desatiende muchas de las necesidades tanto de la víctima como del ofensor. La víctima queda desatendida cuando el proceso no cumple con sus metas manifiestas, de hacer responsables a los ofensores y disuadirlos del crimen.

Tales fallas han llevado a un extendido sentido de crisis hoy por hoy. Se ha intentado una serie de reformas.

Las de moda hoy en día, tanto el monitoreo electrónico como la supervisión intensa, son simplemente las más recientes de una larga fila de "soluciones". Con todo, este sistema se ha mostrado notablemente resistente a mejoras significativas, absorbiendo y socavando todo esfuerzo de reforma. El proverbio francés parece tener razón: "Entre más cambian las cosas, más permanecen iguales".

La razón para tal fracaso, argumento yo, es el lente que escogemos: es decir, los supuestos que hacemos sobre el crimen y la justicia. Estos supuestos, que gobiernan nuestra respuesta a los perjuicios, de hecho son incoherentes con la experiencia del crimen. Más aún, no coinciden con las raíces cristianas e incluso con la mayor parte de la historia occidental. Para encontrar la salida del laberinto, tenemos que ver más allá de los castigos alternativos y aún más allá de las alternativas al castigo. Tenemos que buscar nuevas formas de ver tanto el problema como la solución. El profesor Kay Harris, especialista en sentencias, nos ha recordado que es un asunto de valores alternos, no de tecnologías alternativas para el castigo.[1]

Nuestros fracasos son señales negativas que resaltan la necesidad de cambio, pero hay señales positivas que apuntan hacia el fin deseado. Las experiencias y necesidades de las víctimas y ofensores, indican algunas de las preocupaciones que debemos atender. La tradición bíblica ofrece algunos principios al respecto. Nuestra experiencia histórica y las más recientes "parcelas experimentales" sugieren posibles abordajes. Tal vez estas señales pueden servir como elementos para un nuevo lente.

Un nuevo lente, tal vez, ¿pero un nuevo paradigma también? Un paradigma es más que una visión o una propuesta. Requiere una teoría bien articulada, combinada con una gramática o reglas consistentes y una "física" de aplicación—y cierto grado de consenso. No necesita

---

1. Ver M. Kay Harris, "Strategies, Values and the Emerging Generation of Alternatives to Incarceration", *New York University Review of Law and Social Change*, XII, No. 1 (1983-4), 141-70, y "Observations of a 'Friend of the Court' on the Future of Probation and Parole", *Federal Probation*, LI, No. 4 (Diciembre 1987), pp. 12-21.

resolver todos los problemas, pero debe resolver los más urgentes y debe señalar un rumbo. Dudo que estemos ahí todavía.

En estas etapas son más realistas visiones alternativas, arraigadas en principios y en la experiencia, que puedan ayudar a guiar nuestra búsqueda de soluciones para la crisis actual. Podemos adoptar un nuevo lente, a pesar de que aún no pueda ser un paradigma completamente desarrollado. Tales visiones, pueden ayudar a dar dirección a lo que debe ser un viaje compartido de experimentación y exploración.

En esta búsqueda, queremos descubrir una visión de lo que debe ser la norma, de lo que es normativo, no de lo que sería una respuesta realista para todas las situaciones. El lente actual se construye sobre lo inusual, lo extraño. Los procedimientos elaborados para tales casos, los hace normativos para las ofensas "ordinarias". Algunos ofensores son tan inherentemente peligrosos que tienen que ser restringidos. Se tiene que tomar tales decisiones, guiado por reglas y garantías bien pensadas. Algunos ofensores son tan dañinos que requieren un manejo especial. Pero estos casos especiales, no deben dictar la norma. Nuestro procedimiento, entonces, debe ser el de identificar lo que significa el crimen y cómo se debe responder normalmente al respecto, reconociendo la necesidad de ciertas excepciones. Por ahora, entonces, no nos preocuparemos por si nuestra visión puede abarcar todas las situaciones, o no. Mas bien, trataremos de divisar lo que debe ser la norma.

Una forma de empezar esta exploración es la de bajar la definición del crimen de su alto nivel de abstracción. Esto significa entenderlo como lo entiende la Biblia y como lo experimentamos: como un perjuicio y como una agresión a las personas y a las relaciones. La justicia debe, entonces, enfocarse en reparar, en enmendar el daño.

En este caso, los dos lentes contrastantes pueden ser esbozados así:

Justicia Retributiva
El crimen es una agresión contra el Estado, definido como la infracción de la ley y culpa. La justicia determina la culpa y administra el dolor o castigo en una contienda entre el ofensor y el Estado dirigido por reglas sistemáticas.

Justicia Restaurativa
El crimen es una agresión contra las personas y las relaciones. Crea obligaciones de reparar el daño causado. La justicia incluye la participación de la víctima, del ofensor y de la comunidad en busca de soluciones que promuevan reparar y reconciliar.

El crimen: agresión contra las personas y las relaciones

En el primer capítulo, noté que a menudo se experimenta incluso crímenes menores a la propiedad como un ataque personal. Las víctimas se sienten personalmente violentadas aun cuando el daño directo lo haya sufrido exclusivamente la propiedad. La visión del shalom nos recuerda que la seguridad, en el nivel material, es importante para el sentido de bienestar.

Pero la visión del shalom también nos recuerda, que el crimen representa una agresión contra las relaciones humanas. El crimen afecta nuestro sentido de confianza, resultando en sentimientos de sospecha, de extrañamiento, a veces de racismo. Frecuentemente crea muros entre los amigos, los seres queridos, parientes y vecinos. El crimen afecta las relaciones que tenemos con los que nos rodean.

El crimen también representa una relación fracturada entre la víctima y el ofensor. Incluso si no tenían ninguna relación previa, el crimen la crea. Y esa relación es usualmente hostil. Al no quedar resuelta, esa relación hostil, afecta el bienestar de la víctima y del ofensor.

El crimen representa un perjuicio a la víctima pero también puede representarlo para el ofensor. Muchos agresores han experimentado abusos en su niñez. Muchos carecen de las habilidades y educación que les facilitarían realizar trabajos y vidas significativas. Muchos buscan formas de sentirse validados y en control. Para muchos, cometer un crimen es una forma de pedir ayuda y de afirmar su valor humano. Lastiman, en parte, porque a ellos los lastimaron primero. A menudo incluso el proceso de "justicia" les lastima aún más. Esta dimensión deriva en parte de cuestiones más grandes que la justicia distributiva. Es también una parte integral de la visión de shalom.

El crimen entonces es, en esencia, la agresión de una persona por otra, la que a su vez puede ser una persona herida también. Es una agresión contra las relaciones justas que deben existir entre los individuos. Hay también una dimensión social más grande del crimen. De hecho, los efectos del crimen se rizan cada vez más lejos, afectando a otros. La sociedad también tiene un interés en el desenlace y, por lo tanto, un rol que jugar. Aun así, estas dimensiones públicas no deben ser el punto de partida. El crimen no es, en primer lugar, una ofensa contra la sociedad, ni mucho menos contra el Estado. El crimen es ante todo una ofensa contra la persona y es precisamente ahí por donde debemos empezar.

Esta dimensión interpersonal del crimen nos recuerda que el crimen genera conflicto.[2]

En efecto, varios investigadores europeos que buscan un nuevo lente para ver el crimen, nos han impulsado a definir el crimen como una forma de conflicto. Después de todo, el crimen crea conflictos interpersonales y a veces surge del conflicto. Ciertamente, el crimen está relacionado con otros daños y conflictos en la sociedad. Enfocadas apropiadamente, muchas situaciones conflictivas, definiéndolas como crimen o no, pueden ser oportunidades para aprender y crecer.

Marie Marshall Fortune ha advertido que etiquetar el crimen como conflicto puede ser ingenuo y peligroso.[3] En

---

2. Ver, por ejemplo, el trabajo de Louk Hulsman, citado anteriormente. Ver también John R. Blad, Hans van Mastrigt y Niels A. Uldriks, eds., *The Criminal Justice System as a Social Problem: An Abolitionist Perspective* (Rotterdam, Netherlands: Erasmus Universiteit, 1987).

3. Marshall Fortune expresó está preocupación en una consulta sobre justicia restaurativa y "casos difíciles" realizada en Guelph, Ontario, en 1986.

situaciones de violencia doméstica, por ejemplo, muy a menudo definimos actos de violencia con consecuencias graves como el simple resultado de un conflicto. Esto ha tendido a permitir que el ofensor no asuma responsabilidad por su comportamiento, al culpar a la víctima. También supone que la violencia es simplemente el resultado del escalamiento del conflicto. La violencia no es, nos recuerda Fortune, simplemente un escalar del conflicto. Es categóricamente diferente. Una cosa es tener una diferencia de opinión y discutir. Otra muy diferente es atacar fisicamente al contrincante.

Por estas dimensiones interpersonales, el crimen obviamente incluye el conflicto. Pero igualarlo al conflicto, sin embargo, puede ser ingenuo y puede oscurecer algunas dimensiones importantes.

¿Y qué del término crimen? Algunos quieren eliminar completamente el término. Crimen es el resultado de un sistema legal, que hace distinciones arbitrarias entre diversos daños y conflictos. Es una construcción artificial, que echa a la misma canasta una variedad de comportamientos y experiencias sin relación alguna. Los separa de otros daños y agresiones y por lo tanto oscurece el verdadero significado de la experiencia.

Por esta razón, el criminólogo y abogado danés Louk Hulsman ha sugerido el término relaciones problemáticas.[4] Este término útilmente nos recuerda la conexión entre "crímenes" y otros tipos de daños y conflictos. También sugiere las posibilidades inherentes para aprender de tales situaciones. Pero el término, *situaciones problemáticas*, parece impreciso y para daños graves, puede minimizar las dimensiones de la herida. ¡Ciertamente es difícil imaginarse que el término "situaciones problemáticas" tome el lugar de "crimen" en el hablar diario!

Un término alternativo puede ser útil, pero hasta ahora no he encontrado ningún reemplazo aceptable. Así que por ahora me quedo con *crimen*, tomando en cuenta

---

4. Ver "Critical Criminology and the Concept of Crime", *Contemporary Crises: Law, Crime and Social Policy*, 10 (1986), pp. 63-80.

sus insuficiencias.

El crimen produce lesiones que necesitan sanarse. Tales lesiones representan cuatro dimensiones básicas del daño:

1. víctima
2. relaciones interpersonales
3. ofensor
4. comunidad

El lente retributivo se enfoca sobre todo en las dimensiones sociales. Lo hace en tal forma que vuelve a la *comunidad* abstracta e impersonal. La justicia retributiva define al Estado como víctima, define las conductas ilícitas como la infracción de las reglas y ve la relación entre la víctima y el ofensor como impertinente. Los *crímenes*, entonces, son categóricamente diferentes de otros tipos de males.

Un lente restaurativo identifica a las personas como víctimas y reconoce la centralidad de las dimensiones interpersonales. Las ofensas son definidas como daños a personas y relaciones interpersonales. El crimen es una agresión contra personas y relaciones.

Conceptos del crimen

Lente retributivo	Lente restaurativo
El crimen se define como una infracción de reglas.	El crimen se define como daño hecho a las personas y a las relaciones.
Los daños se definen de manera abstracta.	Los daños se definen concretamente.
El crimen se ve categóricamente diferente de otros daños.	El crimen está relacionado con otros daños y conflictos.
El Estado es la víctima.	Las personas y las relaciones son las víctimas.

El Estado y el ofensor se ven como las partes básicas.	La víctima y el ofensor se ven como las partes básicas.
Los derechos y necesidades de las víctimas no se toman en cuenta.	Los derechos y necesidades de las víctimas son centrales.
Las dimensiones interpersonales son impertinentes.	Las dimensiones interpersonales son centrales.
Se oscurece la naturaleza conflictiva del crimen.	Se reconoce la naturaleza conflictiva del crimen.
Las heridas del ofensor no se toman en cuenta.	Las heridas del ofensor se toman en cuenta.
La ofensa se define en términos legales y técnicos.	La ofensa se entiende en el contexto completo: moral, social, económico, político.

Hasta ahora hemos limitado la mayor parte de nuestra discusión a los daños y conflictos que usualmente calificamos como crímenes. Un enfoque tan angosto, sin embargo, no es bíblico. La Biblia nos enseña una visión de cómo la gente debe vivir en comunidad, en un estado de shalom, de relaciones sanas. Las conductas calificadas como criminales lastiman tales relaciones, pero también así lo hacen una gran variedad de otros daños, incluyendo actos de injusticia y opresión por los poderosos contra los más desprotegidos. Para ser bíblicos en nuestro entendimiento, tenemos que ver la justicia integralmente, sin ninguna división artificial entre los crímenes y otras injusticias. Debemos ver el continuo completo de los daños. Los crímenes se fusionan con otros daños y conflictos entre los individuos que normalmente llamamos *civiles* en vez de *criminales*. Pero esas injusticias se unen con injusticias de poder y riqueza. Los profetas del Antiguo Testamento nos recuerdan que las injusticias estructurales son pecados y que tales injusticias cultivan más injusticia.

Restauración: el objetivo

Si el crimen es una lesión, ¿qué es la justicia? Nuevamente, un entendimiento bíblico nos marca el camino. Si el crimen daña a la gente, la justicia debe ser un esfuerzo por reparar los daños cometidos y sanar las relaciones interpersonales. Si se hace un mal, la pregunta central no debe de ser "¿qué vamos a hacer con el ofensor?" o "¿qué se merece el ofensor?" Al contrario, la pregunta básica debe ser, "¿qué se debe hacer para repararlo?"

En vez de definir la justicia como la retribución, definiremos la justicia como la restauración. Si el crimen lesiona, la justicia atenderá las lesiones y promoverá la sanación. Los actos de restauración—no otro dolor—contrapesarán el daño del crimen. No podemos garantizar una recuperación total, por supuesto, pero la verdadera justicia buscaría proveer un contexto en donde se pueda iniciar el proceso.

Si el daño del crimen alcanza cuatro dimensiones, las energías reparativas deben dirigirse a estas dimensiones. Una de las principales metas de la justicia, entonces, debe ser la restitución y sanación para las víctimas.

La sanación para las víctimas no implica que se pueda o se deba olvidar o minimizar la agresión. Mas bien, implica un sentido de recuperación, un grado de cierre. Los afectados deben comenzar a sentir que la vida tiene cierto sentido y que están seguros y en control de nuevo. Al agresor se le debe motivar a cambiar. Debe tener la oportunidad de recomenzar su vida. La sanación incluye un sentido de recuperación y esperanza para el futuro.

La sanación de la relación entre la víctima y el ofensor debe ser otra meta importante de la justicia. El movimiento de reconciliación víctima-ofensor la ha identificado como la reconciliación.

La reconciliación implica el arrepentimiento pleno y el perdón. Involucra establecer una relación positiva entre la víctima y el ofensor. El PRVO sugiere que esto sí es posible. Sin embargo, sería poco realista esperar que la reconciliación ocurriera en todos los casos. En muchos casos, nada parecido, ni en lo más mínimo, a la reconciliación se logrará. En otros casos, se puede establecer una relación satisfactoria sin que implique intimidad o absoluta confianza. De ningún modo deben sentirse las partes forzadas a tratar de reconciliarse. Ron Kraybill, ex–director del Servicio Menonita de Reconciliación, nos ha recordado que la reconciliación tiene un ritmo y una dinámica muy propios. Incluso si racionalmente queremos la reconciliación, nuestras emociones pueden provocar sensaciones muy diferentes.

> A la preocupación del cerebro por lo que *debe* ser, el corazón responde con lo que *es*. La cabeza *puede fijar* el destino para el corazón, pero el corazón llegará a su propio paso. La reconciliación emocional es un viaje de muchas vueltas para llegar al destino.[5]

De acuerdo con Ron Claassen, director del PRVO en Fresno, California, debemos ver la reconciliación como un continuo.[6] Un extremo es hostilidad absoluta. El otro es la restauración o la creación de una relación estrecha y positiva. Cuando ocurre el crimen, generalmente la relación está en el extremo hostil de la escala. Dejándose desatendida, la relación por lo general se mantiene ahí o incluso se mueve hacia una hostilidad más profunda. El objetivo de la justicia, entonces, debe ser avanzar la relación hacia la reconciliación. Tal sanación de las relaciones, incluso si es solo parcial, es un paso importante hacia la sanación para los individuos. La justicia no puede garantizar ni forzar la reconciliación entre las partes, pero debe proveer las oportunidades para que tal reconciliación ocurra.

Yo he estado involucrado en casos del PRVO donde parece haberse hecho poco progreso hacia una relación reconciliada. Habiéndose reunido para hablar de la ofensa

---

5. Ron Kraybill, "From Head to Heart: The Cycle of Reconciliation", Mennonite Conciliation Service *Conciliation Quarterly*, 7, No. 4, (Otoño, 1988), p. 2.
6. Ron Claassen y Howard Zher, *VORP Organizing: A Foundation in the Church* (Elkhart, Indiana: Mennonite Central Committee, 1988), p. 5.

y su resolución, la víctima y el ofensor permanecían hostiles. Aun así, la naturaleza de su hostilidad había cambiado. No estaban ya enojados con una abstracción, con un estereotipo de la víctima o del ofensor. Estaban ahora enojados con una persona específica. Incluso eso representa una mejora.

Los agresores también necesitan sanar. Deben hacerse responsables de su comportamiento, por supuesto. No se les puede dejar esquivar su responsabilidad. A pesar de todo, asumir esta responsabilidad puede ser, en sí mismo, un paso hacia el cambio y la sanación. Y sus otras necesidades deben recibir atención.

La comunidad también necesita sanar. El crimen merma el sentido de integridad de la comunidad y esa lesión debe ser atendida.

La experiencia de justicia es una necesidad humana básica. Sin tal experiencia, la sanación y la reconciliación son difíciles o incluso imposibles. La justicia es un requisito para el cierre emocional.

Un sentido completo de justicia puede, claramente, lograrse rara vez. Sin embargo, incluso la "justicia incompleta" puede ayudar.[7] Incluso una experiencia parcial puede sentar las bases necesarias para un sentido de recuperación y de cierre. Por ejemplo, cuando un ofensor no ha sido identificado o se niega a tomar responsabilidad, la comunidad puede jugar un rol en proveer una experiencia de justicia. Puede verdaderamente escuchar y valorar a las víctimas, aceptando que lo que pasó estuvo mal y escuchando y atendiendo sus necesidades. La justicia imperfecta es mejor que nada y ayuda en el proceso de sanación.

¿Cómo debemos imaginar la justicia? La diosa de ojos vendados con balanza en mano simboliza bien la naturaleza impersonal y sistemática del paradigma contemporáneo. ¿Cuál es nuestra alternativa?

---

7. Marie Marshall Fortune sugirió esta terminología en la consulta de Guelph. Ver también Fortune, "Making Justice: Sources of Healing for Incest Survivors", *Working Together*, Verano, 1987, p. 5; y "Justice-Making in the Aftermath of Woman-Battering", *Domestic Violence on Trial*, ed. Daniel Sonkin (New York: Springer Publishers, 1987), pp. 237-248.

Una posibilidad es imaginar la justicia como la sanación de una herida. Mi colega Dave Worth, respondiendo a un borrador de este capítulo, describió bien esta imagen:

> Se debe formar un nuevo tejido para llenar el espacio de donde se desprendió el otro. Las condiciones y nutrientes apropiados deben estar presentes para permitir que el nuevo crezca. Debe haber seguridad, limpieza y suficiente tiempo. A veces queda una cicatriz y otras veces una discapacidad. Pero cuando se haya sanado podemos movernos, funcionar y crecer. Y a través de la experiencia de herirnos y sanar, podemos conocer en cierto modo las condiciones que nos causaron esa herida y las condiciones que nos permitieron sanar. (Entonces) podemos trabajar para cambiar aquellas y compartir éstas con otros que han sido heridos.

Wilma Derksen, cuya hija fue brutalmente asesinada, ha sugerido otra metáfora que me parece aún más esperanzadora. El crimen crea un vacío, así que hacer justicia implica rellenarlo.[8]

El enfoque bíblico de la justicia muestra que la justicia restaurativa debe ser a menudo la justicia transformadora.[9]

Para enmendar una situación, no solamente es necesario regresar a su condición original tanto a la persona como a su entorno, sino que ir más allá a algo nuevo. En casos de abuso matrimonial, por ejemplo, no es suficiente enmendar los daños. La verdadera justicia no puede ocurrir a menos que la gente y las relaciones se transformen en algo sano para que la herida no se repita. La justicia puede significar girar a una nueva dirección en vez de regresar al pasado.

La justicia puede involucrar más que solo rellenar un hoyo y aplanarlo. Se necesita rellenarlo hasta que se desborde. Una vez más Dave Worth resume esto en una imagen de justicia mejor de lo que yo puedo.

---

8. Wilma Derksen, *Have you Seen Candace?* (Wheaton, Ill.: Tyndale, 1992).
9. Gracias a Marie Marshall Fortune por este término.

Segunda de Corintios 5:18 hace una relación entre la reconciliación y la nueva creación. Es, tal vez, la esencia de la reconciliación: algo nuevo ha pasado entre dos personas. Nada basado en cómo era antes, sino mas bien en cómo debe ser. La reconciliación es realmente un abordaje progresista a este problema.

(El desbordamiento) es de lo que se trata la justicia. No es el abordaje legalista al extremo de la justicia al que nos referimos. Tampoco hablamos de la balanza de la justicia. Estamos hablando de una situación donde se ha hecho la verdadera justicia, lo que ha resultado en una nueva realidad. Algo que no deje a las personas menos vacías, ni precisamente al tope, sino copadas y desbordantes para que salgan a compartir la justicia con sus vecinos y allegados. Tal vez el problema con el abordaje legalista actual de la justicia es que no deja copadas a las personas, lo que les deja sin ninguna justicia para compartir con los demás.

La justicia comienza con necesidades

La justicia que busque llenar y desbordar, debe comenzar con identificar y tratar de satisfacer las necesidades humanas. Con el crimen, el punto de partida debe ser las necesidades de los lastimados. Al cometerse un crimen (sin importar que el ofensor haya sido identificado o no) las primeras preguntas deben ser, "¿quiénes han sido dañados?", "¿cómo han sido dañados?" y "¿cuáles son sus necesidades?" Tal enfoque estaría lejos, claramente, del enfoque de justicia retributiva que primero pregunta, "¿quién lo hizo?", "¿qué se merece?"—y entonces pocas veces de ahí pasa.

Las víctimas tienen una variedad de necesidades que deben satisfacer si quieren experimentar, al menos, una justicia aproximada. En muchos casos, las primeras y más urgentes necesidades son de apoyo y de un sentido de seguridad.

Sin embargo, pronto después siguen una variedad de otras necesidades, algunas de las cuales señalé en el primer capítulo. Las víctimas necesitan a alguien que las escuche. Deben tener la oportunidad de contar su historia y ventilar sus sentimientos, una y otra vez. Deben contar su verdad. Y necesitan que otros sufran con ellos, que lamenten con ellos el mal que se les ha hecho.

En el transcurso de este proceso, las víctimas necesitan sentirse reivindicadas. Necesitan saber que lo que pasó estuvo mal y no lo merecían y que otros lo reconocen así. Necesitan saber que algo se ha hecho para corregir este mal y para reducir las posibilidades de que se repita. Quieren escuchar que otros reconozcan su dolor y validen su experiencia.

El lenguaje de la honestidad, el lamento, la reivindicación puede a veces ser duro e iracundo. Debemos aceptarlo y escuchar activamente. Solo entonces puede la gente seguir adelante. Mort MacCallun-Paterson ha concluido que los lamentos de angustia de las víctimas del crimen son muy parecidos a los lamentos de angustia encontrados tan frecuentemente en el Antiguo Testamento. Los gritos de dolor y las demandas de venganza son "oraciones de llanto" para los oídos de Dios, pidiendo su compasión y lamento. A menudo suenan llenas de ira y venganza, pero no son necesariamente demandas para que la comunidad actúe. Como el padre de una víctima asesinada dijo a Paterson, "Puede parecer que estemos pidiendo la pena de muerte. Aunque en realidad no es así... ¿pero qué más podemos decir?" Paterson observa,

> ¿Qué más podemos decir? Precisamente de eso se trata. No hay palabras más definitivas que los lamentos de sangre como una forma de expresar el duelo, el dolor y la ira de los sobrevivientes de las víctimas asesinadas. Para que estas palabras se vuelvan estrategias activas hacia la meta de ejecutar al asesino, se requiere otro paso. Se requiere una decisión específica. El lamento en sí no expresa la decisión, pero... el lamento sí expresa el *lenguaje*. Toma la forma de una maldición. En efecto, es una oración para que Dios condene al que tomó la vida de la víctima.[10]

---

10. Morton MacCallum-Paterson, "Blood Cries: Lament, Wrath and the Mercy of God", *Touchstone*, Mayo 1987, p. 19.

La retribución puede ser una forma de reivindicación, pero es así también la restitución. En un pequeño libro importante llamado *Mending Hurts [Enmendar duele]*, John Lampen de Irlanda del Norte señala que la restitución es por lo menos una respuesta humana tan básica como la retribución.[11]

La restitución representa una recuperación de las pérdidas, pero su verdadera importancia es simbólica. La restitución implica un reconocimiento del daño y una declaración de responsabilidad. La reparación del daño, es en sí, una forma de reivindicación, una forma que puede promover la sanación mejor que la retribución.

La retribución, a menudo, deja un legado de odio. Tal vez es más satisfactorio esta experiencia de justicia antes que nada, pero hace poco por atender las hostilidades. Tales hostilidades pueden impedir la sanación. Lo hermoso del perdón es que al atender las hostilidades, permite que la víctima y el ofensor tomen control de sus propias vidas. Como la reconciliación, sin embargo, el perdón no es fácil y no puede ser forzado. Para muchos una experiencia de justicia es un requisito necesario para que se dé el perdón. Para algunos, el perdón les parecerá imposible.

Tanto la retribución como la restitución tienen que ver con encontrar un balance. Sin embargo, aunque ambos tienen una importancia simbólica, la restitución es una forma más concreta de restaurar la equidad. La retribución, también, busca corregir el balance llevando al ofensor al mismo nivel al que la víctima fue reducida. Trata de vencer al malhechor, anulando su demanda de superioridad y confirmando así el sentido de valor de la víctima. La restitución, por otro lado, busca restaurar a la víctima a su nivel anterior. Reconoce su valor moral y el rol del ofensor y las posibilidades de su arrepentimiento. De tal modo reconoce el valor moral del ofensor también.[12]

---

11. John Lampen, *Mending Hurts* (London: Quaker Home Service, 1987), p. 57.
12. Ver Jeffrie G. Murphy y Jean Hampton, *Forgiveness and Mercy* (Cambridge, England: Cambridge University Press, 1988).

La mayoría de nosotros supone que la retribución es muy importante para la víctima. Sin embargo, la mayoría de las encuestas a víctimas, sugiere algo diferente. Las víctimas están a menudo abiertas a sentencias reparativas y no encarceladoras, más a menudo, de hecho, que el resto del público.[13]

Por otra parte, frecuentemente evalúan la rehabilitación para el agresor como importante. La ayuda para el ofensor, después de todo, es una forma de atender el problema de seguridad y prevenir crímenes en el futuro.

Las víctimas también necesitan tener poder propio. La justicia no puede simplemente hacerse por y para ellas. Deben sentirse necesitadas y escuchadas en el proceso. Dado que una de las dimensiones del delito, es que fueron despojadas de su poder, una de las dimensiones de la justicia es restaurarlo. Como mínimo, significa que deben ser claves en determinar cuáles son sus necesidades, cómo deben satisfacerse y cómo deben ser atendidas. Pero las víctimas deben tener un rol en todo del proceso.

Las víctimas necesitan seguridad, reparación, reivindicación, poder propio, pero especialmente necesitan encontrar significado. Aquí se debe recordar la aseveración de Ignatieff: la justicia provee el marco para el significado. Las víctimas necesitan encontrar respuestas a las preguntas sobre lo que pasó, por qué, y qué se hace al respecto. Necesitan atender las seis preguntas que sugerí en el Capítulo primero que proveen los pasos para la recuperación. Solo las víctimas mismas pueden responder algunas de estas preguntas, aunque es posible que les podamos ayudar en su búsqueda. Sin embargo, algunas de estas preguntas tienen que ver con los hechos. "¿Quién lo hizo?" "¿Por qué?" "¿Qué clase de personas es?" "¿Qué se hace al respecto?" Como mínimo, la justicia debe proveer tal información.

Así las víctimas a menudo buscan reivindicación. Esta reivindicación incluye denunciar el mal hecho,

---

13. Ver, por ejemplo, Russ Immarigeon, "Surveys Reveal Broad Support for Alternative Sentencing", *National Prison Project Journal*, No. 9 (Otonio, 1986), pp. 1-4.

lamentarlo, contar su historia, la desprivatización y la desminimización. Buscan la equidad, incluyendo la reparación, la reconciliación y el perdón. Sienten la necesidad del empoderamiento, incluyendo la participación y la seguridad. Otra necesidad es la reafirmación, incluyendo el apoyo, el acompañamiento en su sufrimiento, la seguridad, la clarificación de responsabilidad y la prevención. Y tienen la necesidad de significado, incluyendo información, justicia, respuestas y un sentido de proporcionalidad.

Las víctimas se sienten agredidas por el crimen y estas agresiones generan necesidades. Las comunidades se sienten agredidas, entonces, también tienen necesidades. Dado que no se puede evadir las dimensiones públicas del crimen, el proceso judicial en muchos casos no puede ser completamente privado. La comunidad, requiere la reafirmación de que lo que pasó está mal, que algo se hace al respecto y que se están tomando acciones para evitar que se repita. Aquí igualmente la información puede ser importante porque puede ayudar a reducir los estereotipos y miedos infundados. La restitución, a su vez, puede jugar un rol importante para proveer un símbolo de restauración de la integridad. De hecho, el rol del simbolismo es importante. El crimen degrada el sentido de integridad en la comunidad. Frecuentemente para la comunidad, la reparación requiere algún tipo de acción simbólica, que contenga elementos de la denuncia de la ofensa, reivindicación, seguridad y reparación.

La dimensión pública del crimen es importante, pero no debe ser el punto de partida. Hay que cuestionar a la comunidad con respecto a ciertos de sus supuestos sobre el crimen. Uno de estos supuestos apunta a que el orden y la seguridad son plenamente posibles, al menos, dentro del marco de una sociedad libre.

En una reciente cena al aire libre de recaudación de fondos para la organización que opera nuestro PRVO local, yo estaba sentado en una mesa frente a un joven. Una tormenta espectacular se acercaba y todos los demás nos habían abandonado por la seguridad de la casa.

Mientras permanecíamos ahí mirando la tormenta, él me preguntó sobre la organización a la que acababa de contribuir, y eso nos llevó a una discusión acerca de la justicia. Me contó con considerable candor de su propia lucha interna sobre la cuestión. Había conocido desde la infancia a un hombre que había sido un ladrón incurable. Por un lado, estaba preocupado por la rehabilitación y bienestar de su amigo. Por otro, se calificaba de conservador y creía que el ladrón merecía un castigo severo. "Algunas veces", decía, "pienso que debemos hacer lo que hace Irán con los ladrones—cortarles un brazo, castigarlos severamente. Entonces estaríamos seguros". "Tal vez" le respondí, "¿pero te gustaría entonces vivir aquí?"

El orden y la libertad son dos opuestos en un continuo. La completa libertad, al menos libertad en el sentido de hacer lo que queramos sin controles formales ni informales, sería seguramente un mundo Hobbesiano, caótico e inseguro. El completo orden, por el otro lado, incluso si fuera posible, vendría a costa de la libertad. Si el castigo severo fuera a disminuir el crimen, por ejemplo, tendría que ser rápido y seguro. ¿El precio? Tendríamos que estar dispuestos a equivocarnos y ceder poder arbitrario a autoridades centrales—un poder que seguramente sería mal usado. La mayoría de nosotros no quisiéramos vivir en tal mundo. Así que nos encontramos pasando de un lado a otro en este gran continuo, buscando el balance entre la libertad y el orden. Los conservadores entre nosotros se encuentran más cercanos al orden, los liberales más cercanos a la libertad.

Hay todavía otro error en los supuestos comunes sobre el orden y la libertad. Por lo general, pensamos que el orden consiste en reglas y castigos, controles formales. Nos olvidamos, sin embargo, que a través de la historia el orden se ha mantenido por controles informales—por sistemas de creencias, por presiones y obligaciones sociales, por recompensas de conformidad. Así es también en nuestras vidas diarias. Suponer que el orden deriva simplemente de las leyes y los castigos, es subestimar lo que mantiene unida a nuestra sociedad.

Lo importante aquí es que no podemos vivir en completa seguridad y retener otros valores a los que nos aferramos. Al mismo tiempo, nuestra libertad está en riesgo también cuando no exigimos a la gente a responsabilizarse cuando al intentar de ejercer su voluntad, infringen la libertad de otros.

El crimen crea obligaciones

Una exploración del tema de las necesidades lleva rápidamente a las cuestiones de responsabilidad y confiabilidad. Las ofensas crean obligaciones.

La primera obligación, por supuesto, es de parte del causante de la agresión. Cuando una persona daña a otra, la parte ofensora tiene la obligación de corregir el mal creado. Esto es de lo que se debería tratar la justicia. Significa motivar a los agresores a entender y reconocer el daño que han hecho y tomar los pasos, aunque sean incompletos o simbólicos, para enmendar lo que hicieron mal.

La reparación del daño es el meollo de la justicia. No es marginal, ni una actividad opcional. Es una obligación. Idealmente, el proceso de justicia puede ayudar a los ofensores a reconocer y asumir las responsabilidades voluntariamente. Efectivamente así pasa. A menudo pasa en el proceso del PRVO. Más a menudo, sin embargo, las personas aceptan su responsabilidad con cierta resistencia al principio. Muchos ofensores están renuentes a volverse vulnerables tratando de comprender las consecuencias de sus acciones. Después de todo, se han cubierto con estereotipos y racionalizaciones para protegerse a sí mismos contra exactamente este tipo de información. Muchos están renuentes a tomar la responsabilidad de enmendar el mal hecho. De todos modos, es más fácil aceptar el castigo. Aunque pueda doler por un tiempo, no involucra responsabilidad y no amenaza sus racionalizaciones y estereotipos. Los agresores a menudo necesitan mucha motivación o incluso coerción para aceptar sus obligaciones.

El movimiento del PRVO en Norteamérica y en Inglaterra ha discutido este tema a menudo. Obviamente asumir la responsabilidad es mejor cuando es voluntario. Por supuesto, también se puede abusar de la coerción. Aún, en principio, yo no objeto el requerimiento de que los ofensores deban asumir sus responsabilidades. Después de todo, si alguno daña a otro, ha creado una deuda, una obligación. El ofensor debe reconocerlo y voluntariamente aceptar sus responsabilidades. El proceso de justicia debe promover que lo haga.

Sin embargo, las personas a menudo no asumen voluntariamente sus responsabilidades. Una razón por la que muchos ofensores se meten en problemas es la falta de ciertos tipos de responsabilidades. No se puede vencer tal irresponsabilidad rápidamente. Entonces, la sociedad puede decirles a los ofensores simplemente: "Has hecho mal al lastimar a alguien. Tienes una obligación de reparar el daño. Puedes optar por hacerlo voluntariamente y vamos a permitir que participes en decidir cómo se debe enmendar. Si optas por no aceptar esta responsabilidad, sin embargo, vamos a decidir por ti que se necesita hacer y qué requeriremos que hagas".

Se les puede pedir a los ofensores que asuman la obligación de enmendar las cosas. Se puede motivarles fuertemente a tomar mayor responsabilidad al encararlos con las víctimas. Sin embargo, no se puede, ni se debe, forzarles a hacerlo. ¡Y ciertamente no se debe obligar a las víctimas a participar! Los encuentros forzados no tienden a resultar beneficiosos ni para el ofensor ni para la víctima, y pueden resultar hasta contraproducentes. Podemos requerir que los ofensores reparen el mal, pero no pueden ser completamente responsables sin cierto grado de volición.

Un propósito, tanto del castigo como de la reparación, es comunicar un mensaje. El objetivo utilitarista del castigo es decirles a los ofensores, "no cometas crímenes porque son infracciones de la ley". "Aquellos que infringen la ley merecen sufrir". La reparación o la restitución busca mandar un mensaje diferente. "No cometas ofensas porque lastimas a otro. Aquellos que lastiman a otros tienen que enmendar sus errores". El mensaje comunicado por nuestras acciones muchas veces no se capta, como el autor británico Martin Wright ha señalado. Pero cuando sí se capta, tenemos que asegurarnos que sea el mensaje deseado.[14]

En lo correspondiente a la necesidad de comunicar el mensaje de que el crimen está mal, Wright también dice:

> Podemos denunciar el crimen más constructivamente al hacer algo *para* la víctima (se debe exigir que se lo haga el ofensor), más que *contra* el ofensor.[15]

El crimen crea obligaciones que se tienen que atender y la obligación de responder permanece sin importar que haya habido perdón, o no. Cuando ofendemos, no podemos suponer que por haber experimentado el perdón de Dios o incluso el de aquel al que dañamos, ya no queda ninguna obligación pendiente. Sin embargo, también es verdad que las víctimas pueden optar por perdonar, incluso esa obligación queda todavía. Raramente puede el ofensor compensar completamente lo que tanto él como la víctima han perdido. Herman Bianchi ha señalado que el crimen crea responsabilidad y quitar esa responsabilidad de restaurar lo que es imposible restaurar, es precisamente de lo que se trata el perdón.

En lo posible, los ofensores deben enmendar el mal. Sin embargo, con frecuencia transcurre mucho tiempo antes de que los ofensores sean identificados. A menudo en muchos casos nunca logran aprehender a los ofensores. Además, muchas de las necesidades que las víctimas y la comunidad tienen como resultado del crimen, están fuera del alcance de los medios de los ofensores para atenderlas. Y los ofensores tienen de igual manera necesidades. La responsabilidad de la sociedad es la de atender las necesidades que el individuo, por sí solo, no puede suplir. Así que ciertas obligaciones por parte de la comunidad, son también generadas por el crimen.

---

14. "Mediation" (*Mediation* UK 5, No. 2 (Marzo 1989), p. 7.
15. Martin Wright, "From Retribution to Restoration: A New Model for Criminal Justice", *New Life: The Prison Service Chaplaincy Review*, 5 (1988), p. 49.

Los ofensores tienen necesidades también

Bíblicamente, la justicia se hace no porque se lo merece sino porque se necesita. Aunque en un modelo retributivo o del justo merecido puede ser que los agresores no "merezcan" que sus propias necesidades tengan prioridad, el interés de la sociedad dicta que estas necesidades sean parte de la respuesta justa. Identificar y atender las necesidades del agresor son elementos clave de la justicia restaurativa.

En la historia con la que abrí este capítulo, Ted necesita recibir tratamiento. El sistema legal interpreta su comportamiento como "maltrato sexual". Este comportamiento es parte de un patrón mayor de insuficiencia y disfunción. Dejarlo desatendido solo lo empeora. Parte del tratamiento necesario incluye ayudar a Ted a reconocer el impacto de sus acciones sobre las víctimas.

Los agresores tienen muchas necesidades, por supuesto. Necesitan que sus estereotipos y racionalizaciones—la imagen distorsionada—de la víctima y del evento sean cuestionados. Puede ser que tengan que aprender a ser más responsables. Es posible que necesiten desarrollar habilidades útiles para el empleo y las relaciones interpersonales. Muchas veces necesitan apoyo emocional. Puede hacer falta que aprendan a canalizar su ira y frustración de formas más apropiadas. Probablemente necesiten ayuda para desarrollar una auto-imagen sana y positiva. Y a menudo necesitan ayuda para lidiar con la culpa. Como en las víctimas, a menos que tales necesidades sean satisfechas, el cierre es imposible.

En las consecuencias del crimen, las necesidades de las víctimas forman un punto de partida para la justicia restaurativa. Pero no se debe desatender las necesidades del ofensor y de la comunidad.

La cuestión de reconocimiento

Necesidades y responsabilidades—es una cuestión de tener que responder por sus acciones a algún individuo, grupo o comunidad. Cuando hacen daño, los ofensores necesitan responder por sus acciones y lo deben hacer en formas que representen consecuencias naturales de sus acciones. Responder por lo que hicieron significa comprender y reconocer el daño y tomar pasos para repararlo.

Hay una tercera dimensión intermedia en la necesidad de respuesta por parte de los ofensores: compartir la responsabilidad de decidir qué se necesita hacer. El juez Challeen habla de sentencias responsables.[16]

Dado que la conducta de los ofensores refleja la irresponsabilidad, simplemente decirles lo que va a pasar les permite evadir la necesidad de responder por sus acciones, volviendo más probables, irresponsabilidades futuras. En su corte, por lo tanto, el juez Challeen les indica a los ofensores las dimensiones que tienen que atender. Entonces les pide que vuelvan con propuestas de cómo pretenden satisfacer estos requerimientos, cómo será controlada la sentencia y cómo se hará cumplir. EL PRVO ayuda a cumplir la directiva del juez haciendo que los ofensores negocien y acuerden la restitución.

En un nuevo experimento de "reparaciones juveniles" realizado por el Centro de Justicia Comunitaria en Indiana, los jóvenes ofensores deben entrar a nuestro programa antes de que su "sentencia" se determine. Ahí se les motiva a comprender que su comportamiento daña (1) a la víctima, (2) a la comunidad y (3) a sí mismos. El personal del Centro trabaja con los ofensores para ayudarles a proponer una "sentencia" que atienda a las tres partes afectadas. A través del PRVO, por ejemplo, se dan cuenta de las necesidades de las víctimas y las restituyen. Por medio del servicio comunitario pueden buscar compensar a la comunidad. Por tutorías, terapia artística u otras actividades pueden atender algunas de sus propias necesidades. No está claro aún que tan exitoso será este experimento, pero lo importante es: tener que responder por sus acciones debe ayudar a dar un sentido de poder propio y motivar la responsabilidad. Y se debe tomar en serio los tres niveles de obligación: la víctima, la comunidad y el ofensor.

---

16. Dennis A. Challeen, *Making It Right: A Common Sense Approach to Crime* (Aberdeen, South Dakota: Mielius and Peterson Publishing, 1986).

Se les debe exigir a los ofensores que respondan a los afectados por sus acciones, pero la sociedad también tiene ciertas obligaciones que debe cumplir. La sociedad debe preocuparse por las víctimas, ayudando a identificar y satisfacer sus necesidades. Así mismo, la comunidad debe atender las necesidades de los ofensores, buscando no solamente restaurarlos sino transformarlos. La responsabilidad es multidimensional y transformadora.

Perspectivas sobre el Reconocimiento

Lente Retributivo	*Lente Restaurativo*
El delito crea culpa	El delito crea responsabilidades y obligaciones
La culpa es absoluta	Hay grados de responsabilidad
La culpa es indeleble	La culpa se borra a través del arrepentimiento y la reparación.
La deuda (obligación) es abstracta	La deuda (obligación) es concreta
La deuda se paga tomando el castigo	La culpa se paga reparando el mal
La deuda es para con la sociedad	La deuda es con la víctima primero
Responde por aceptar su merecido	Responde por tomar conciencia
Supone que el comportamiento se escoge libremente	Distingue entre la realización potencial y verdadera de la libertad humana
Libre albedrío vs determinismo social	Admite el rol del contexto social en influir en las opciones, sin negar la responsabilidad personal

El proceso debe potenciar e informar

Los jueces y abogados a menudo suponen que lo que la gente quiere más que nada es ganar sus casos. Pero estudios recientes muestran que el proceso es muy importante y que el proceso de justicia penal a menudo no crea un sentido de justicia. No solo *lo que pasa* sino también *cómo se decide* son importantes.[17]

La justicia es algo que se tiene que experimentar, no es meramente algo implementado por otros y comunicado luego a nosotros. Cuando alguien simplemente nos informa que la justicia se ha hecho y que debemos ahora irnos a casa (como víctimas) o a la cárcel (como ofensores), no lo experimentamos como justicia. La justicia que se viva de verdad, que se experimente, no necesariamente siempre, será placentera. Pero nosotros sabremos que se ha hecho porque la hemos experimentado en vez de saber que alguien la ha hecho por nosotros. No simplemente la justicia, sino también la *experiencia* de la justicia es lo que se necesita.

El primer paso en la justicia restaurativa es satisfacer las necesidades inmediatas, particularmente aquellas de la víctima. Luego, la justicia restaurativa debe buscar identificar las necesidades y obligaciones más generales. Al identificar estas necesidades y obligaciones, el proceso debe, en lo posible, dejar el poder y responsabilidad en manos de aquellos involucrados directamente: la víctima y el ofensor. También debe dejar lugar para que la comunidad se involucre. Segundo, debe atender la relación víctima-ofensor al facilitar la interacción y el intercambio de información acerca de lo sucedido, acerca de sí mismos y sus respectivas necesidades. Tercero, debe enfocarse en la resolución de conflictos, atendiendo no solo las necesidades actuales sino también las intenciones futuras.

Ya he hablado de la importancia de la participación de la víctima y el ofensor. Para las víctimas, el que se les despoje del sentido de control es un elemento clave de la

---

17. Ver "Mediation", June 1988; y Martin Wright, *Making Good: Prisons, Punishment and Beyond* (London: Burnett Books, 1982), pp. 246ff.

agresión. Que se les regrese es crucial para su recuperación y para la justicia. Para los ofensores, la irresponsabilidad y el sentimiento de impotencia, pueden haber sido solo algunos de los adoquines en el camino a la ofensa. Solo participando en la solución pueden empezar a asumir la responsabilidad y experimentar el cierre emocional.

La comunidad tiene un rol que jugar aquí también. Parte de la tragedia de la sociedad moderna es nuestra tendencia a dejarles nuestros problemas a los expertos. Es nuestra tendencia en asuntos de salud, educación y crianza de niños. Y ciertamente también se aplica a los daños y conflictos que llamamos crímenes. Al hacerlo, perdemos el poder y la habilidad de resolver nuestros propios problemas. Por lo tanto, perdemos la oportunidad de aprender y crecer como resultado de estas situaciones. Las respuestas restaurativas deben reconocer que la comunidad tiene un rol que jugar en la búsqueda de justicia.

Una parte importante de la justicia es el intercambio de información—acerca de sus respectivas historias, acerca de los hechos de la ofensa, acerca de las necesidades. Las víctimas quieren respuestas a sus preguntas sobre lo que pasó, por qué pasó y quién lo hizo. Los agresores necesitan comprender plenamente lo que han hecho y a quién. Los rostros deben reemplazar los estereotipos. Las atribuciones erróneas deben ser desafiadas. El intercambio de tal información es crucial, e idealmente puede ocurrir a través de la interacción directa. En ese contexto, las preguntas de, qué hacer sobre lo que pasó y lo que deberá pasar, pueden ser atendidas. Los resultados deben ser registrados como acuerdos y arreglos que se puedan cuantificar y monitorear.

Mediar entre la víctima y el ofensor es una manera de hacer la justicia que cumple con este criterio. La mediación víctima-ofensor les da un sentido de control a los participantes, desafía sus prejuicios, busca el intercambio de información y motiva acciones orientadas a enmendar la situación. A través del uso de mediadores comunitarios, involucra a la comunidad. La mediación es completamente compatible con un enfoque restaurativo de la justicia.

La mediación supone ciertas condiciones previas. Se debe garantizar seguridad. Los participantes deben recibir el apoyo emocional que necesitan y deben estar dispuestos a participar. Mediadores capacitados son esenciales. El momento debe ser propicio.

Cuando tales condiciones se cumplen, la mediación debe ser conducida apropiadamente y debe enfocarse en asuntos clave. Mark Umbreit ha señalado la importancia de un estilo de mediación que potencie a los participantes, por sobre uno en el que el mediador imponga su propia agenda y personalidad, ya sea directamente o a través de la manipulación.[18]

Uno no debe evitar el intercambio de información y la expresión de sentimientos en el camino hacia los acuerdos. Ron Claassen enseña a sus mediadores del PRVO que, para que la mediación sea completa, tres preguntas deben ser satisfactoriamente respondidas:

Primero, ¿ha sido reconocida la injusticia? ¿Se ha hecho responsable el ofensor por sus actos? ¿Se han respondido las preguntas de la víctima? ¿Ha tenido el ofensor la oportunidad de explicar lo que ha estado pasando en su vida?

Segundo, ¿se han puesto de acuerdo todos, con respecto a lo que se debe hacer, para restaurar la equidad hasta donde sea posible?

Tercero, ¿se han abordado las intenciones futuras del ofensor? ¿Piensa hacerlo de nuevo? ¿Se siente segura la víctima? ¿Se han hecho arreglos para el seguimiento al caso y para controlar los acuerdos?

En el lenguaje bíblico, Claassen resume las tres categorías como confesión, restitución y arrepentimiento.[19]

Pero la mediación no es siempre apropiada. El miedo puede ser demasiado grande, incluso con el apoyo y la

---

18. Mark Umbreit, *Victim Understanding of Fairness: Burglary Victims in Victim Offender Mediation* (Minneapolis: Minnesota Citizens Council on Crime and Justice, 1988), pp. 25ff.

19. Classen y Zehr, *VORP Organizing*, pp. 24-25.

garantía de seguridad. El desequilibrio de poder entre las dos partes puede ser demasiado marcado e imposible de superar. El agresor o la víctima puede negarse a participar. La ofensa puede ser demasiado atroz o el sufrimiento demasiado severo. Una de las partes puede ser emocionalmente inestable. El contacto directo entre la víctima y el ofensor puede ser de muchísima utilidad, pero la justicia no puede depender solamente de la interacción directa.

Hay, en tales casos, otras formas de mantener la interacción y el intercambio de información. Por ejemplo, el uso de víctimas sustitutas, aprovechado primero por programas de Canadá e Inglaterra. Aquí los ofensores se reúnen con víctimas diferentes de las suyas como un primer paso para asumir responsabilidad y compartir información. Tales encuentros pueden ser particularmente útiles en situaciones emocionalmente muy cargadas como los casos de ofensas sexuales o los que no se han resuelto todavía.[20]

En la mayoría de las terapias de abuso sexual tratan a las víctimas y a los ofensores por separado. Por lo tanto, hay poco reconocimiento del fenómeno o pocas técnicas para trabajar con el abuso de confianza generado por la ofensa. Hay pocas opciones para el cierre emocional. Se le da poca atención a cómo se perciben los sucesos que se dieron en la ofensa o las atribuciones erróneas al evento o a los individuos.

"La terapia sensible a la víctima para agresores sexuales" desarrollada por el terapeuta Walter Berea es diferente.[21] Este enfoque terapéutico tiene tres etapas. La

---

20. Ver, por ejemplo, Russ Immarigeon, "Reconciliation Between Victims and Imprisoned Offenders: Program Models and Issues" (Akron, Pa.: Mennonite Central Committee, 1994). Otro ejemplo de un programa pionero, este atiende problemas graves de violencia, es dirigido por la Fraser Region Community Justice Initiatives Association, 101-20678 Eastleigh Crescent, Langley, BC, Canada V3A 4C4.

21. Walter H. Berea, "The Systematic/Attributional Model: Victim-Sensitive Offender Therapy", en James M. Yokley, ed., *The Use of Victim-Offender Communication in the Treatment of Sexual Abuse: Three Intervention Models* (Orwell, Vt.: Safer Society Press, 1990).

primera es la central de comunicaciones. Aquí el terapeuta hace contacto con el oficial de libertad condicional, terapeutas previos y, tal vez más inusualmente, con la víctima. El contacto con la víctima provee información más completa sobre los eventos, le hace saber a la víctima que el agresor está en terapia y le permite al terapeuta investigar si las necesidades de la víctima se están satisfaciendo.

En la segunda etapa de la terapia se retan las atribuciones erróneas sobre la víctima. El ofensor recibe ayuda para reconocer la responsabilidad y para entender las consecuencias de su conducta. Durante este tiempo, escribe una carta de disculpa a la víctima. Para la víctima, esta etapa le da el tiempo para asegurarse de que no se le culpe ni se le responsabilice de ninguna manera.

La tercera, y última etapa de esta terapia, tiene un enfoque de reconciliación. Las opciones incluyen recibir la carta de disculpa escrita por el ofensor, un encuentro frente a frente o un pacto de incomunicación con el agresor para el futuro. Las víctimas tienen el derecho de escoger. Tal enfoque toma en serio el daño y las dimensiones interpersonales de la ofensa tanto como las necesidades de la víctima y el ofensor.

"La justicia Genesee—realizada con orgullo en el estado de Nueva York". Dice así la insignia de un programa operado por la oficina del alguacil en Batavia, Nueva York. Preocupados por la sobre población de las prisiones y por las necesidades de las víctimas, este programa fue diseñado específicamente para casos de violencia grave: el asalto y el homicidio. Cuando ocurre tal ofensa, ayuda inmediata e intensiva se le ofrece a la víctima y los sobrevivientes. El apoyo ofrecido es integral. Se concentra no simplemente en las necesidades legales, sino que también en las espirituales y emocionales.

El personal del programa acompaña a las víctimas durante la experiencia de victimización. En el proceso les ayudan a proveer información exhaustiva al "sistema" sobre su experiencia. Durante el proceso, se les permite a las víctimas participar en la toma de ciertas decisiones como, por ejemplo, la fianza e incluso la sentencia, por medio de los encuentros víctima-ofensor. Dado ese apoyo y participación, los deseos de la víctima a menudo suelen ser sorprendentemente creativos y redentores. Como mínimo, sus necesidades son atendidas y las diversas dimensiones del daño son reconocidas.

Los ideales de la interacción directa víctima-ofensor y de la restauración del poder no se pueden siempre alcanzar completamente. Casos con posibles consecuencias importantes para la comunidad, no se pueden dejar simplemente a la discreción de la víctima y del ofensor. Debe haber también cierta supervisión de la comunidad. Pero estos casos no tienen que marcar la pauta de cómo vemos y respondemos al crimen. Incluso en tales casos, debemos siempre tener en cuenta nuestra visión de lo que verdaderamente es el crimen y cómo se debe abordarlo.

La justicia involucra rituales

Nuestro sistema legal hace mucho de ritual. Efectivamente, los juicios son en gran sentido ritual, dramático y teatral. Pero por lo general no tomamos en cuenta la importancia del elemento ritual para los momentos cuando más hace falta.

Uno de estos momentos es cuando una ofensa ha ocurrido. Aquí es cuando el ritual del lamento, manifestado tan elocuentemente en los Salmos, es apropiado. "La justicia de Genesee" ha reconocido esta necesidad facilitando servicios religiosos de duelo y de sanación para los que se interesen.

Pero mientras se hace justicia—sea completa o aproximadamente—también necesitamos rituales para el cierre emocional. Louk Hulsman los ha llamado "rituales de reordenamiento". Pueden ser importantes para la víctima tanto como el ofensor.

Tales rituales proveen el escenario en el que la Iglesia puede jugar un rol particularmente importante.

¿Hay un rol para el castigo?

Yo he argumentado que el castigo no puede ser el enfoque de la justicia. ¿Pero caben ciertas formas de castigo en el marco restaurativo? Ciertamente algunos pensarán que las opciones como la restitución son formas del castigo, aunque un castigo más merecido y lógico. En un importante estudio del PRVO, por ejemplo, los ofensores describieron sus resultados como castigo pero los vieron de una forma más positiva que el castigo normal. Tal vez el lenguaje punitivo surgió debido a la falta de una terminología alterna (aunque algunos si usaban el lenguaje de "enmendar" para describir la justicia). Sin embargo, aceptar la responsabilidad es doloroso y se verá necesariamente, en cierto sentido, como castigo. Similarmente, el aislamiento de los más peligrosos, incluso bajo las mejores condiciones, es doloroso.

La verdadera pregunta, entonces, no es si las personas experimentarán algunos elementos de la justicia restaurativa como castigo, sino si el castigo *pretendido como tal* tiene lugar. Christie ha argumentado que si el dolor—siendo intencionalmente dolor—es utilizado, al menos debería ser usado sin intenciones secundarias.[22]

El dolor debe ser aplicado expresamente como castigo, no como una forma de alcanzar otra meta como la rehabilitación o el control social. Aplicar el dolor con otros propósitos utilitaristas es ser deshonesto y es usar a la gente como objetos. Christie hace la analogía con el lamento. Cuando lloramos la muerte, lloramos con el propósito de llorar, no con ningún otro objetivo. Christie también insta que apliquemos dolor solo bajo condiciones que reduzcan el nivel de dolor realmente infligido.

Tal vez no se pueda eliminar el castigo totalmente de un enfoque restaurativo, pero no debe ser normativo y sus usos y propósitos deben ser cuidadosamente prescritos. El ejemplo bíblico sugiere que la meta, naturaleza y el contexto del castigo es crítico. En el contexto bíblico, por ejemplo, el castigo usualmente no es el fin. Apunta a liberar y crear el shalom. La justicia bíblica se administra en un contexto de amor. Las posibilidades del perdón y la reconciliación son la luz al final del túnel. El castigo

---

22. Ver trabajos previamente citados.

es limitado, mientras que el amor es ilimitado. El amor redentor, no el castigo, es la principal responsabilidad humana.

Cuando nosotros como sociedad castigamos, debemos hacerlo en un contexto que sea justo y merecido. Se debe ver el castigo como justo y legítimo, señala Ignatieff, porque no podemos experimentar la justicia a menos que nos provea de un marco de significados que den sentido a nuestra experiencia. Para que el castigo parezca justo, el resultado y el proceso deben estar relacionados al crimen original. Sin embargo, se debe ver el contexto social también como justo, y esto suscita cuestiones más profundas de justicia social, económica y política.

Si hay lugar para el castigo en un enfoque restaurativo, ese lugar no sería central. Se tendría que aplicar bajo condiciones que controlaran y redujeran el nivel del dolor en un contexto donde la restauración y la sanación fueran los objetivos. Tal vez existen posibilidades para el "castigo restaurativo". Habiendo dicho esto, sin embargo, me apresuro en añadir que las posibilidades para el castigo destructivo son mucho mayores.

Dos lentes

Anteriormente resumí brevemente los lentes retributivo y restaurativo. Estas dos perspectivas se pueden plantear de forma más extensa. De acuerdo con la justicia retributiva, (1) el crimen lastima al Estado y sus leyes; (2) la justicia se encarga de establecer culpabilidad (3) tal que las dosis de dolor puedan ser administradas; (4) la justicia se busca a través de un enfrentamiento entre adversarios (5) en el cual el ofensor se enfrenta contra el Estado; (6) las reglas y las intenciones son más importantes que los resultados. Una parte gana y la otra pierde.

De acuerdo con la justicia restaurativa, (1) el crimen lastima a las personas y a las relaciones, (2) la justicia busca identificar necesidades y obligaciones (3) tal que las cosas puedan enmendarse; (4) la justicia motiva el diálogo y el mutuo acuerdo, (5) da a las víctimas y ofensores roles centrales y (6) se evalúa al grado de que las responsabilidades sean asumidas, las necesidades sean satisfechas y la sanación (de individuos y relaciones) sea facilitada.

La justicia, que busca primero satisfacer necesidades y reparar el mal, luce bastante diferente de la justicia que tiene la culpa y el dolor como su esencia. La siguiente tabla busca contrastar algunas características e implicaciones de los dos conceptos de justicia.

Conceptos de la Justicia

Lente Retributivo	*Lente Restaurativo*
Fijar la culpa es lo básico	Resolver el problema es lo básico
Se enfoca en el pasado	Se enfoca en el futuro
Las necesidades son secundarias	Las necesidades son principales
El proceso se ve como una lucha, es confrontacional	En el proceso el diálogo es normativo
Enfatiza diferencias	Busca concordancias
La imposición del dolor es normativa	La restauración y la reparación son normativas
Se inflige una herida social tras otra	Se enfoca en reparar heridas sociales
El daño por el agresor se corrige dañando al agresor	Daño por el agresor se corrige enmendando el daño
Se enfoca en el agresor, muy poco en la víctima	Las necesidades de la víctima son centrales
El Estado y el agresor son elementos clave	La víctima y el agresor son elementos clave
Las víctimas carecen de información	Se les provee información a las víctimas
La restitución es rara	La restitución es normal

UN LENTE RESTAURATIVO

La "verdad" de las víctimas es secundaria	Las víctimas tienen oportunidad de contar su "verdad"
El sufrimiento de las víctimas no se toma en cuenta	El sufrimiento de las víctimas es lamentado y reconocido
Acción del Estado contra el agresor para imponer la justicia, el ofensor es pasivo	El ofensor tiene un rol en la solución
El Estado monopoliza la respuesta a los delitos	Se reconocen los roles de la víctima, el agresor y la comunidad en las respuestas
El agresor no tiene responsabilidad en la resolución	El agresor tiene responsabilidad en la resolución
El resultado motiva la irresponsabilidad del agresor	Se alienta la conducta responsable
Rituales de denuncia personal y exclusión	Rituales de lamento y reordenamiento (reparación)
Se denuncia al agresor	Se denuncia el daño
Los lazos del agresor con la comunidad se debilitan	Se incrementa la integración del agresor con la comunidad
El agresor se ve en fragmentos, la ofensa lo define	El ofensor se ve de una manera integral
Sentido de balance a través de la retribución	Sentido de balance a través de la restitución
El balance se obtiene al disminuir al ofensor	El balance se obtiene al valorar a la víctima y al ofensor
La justicia se prueba por la intención y el proceso	La justicia se prueba por sus resultados ("frutos")
La justicia vista como el debido proceso	La justicia vista como relaciones sanas
No valora la relación víctima-ofensor	La relación víctima-ofensor es central

El proceso aliena	El proceso busca la reconciliación
La respuesta se basa en el comportamiento previo del agresor	La respuesta se basa en las consecuencias del comportamiento del agresor
Se desalientan el arrepentimiento y el perdón	Se motivan el arrepentimiento y el perdón
Los profesionales son los principales actores	La víctima y el agresor son centrales; está disponible la ayuda profesional
Se motivan valores competitivos e individualistas	Se motiva la reciprocidad y la cooperación
No toma en cuenta el contexto social, económico y moral de la conducta	El contexto total es pertinente
Supone resultados de ganar-perder	Los resultados ganar-ganar son posibles

La justicia retributiva, la justicia restaurativa. El mundo se ve muy diferente a través de cada lente. La justicia retributiva la tenemos. Tal vez no hace lo que se necesita, o incluso lo que sus profesionales dicen que hace, pero "funciona" en el sentido de que sabemos implementarla. ¿Y qué de la perspectiva de bordes borrosos que he llamado la justicia restaurativa? ¿De aquí hacia dónde?

¿De Aquí Hacia Dónde?

¿Cómo podremos implementar completamente un sistema restaurativo? Es interesante especular.

Posibilidades del sistema
Algunos han sugerido que "civilicemos" la ley.[1]

A diferencia de la ley penal, la ley civil define las faltas en términos de perjuicios y responsabilidades más que de culpa. Los resultados, por lo tanto, se enfocan en arreglos y restituciones más que en castigo. Bajo la ley civil, los resultados permiten grados de responsabilidad sin definirlo en términos de ganar-perder. Dado que el Estado no es la víctima, las verdaderas partes se mantienen al centro de la escena, manteniendo poder y responsabilidad en el proceso. Dados que los resultados no son principalmente punitivos, las garantías procesales son de menor preocupación y los hechos pertinentes son menos circunscritos. ¿Qué pasaría si modificáramos los procesos civiles para asegurar ciertas garantías? ¿Qué pasaría si nos aseguráramos que las víctimas contaran con defensores en el proceso, permitiendo que una tercera parte tomara decisiones cuando no se pudiera llegar a un

---
1. Ver Martin Wright, Making Good (London: Burnett Books, 1982), p. 249-50.

acuerdo o cuando se tocarán cuestiones peligrosas? ¿Qué pasaría si traspasáramos casos de la justicia criminal y los procesáramos con procedimientos civiles modificados?

La aplicación de la justicia criminal es lo que activa el paradigma retributivo. Con todo, la legislación penal es algo relativamente nueva en la sociedad occidental y opera bajo ciertos supuestos contrarios de muchas maneras a la vida real. Es posible que la estructura existente de la ley civil pudiera proveer un marco alternativo para un concepto de justicia que superara algunos de estos supuestos.

Tal vez no debamos soñar con desmantelar el sistema retributivo sino desarrollar un sistema paralelo, con opciones que permitan escoger el más indicado según un contexto determinado. Herman Bianchi ha argumentado que la existencia de dos caminos paralelos—justicia estatal y eclesiástica—durante el período medieval era de cierta manera algo positiva. La existencia de dos vías proveía opciones a los participantes en ciertos casos. Por otra parte, cada vía servía como conciencia de la otra.

El desarrollo de dos vías de justicia independientes ha sido la estrategia de las Mesas Comunitarias en San Francisco. Estos programas han estado desarrollando estructuras con bases vecinales para resolver disputas fuera del "sistema". Los programas entrenan a gente de la comunidad para trabajar en los casos como mediadores y para dar un gran valor a la educación y el poder comunitario. Su proceso de mediación sirve como una alternativa para las cortes civiles o penales. Efectivamente, se niegan a tomar un caso si aún sigue un proceso legal. Los programas son formas de educar y equipar a la comunidad para que resuelva sus propios problemas.

Las Mesas Comunitarias y otros programas de resolución de disputas, son muy alentadores. Representan una forma de implementar verdaderamente una visión de justicia orientada a la comunidad que resuelva los problemas. Aun así, tales formas de "justicia informal" han sido víctimas de constantes ataques durante los últimos años.[2]

---

2. Ver Roger Matthews, ed. *Informal Justice?* (London: Sage Publications, 1988).

Han sonado varias alertas. Los resultados pueden carecer de uniformidad y por lo tanto puede contradecir un sentido básico de equidad. La justicia informal puede estar reservada principalmente para los pobres y desamparados, negándoles el acceso a otras formas de justicia. Las víctimas pueden adquirir demasiado poder. Al final, el Estado y la justicia formal pueden recibir más, y no menos, poder y legitimidad. El movimiento de resolución de disputas está siendo motivado a analizar sus supuestos y metas cuidadosamente.

El modelo japonés es particularmente interesante en este contexto. John O. Haley, especialista en leyes japonesas, informa que hay un sistema judicial distintivo de dos vías funcionando en este país.[3]

Los caminos formal e informal operan paralelamente uno al lado del otro, pero con mucha interacción entre ellos y considerable dependencia el uno con el otro. Un patrón típico es que casos graves comienzan en uno pero son transferidos al otro.

Un camino es el estilo occidental, un sistema criminal formal con muchas características familiares. El proceso se enfoca en la culpa y en el castigo. Está regido por leyes formales y operado por profesionales como los defensores públicos. Este camino se sigue para muchos crímenes. Con todo, pocos casos pasan por todo el sistema, terminando en largos encarcelamientos y otras penas legales severas. Los casos son constantemente desviados. Para un sistema externo, sistema que en general, parece bastante clemente.

Esta clemencia aparente y la falta de compromiso a largo plazo del sistema legal formal es el resultado de un segundo camino, menos formal, para el cual no hay paralelismo occidental. Haley lo resume de la siguiente manera:

---

3. Mis comentarios se han basado en un ensayo inédito, "Mediation and Criminal Justice: The Japanese Model—Confession, Repentance, and Absolution", presentado al seminario CLE "Creative Justice Through Mediation", Seattle, Washington, el 29 de Octubre de 1988. Ver también John O. Haley, "Victim-Offender Mediation: Lessons from the Japanese Experience". *Mediation Quarterly*, 12, no. 3, (edicion especial, primavera 1995), pp. 233-48.

Un patrón de confesión, arrepentimiento y absolución domina cada etapa de aplicación de la ley en Japón. Entre los participantes del proceso se incluye, no solo a las autoridades en un nuevo rol, sino también al ofensor y a la víctima. Desde el primer interrogatorio policiaco y hasta la audiencia final, una vasta mayoría de aquellos acusados de ofensas penales confiesa, muestra arrepentimiento, pide el perdón de sus víctimas y se pone a la merced de las autoridades. A cambio, son tratados con extraordinaria clemencia; gana por lo menos la esperanza de la absolución al ser exonerado del proceso formal.

Se desplazan casos del sistema de justicia formal en cada etapa del proceso. Solo se procede con una fracción de los casos y de éstos se procesa completamente una fracción aún menor. Una pequeña minoría es encarcelada y de ésta, aún menos, por más de un año. No significa, sin embargo, que los agresores japoneses no sean condenados. De hecho, las tasas de sentenciados en Japón son de alrededor del 99.5%.

Muchos factores influyen en las decisiones para desviar los casos del proceso formal o para imponer sentencias no punitivas. Algunas de estas consideraciones son conocidas a los occidentales, tales como la gravedad de la ofensa y la naturaleza del ofensor. Añadido a esto, sin embargo, hay algunas variables distintivas: la disposición del ofensor para aceptar su culpa, la expresión del remordimiento y la compensación a la víctima y la disposición de la víctima para recibir compensación y perdonar.

Las tasas de condenación en Japón son altas porque los ofensores están dispuestos a confesar y a tomar responsabilidad. Las razones de esta disposición, sin lugar a dudas, son culturales en cierto sentido. Sin embargo, en parte se debe al entendimiento de que, si lo hacen, el resultado será probablemente enfocado en la compensación más que el castigo. Mientras que el complejo y punitivo sistema legal occidental desalienta la confesión, el sistema japonés parece hacerla normativa.

Las víctimas tienen un rol importante en este proceso. Ellas esperan la restitución de las pérdidas. Además, tienen voz en la decisión de las autoridades de reportar, procesar o condenar al ofensor. Con todo, no controlan el proceso, ni asumen el rol del adversario o el fiscal.

Los occidentales se sorprenden de la disposición de las autoridades de desviar casos del sistema legal formal al informal. Esto es solo, porque nuestro supuesto parte en que el sistema legal formal es central y que el enfoque principal debe ser establecer la culpa y aplicar el castigo. El objetivo básico del proceso penal en Japón es enmendar y esto conduce las decisiones de las autoridades.

> Así, los roles (de las autoridades) no están confinados a las tareas formales de aprehender, procesar y adjudicar. Al contrario, una vez que estén convencidos de que el sospechoso es un ofensor, sus preocupaciones por las pruebas de culpabilidad se modifican por una preocupación sobre la actitud del ofensor y las posibilidades de rehabilitación y reintegración a la sociedad, incluyendo aceptación de la autoridad. La clemencia es considerada como una respuesta apropiada si el proceso correctivo ha comenzado.

Haley dice que respuestas típicas al crimen del modelo japonés son,

> el reconocimiento de culpa, expresión de remordimiento, incluyendo negociación directa con la víctima para la restitución y perdón como requisitos para un trato clemente, y uso raras veces de condenas de largo encarcelamiento.

Los occidentales suponen que una respuesta tan "clemente" no podrá disuadir del crimen. Haley, sin embargo, concluye que este patrón de respuesta es de hecho responsable, en cierta medida, por las bajas tasas de criminalidad en Japón.

Haley se maravilla de que los japoneses hayan institucionalizado los conceptos de arrepentimiento y perdón mientras que el Occidente aún no lo ha hecho. El imperativo de arrepentirse y perdonar es igualmente fuerte tanto en la tradición judeocristiana como en la japonesa. Aún el Occidente no ha desarrollado medios institucionales para implementar tales obligaciones morales. Al contrario, las instituciones legales y los procesos de la ley Occidental reflejan y refuerzan las demandas sociales de retribución y venganza.

Mientras que el modelo japonés está obviamente arraigado en la cultura japonesa, Haley cree que tenemos mucho que aprender de este ejemplo. Sugiere intrigantes posibilidades para ligar los sistemas formales e informales, confrontacionales y no confrontacionales. El modelo japonés sugiere un papel para la maquinaria formal de la justicia y para el Estado, dejando también la oportunidad para la restauración y un mayor rol para la víctima y el ofensor. Mientras que en el Occidente no se puede, simplemente, imitar este modelo, en el que se sugiere que la justicia puede ser personal y formal a la vez. Jerome Auerbach se ha preocupado por los peligros generados por una la ley sin justicia pero especialmente, por una injusticia sin ley. El modelo japonés da la esperanza de que éstas no son las únicas posibilidades.

Las posibilidades son intrigantes. Sin embargo, por lo menos hasta ahora que tengo mucho escepticismo sobre un cambio de planes prescritos para implementarse a lo largo y ancho del sistema. Lo sentí cuando escuché a Kay Harris, en un taller de justicia restaurativa, instándonos a continuar desarrollando esta visión y a resistir las presiones sobre la "practicidad prematura".[4]

Aún falta mucho trabajo conceptual por hacer. En el capítulo anterior señalé que la justicia restaurativa no es aún un paradigma. Muchos asuntos permanecen sin desarrollarse o sin respuesta. *Comunidad* es un término elusivo, a menudo abusado. Entonces, ¿qué significa y cómo puede hacerse real en un enfoque restaurativo? ¿Cuál es el rol apropiado del Estado?

---

4. Ver M. Kay Harris, "Alternative Visions in the Context of Contemporary Realities", in *Justice: The Restorative Vision*, Issue No. 7 of *New Perspectives on Crime and Justice: Occasional Papers* (Akron, Pennsylvania: Mennonite Central Committee, 1989), pp. 31-40.

He enfatizado en las responsabilidades de los ofensores, pero ¿qué pasa con las responsabilidades para con los ofensores? ¿Qué hacemos con los pocos que son, de veras, peligrosos? ¿Los encarcelamos? Si es así, ¿cómo tomamos estas decisiones? ¿En estos casos se justifica el castigo? ¿Cómo se ajusta la idea de la justicia restaurativa en cuestiones de crimen con otras cuestiones profundas sobre la justicia social, económica y política? El material bíblico supone una conexión cercana, pero ¿qué significa en términos prácticos hoy?

Aún más, ¿hasta qué grado refleja mi formulación una perspectiva de clase media, blanca, estadounidense y machista? El trabajo de Kay Harris sobre el concepto feminista de la justicia apunta, en cierto sentido, a la misma dirección, pero no completamente.[5] La idea de la justicia restaurativa tiene que probarse con las perspectivas de diversas culturas, tradiciones y experiencias.

Incluso si se pudiera presentar la justicia restaurativa como un paradigma completamente desarrollado, tengo que confesar que dudaría en recomendar su implementación masiva en el sistema entero. Una de las deficiencias de la teoría de Kuhn sobre el cambio paradigmático, es que lo trata como una actividad intelectual, sin tomar en cuenta las dinámicas institucionales y políticas de los cambios paradigmáticos. Los intereses y procesos políticos e institucionales, ciertamente, afectan cómo ocurren los cambios y qué forma tomarán. El paradigma retributivo está fuertemente arraigado a los intereses y funciones del Estado moderno. Esto tendría un impacto considerable si el paradigma cambia y, si lo hace, debemos esclarecer, qué forma tomará.

La historia del cambio, en áreas de justicia y leyes, no es esperanzadora. Los esfuerzos por el cambio a menudo han sido adueñados y desviados de sus visiones originales y a veces de maneras perversas y dañinas. El origen de

---

5. Ver "Moving into the New Millenium: Toward a Feminist Vision of Justice", in Harold Pepinsky y Richard Quinney, eds. *Criminology as Peacemaking* (Bloomington, Ind.: Indiana University Press, 1991).

las prisiones es un ejemplo, y debe mantenerse como un recordatorio constante y una advertencia para aquellos que piensen en el cambio. Tal vez tales "mejoras" se han desviado porque no cuestionaban los supuestos fundamentales, como sugerí anteriormente. Pero los problemas son más complejos que eso.

A veces, las presuntas alternativas han usado un nuevo lenguaje, para arropar ideas que no eran nuevas.[6] A menudo las ideas tienen implicaciones escondidas que tardan en aparecer. Y una variedad de presiones—externas e internas—tienden a descarrilar tales esfuerzos de su dirección original. Algunas veces terminan siendo reformulados, para servir intereses y metas muy diferentes de los pretendidas originalmente.

Antes de soñar demasiado, entonces, tenemos la obligación de pensar en las implicaciones cuidadosamente. Tenemos que ser lo más informados posible, sobre las dinámicas de cambio y debemos imaginar qué puede desviar nuestros sueños, a un fin inesperado.

Mientras tanto

Mientras contemplamos grandes posibilidades, también debemos perseguir metas y actividades intermedias. Hay cosas que podemos y debemos hacer aquí y ahora, mientras tanto.

Debemos continuar dialogando, discutiendo y debatiendo con aquellos que son comprensivos y con los que no. Debemos experimentar, explorar y desarrollar nuestra visión.

Nos debemos convertir también en sembradores de justicia, cultivando nuestras parcelas experimentales. Debemos sembrar nuevos PRVOs, por ejemplo, y probar nuevas formas y aplicaciones del PRVO. Debemos ofrecer nuevos servicios a las víctimas que operen desde un marco restaurativo. Entre ellos, se incluyen los sumamente importantes rituales que muestren que nosotros, como comunidad, estamos con ellas en su sufrimiento,

---

6. Matthews, *Informal Justice?* p. 102.

en su denuncia de los agravios y en la búsqueda de su sanación. Así mismo, necesitamos ofrecer nuevos servicios a los ofensores y sus familias. Sobre todo, debemos explorar alternativas al castigo, que ofrezcan la posibilidad de reparación, dignificación y responsabilidad.

A través del PRVO, conocemos los enfoques restaurativos sobre crímenes contra la propiedad. Es tiempo de aplicar ahora la prueba del "caso difícil". ¿Qué pasa con el asesinato? ¿Qué pasa con el abuso doméstico y familiar? ¿Qué pasa con la violación? ¿Cuáles son las posibilidades y cuáles son los límites? ¿Qué procesamientos funcionan y cuáles no? ¿Qué garantías nos hacen falta?

Se ha comenzado a discutir y examinar tales problemas, pero aún falta mucho por hacer. Se requerirá creatividad, sueños y tomar riesgos tanto como realismo, trabajo duro y precaución. Se requerirá cooperación entre teóricos y prácticos, entre profesionales y voluntarios. Será esencial involucrar a víctimas tanto como a ofensores.

Mientras nosotros y otros perseguimos nuestras "alternativas", tendremos que probar constantemente si son realmente alternativas. ¿Reflejan realmente valores alternativos? ¿O son simplemente tecnologías alternativas? ¿Son consistentes con un enfoque restaurativo? ¿Nos llevan hacia una nueva dirección?

Debemos desarrollar estrategias y enfoques a medio plazo, pero debemos pensar profundamente hacia donde pueden llevarnos. Como mínimo, debemos preguntarnos lo siguiente sobre nuestros esfuerzos: ¿motivan o desmotivan los valores del castigo? ¿Pueden ser usados para construir nuevas formas de control o castigo? ¿Proveerán una reserva de experiencia, sirviendo como "parcelas" experimentales o demostrativas? ¿Incorporarán nuevos elementos clave de una visión restaurativa?

¿Cuáles son esos "elementos clave" de una visión restaurativa? Tal vez podemos empezar a desarrollar criterios contra los cuales medir nuestros esfuerzos. He intentado hacer un listado más completo en el Apéndice, pero las preguntas principales serían tales como: ¿busca el programa o el resultado reparar el daño a la víctima?

¿Atiende las necesidades del ofensor? ¿Toma en cuenta las necesidades y responsabilidades de la comunidad? ¿Atiende la relación víctima-ofensor? ¿Motiva al ofensor a aceptar su responsabilidad? ¿Son motivados la víctima y el ofensor a participar en el proceso y en el resultado?

Lo nuevo dentro de lo viejo

Mientras tanto, la iglesia tiene un papel clave que jugar. El estudioso del Antiguo Testamento, Millard Lind, nos recuerda que la justicia bíblica se mantuvo entonces como ahora, en un marcado contraste con la justicia del Estado. Plantea una importante pregunta: "¿cómo relacionan los cristianos este nuevo y transformado modelo de justicia con los sistemas judiciales de este mundo?" ¿Cuál es la responsabilidad de la comunidad cristiana?

Lind analiza las cuatro respuestas de la Iglesia a través de los siglos. La primera es la estrategia de retirarse. En ciertos puntos, la Iglesia ha tratado de aislarse a sí misma del resto del mundo. La estrategia de retirarse es una estrategia infiel, porque ignora el carácter "agresivo" de la justicia de Dios, que es el deber de compartir con otros. Una segunda respuesta es la respuesta Constantina, una estrategia de capitulación. Ha sido la respuesta predominante de la Iglesia, que ha adoptado los supuestos del mundo secular. Una tercera estrategia fue adoptada por la Ilustración, una estrategia que niega la tensión entre los modelos de justicia.

La estrategia de Cristo, sin embargo, presentaba una cuarta opción, la de crear lo nuevo en medio de lo viejo. En *Easy Essays* [*Ensayos simples*], Peter Maurin captó este espíritu muy bien en sus palabras sobre el *Catholic Worker* [*El Trabajador Católico*].

> The Catholic Worker [El Trabajador Católico] cree en crear una nueva sociedad dentro de la coraza de la vieja con la filosofía de la nueva, que no es una nueva filosofía sino una filosofía muy vieja, una filosofía tan vieja que parece nueva.

La estrategia de Cristo fue crear una nueva sociedad (la iglesia) con nuevos principios y supuestos que funcionara—y sirviera como ejemplo y desafío—en medio de lo viejo.[7]

Parte de la respuesta a la pregunta de Lind, entonces, es poner en orden nuestra propia casa. A menudo dentro de la Iglesia, hemos desatendido a las víctimas y hemos respondido a los perjuicios con un lente retributivo prestado por la sociedad. El apóstol Pablo advirtió que los cristianos debieran evitar llevar sus disputas a las cortes del Estado, que operaba bajo supuestos inapropiados. Su punto no era del todo negativo. Decía que la Iglesia debía desarrollar sus propias estructuras alternativas para implementar la justicia del convenio. Ciertamente debemos reexaminar los lentes que usamos para tratar el perjuicio y los conflictos dentro de la Iglesia y crear nuevas estructuras que incorporen un entendimiento restaurativo. De esta manera, la Iglesia puede proveer un modelo a otros.[8]

Cuando operamos fuera del marco de la Iglesia, necesitamos llevar nuestro lente restaurativo con nosotros, permitiéndole formar e informar lo que hacemos. La Iglesia debe también presentar el ejemplo de cómo formar estructuras alternativas dentro del viejo marco. Debemos llevar el estandarte al sembrar parcelas que puedan servir como ensayos y modelos.

Si alguna vez, desarrollamos una alternativa a la justicia retributiva, que es de hecho un paradigma genuino, debemos avanzar más allá de la teoría a una nueva gramática y una nueva "física". Es decir, necesitamos un nuevo lenguaje, pero también, un nuevo conjunto de principios y procedimientos para su implementación que puedan "hacer sentido" del paradigma. La Iglesia tiene una responsabilidad especial en este proceso.

---

7. Ver John H. Yoder, *The Original Revolution* (Scottdale, Pennsylvania: Herald Press, 1971).

8. Para recursos sobre resolución de conflictos dentro de la Iglesia, contactar al Mennonite Conciliation Service, 21 S. 12th St, Akron, PA 17501.

Cuando menos

La justicia retributiva está profundamente encajada en nuestras instituciones políticas y en nuestra psicología. Tal vez es demasiado esperar que eso cambie de manera fundamental. Aun así, debemos reconocer la importancia de los paradigmas que usamos y permitirnos cuestionarlos. Podemos también empezar a usar un nuevo lente para informar y moldear lo que decidimos que vale la pena hacer. Podemos empezar a usar otro lente, en las áreas de nuestras vidas, sobre las que si tenemos cierto control: dentro de nuestras familias, nuestras iglesias y nuestra vida diaria.

Si la justicia restaurativa no es un paradigma, tal vez puede servir cuando menos como, lo que un escritor ha llamado, "teoría sensibilizadora".[9] Tal vez puede al menos, hacernos pensar un poco más antes de infligir dolor.

Los observadores han buscado entender por qué Holanda ha tenido tasas de encarcelación tan bajas desde la Segunda Guerra Mundial. Un estudio reciente ha concluido, que la renuencia a imponer la prisión se debe menos a una filosofía particular sobre las sentencias, que a una "mala conciencia" sobre las prisiones.[10]

La experiencia del aprisionamiento a manos de los Nazis y la filosofía de una escuela de derecho que cuestionaba la privación de libertad, afectaron la formación de toda una generación de juristas. El resultado ha sido la renuencia a imponer el dolor en la forma de encarcelamiento. Cuando menos, las discusiones sobre nuestro enfoque pueden contribuir a un entorno en el que la administración de dolor sea un último recurso, una declaración de fracaso, más que el eje de la justicia.

---

9. Sebastian Scheerer, "Towards Abolitionism", *Contemporary Crises: Law, Crime and Social Policy*, 10, No. 1, (1986), p. 9.
10. Willem De Haan, "Abolitionism and the Politics of 'Bad Conscience'", *The Howard Journal of Criminal Justice*, 26, No. 1 (Febrero 1987) pp. 15-32.

Epílogo a la Primera Edición

Lo que he escrito aquí puede sonar demasiado visionario y poco realista. Así sonó una vez la abolición de la esclavitud. De hecho, mucho de lo que hoy consideramos como sentido común alguna vez fue considerado utópico. Los enfoques cambian.

Aun así, debo confesar que personalmente, en mi propia vida, a veces a mí me parece utópico. Confrontado con mi propia ira, mis propias tendencias a culpar, mi propia renuencia a dialogar, mi propio desagrado hacia el conflicto, he tenido miedo a veces de escribir este libro.

Pero creo en los ideales. La mayor parte del tiempo estamos escasos de ellos pero permanecen como un faro, algo hacia lo que debemos apuntar, algo contra lo que debemos evaluar nuestras acciones. Marcan la dirección. Solo con un sentido de dirección podemos saber cuando hemos desviado el camino. El lugar para comenzar a experimentar la restauración no es desde arriba sino desde abajo, en nuestros hogares y comunidades. Yo continúo teniendo fe, en que la comunidad del pueblo de Dios puede llevarnos en esta dirección. Ciertamente fallaremos a menudo, como aquellos de la historia bíblica. Pero igual de cierto es que Dios nos perdonará y restaurará.

He confesado que la justicia restaurativa es en parte un ideal, pero eso suscita otra preocupación. Me preocupa que por esta confesión el lector no tome esta visión en serio. Hago memoria al prefacio al libro de Copérnico, no para implicar que el mío esté en la misma clase sino para la lección que nos deja.

El libro de Copérnico revolucionó la manera en que comprendemos el cosmos. Fue el elemento clave en el cambio de paradigma conocido como la revolución científica. Aun así, pasó cerca de un siglo para que se le tomara en serio.

No se tomó en serio el libro de Copérnico al principio, porque en parte iba en contra del sentido común de la época. Sin embargo, su prefacio pudo haber motivado su negligencia. En el prefacio, el autor Oreander dijo, de hecho, "mire, lector, que libro tan interesante. Merece ser leído. Pero recuerdo, es solo una idea, un modelo, una visión. No es necesariamente realidad". Este comentario puede haber hecho a este libro tan radical más palpable para sus enemigos, pero permitió que el lector no lo tomara en serio al sugerir que el paradigma copernicano era solo un modelo imaginario. Yo temo hacer lo mismo.

Mi esperanza es que usted comprenderá que esta es una visión—una visión que es menos un espejismo brumoso de lo que es un destino confuso en un camino necesariamente largo y sinuoso.

Criterios para la Justicia Restaurativa

1. ¿Experimentan las víctimas la justicia?
   - ¿Hay suficientes oportunidades para contar su verdad a las personas pertinentes?
   - ¿Reciben la compensación o restitución necesaria?
   - ¿Se reconoce apropiadamente la injusticia cometida?
   - ¿Están suficientemente protegidas contra posibles agresiones futuras?
   - ¿Refleja el resultado del proceso adecuadamente la gravedad del perjuicio?
   - ¿Reciben suficiente información sobre el suceso, el ofensor y el proceso?
   - ¿Pueden participar en el proceso?
   - ¿Es la experiencia de justicia suficientemente conocida por el público?
   - ¿Tienen suficiente apoyo de otros?
   - ¿Reciben sus familias suficiente atención y apoyo?
   - ¿Se atienden suficientemente otras necesidades—materiales, psicológicas y espirituales?

2. ¿Experimentan los ofensores la justicia?
   - ¿Se les motiva a comprender y asumir la responsabilidad por lo que han hecho?
   - ¿Se cuestionan las atribuciones erróneas?

- ¿Se les provee motivación y oportunidades para reparar el mal?
- ¿Tienen la oportunidad de participar en el proceso?
- ¿Se les motiva a cambiar su conducta (el arrepentimiento)?
- ¿Hay medios para controlar y verificar los cambios?
- ¿Se les atiende las necesidades propias?
- ¿Reciben sus familias suficiente apoyo y atención?

3. ¿Se atiende a la relación víctima-ofensor?
- ¿Hay oportunidad para un encuentro—directa o indirectamente, hay disposición y condiciones para hacerlo?
- ¿Hay oportunidad y motivación para compartir información sobre el suceso y sobre sí mismos?
- ¿Se cuestionan las atribuciones erróneas?

4. ¿Se toman en cuenta las preocupaciones de la comunidad?
- ¿Están suficientemente abiertos al público el proceso y el resultado?
- ¿Se atiende las preocupaciones de la comunidad?
- ¿Hay necesidad de algún tipo de restitución o acto simbólico para la comunidad?
- ¿Está representada de alguna manera la comunidad en el proceso?

5. ¿Se está abordando el futuro?
- ¿Se han dado pasos para resolver los problemas que llevaron a este acontecimiento?
- ¿Se han establecido procedimientos y procesos para resolver los problemas que causaron este acontecimiento?
- ¿Se han abordado cuestiones relacionadas con las intenciones futuras de las partes?
- ¿Se han establecido mecanismos y procedimientos para controlar, verificar y ajustar los resultados?

APÉNDICE 2

La Subversión de Visiones

Al volverse operacionales, las visiones reformistas tienden a ser desviadas (o subvertidas) de sus propuestas originales. A veces terminan sirviendo propósitos muy contrarios a lo que se había planteado en el principio. Esta tendencia se observa claramente en muchas áreas, incluyendo—y algunos dirían especialmente—en la justicia criminal. Los PRVO podrían llegar a ser algo muy diferente a lo que se había imaginado. De hecho, se ha opinado que el proceso está bien avanzado ya.

Durante los años en que he estado involucrado de una u otra forma con PRVO, he tratado de comprender las fuerzas que tienden a distorsionar nuestras visiones. Tal distorsión puede ser inevitable, pero se puede limitar si entendemos las dinámicas del proceso. Lo siguiente es un intento de clasificar algunas de las fuentes de esta distorsión o subversión como las entiendo yo. Las he organizado en tres categorías.

Intereses de la justicia criminal

En la comunidad de PRVO, una de las fuentes de distorsión que se ha discutido frecuentemente tiene que ver con el conflicto entre los fines de la justicia retributiva y los de la justicia restaurativa. El sistema de justicia penal es esencialmente retributivo, buscando castigar principalmente. PRVO, sin embargo, pretende preocuparse por la restauración. ¿Pueden coexistir estos dos fines o nos presionará el sistema dominante a aceptar sus fines? Si usamos el lenguaje que el sistema entiende, el lenguaje del castigo, puede suceder que lo punitivo desplace lo restaurativo. Si nos negamos a usar el lenguaje del castigo, es muy probable que sigamos en la periferia, útiles solamente para casos "menores".

El proceso de la justicia penal crea presiones subversivas de otras maneras. La justicia penal es centrada inherentemente en el ofensor. Se define el suceso, el caso y las partes principales en términos del ofensor. La víctima tiene poco derecho legal. ¿Si trabajamos en colaboración con el sistema centrado en el ofensor, podremos retener igual y genuina justicia para las víctimas?

Una tercera fuente de presión del proceso de la justicia criminal tiene que ver con sus propios intereses creados. Como he señalado anteriormente, los diversos componentes del sistema tienen sus propios intereses y tienden a encontrar maneras de absorber y controlar nuevos conceptos para beneficiar estos intereses. En su libro, *Justice Without Law* [*La justicia sin derecho*], Jerome Auerbach ha presentado una anatomía de este proceso para procesos de resolución de conflictos en la historia estadounidense.

Dinámicas de la institucionalización

Para que las ideas se hagan realidad, instituciones tienen que ser creadas. Las dinámicas de esas mismas instituciones crean presiones subversivas.

Las consideraciones administrativas llegan a ser importantes. La administración requiere de evaluaciones que sean fáciles de recoger, tabular y procesar. Se puede, a su vez, usar estos resultados para justificar la existencia de la organización. En el caso de PRVO, por ejemplo, somos tentados a medir nuestro valor por el número de casos procesados y "exitosos".

En vista de que la reconciliación es difícil de medir, puede ser que optemos por enfatizar la restitución ya que es más fácil medirla. Podemos presionar a los mediadores para que terminen los casos prontos con el fin de mantener tazas altas de casos procesados, sin preocuparnos por la calidad de los resultados. Aun podríamos optar por mediadores profesionales. Las metas administrativas y sus evaluaciones, fácilmente pueden reconfigurar la visión.

Tal como lo implica, cuestiones de sustancia se presentan. Esto nos lleva pronto a la cuestión de fondos y fuentes de financiación. Para realizar nuestro valioso trabajo, necesitamos dinero. Como se ha dicho alguna vez, los programas tienden a terminar pareciéndose mucho a las agencias que los financian.

Otra dimensión de las dinámicas de la institucionalización se relaciona con la formulación de identidades y metas profesionales del personal del programa. Al desarrollarse las instituciones, las personas tienden a aspirar a carreras profesionales en ellas. Y empiezan a tomar decisiones sobre sus propios futuros y el programa, teniendo siempre en cuenta sus metas profesionales. Los efectos de esto son sutiles pero importantes.

Todos buscamos apoyo de los que nos rodean, nuestros iguales. ¿Dónde buscamos a nuestros iguales los que estamos involucrados en PRVO? Al establecernos más, probablemente empecemos a buscar iguales en la comunidad de los que trabajan en el área de la justicia criminal. Esto tiene sus fortalezas pero también crea presiones para que nos dejemos influir por los valores y las suposiciones que operan en ese sistema.

El personal contratado y los valores a que se adhieren son críticos. La mayoría de los análisis de la subversión de la reforma, se han enfocado en un proceso de absorción gradual. El proceso, sin embargo, es más fundamental y empieza mucho antes. Mientras los líderes puedan pintar una gran visión, el personal contratado puede venir de empleos tradicionales de la justicia criminal y adherirse a valores tradicionales de la justicia criminal. Guiados por una perspectiva tradicional en vez de un paradigma alternativo, tienden a cumplir su trabajo de la manera tradicional. Si es que no todos comparten los valores alternativos, es difícil tener un impacto.

Al desarrollarse, las organizaciones pasan por varias etapas. Estas etapas requieren diferentes tipos de liderazgo, cada uno con sus propias fortalezas y debilidades. Esto también afecta la forma del programa.

Las primeras etapas de la organización requieren líderes empresariales. Generalmente unos pocos ejercen el liderazgo. Entre ellos se encuentran visionarios, los dispuestos a correr riesgos. Tiene que haber mucha creatividad. Se tienen que ampliar las ideas y llevarlas a la práctica. Hay que buscar recursos y armarlos de maneras creativas.

Las personas con estas cualidades emprendedoras traen mucha energía, entusiasmo y creatividad a su trabajo. Sin embargo, muchas veces no son administradores. Así que, llega el momento en que es importante que el liderazgo valore cuestiones de gestión, para manejar las realidades de mantener una organización y un programa. Los administradores, sin embargo, no son visionarios. Pueden ser más preocupados por las necesidades de las operaciones diarias y menos preocupados por las implicaciones a largo plazo, evaluaciones del programa, y soñando del futuro. A lo mejor no les gusta correr riesgos. Si las organizaciones pasan a la etapa de "gestión" sin incluir medidas para asegurar las funciones proféticas y visionarias, entonces se crea otra posible fuente de subversión.

Diseño y operación del programa

Muchas veces los programas tratan de alcanzar diversas metas. Sin embargo, el buen cumplimiento del trabajo generalmente requiere solamente una sola meta principal. Además, las metas puedan ser contradictorias.

Así lo hemos encontrado también aquí en Elkhart y unos estudios recientes indican lo mismo para Inglaterra. Por ejemplo, la meta de desviar a una persona de la cárcel a veces puede estar en conflicto con la de reconciliación, por ejemplo. Los programas iniciados principalmente para desviar de prisión tienden a poner menos énfasis en la reconciliación y en las preocupaciones de las víctimas.

Como se muestra arriba, es fácil implementar políticas sin analizar las consecuencias a largo plazo, tanto prácticas como filosóficas. Una serie de pasos pequeños y concretos, si no se analizan, pueden desviarnos lejos del camino. Y podemos perdernos sin darnos cuenta del problema que tenemos.

APÉNDICE 3

Sugerencias para el Estudio en Grupo

Las siguientes preguntas para estudio e ideas para actividades, se presentan a continuación para ayudar a aquellos quienes desean usar este libro en un grupo de estudio. El capítulo uno, no tiene preguntas para estudio, ya que el caso ilustrativo en ese capítulo solo sirve de base para la discusión en los siguientes capítulos.

Líderes de grupo de estudio debieran seleccionar, aquellas preguntas e ideas de actividades que serán más fructíferas para su situación particular de aprendizaje. Aunque las preguntas e ideas de actividades para cada capítulo pueden ocupar mucho más de una hora, sirven simplemente como sugerencias para apoyar la facilitación de los grupos de estudio de este libro. Los líderes de grupo deben sentirse libres para complementar lo que se sugiere aquí con sus propias preguntas e ideas para las actividades del grupo.

Los grupos son alentados a desarrollar otras sugerencias creativas en cómo lidiar con ofensores y desarrollar otras ideas prácticas para llevar a cabo a nivel local. Por favor, envíen sus sugerencias e ideas sobre el libro a:

> Howard Zehr
> c/o Lorraine Stutzman Amstutz
> Oficina del Crimen y la Justicia
> Comité Central Menonita de Estados Unidos
> 21 S. 12th Street
> Akron, PA 175001-0500

Capítulo 2
La Víctima

Preguntas

1. Supón que tú llegas a casa y encuentras que tu hogar ha sido asaltado y se han cometido actos de vandalismo en el. Cosas de valor, incluyendo algunos objetos legadas por tu familia, han sido robadas y un hacha ha sido utilizada para entrar. ¿Cómo te sentirías? ¿Cómo te afectaría? ¿Qué preguntas tendrías? ¿Qué necesitarías?

2. ¿Conoces personalmente a víctimas del crimen? ¿Has sido tú una victima alguna vez? ¿Cómo reaccionaste? ¿Cómo te sentiste?

3. ¿Qué crees que debería haber pasado en el caso ilustrativo, desde la perspectiva de la víctima?

4. ¿En qué manera es la experiencia de las víctimas del crimen semejante a la de otras víctimas (por ejemplo, enfermedades, desastres naturales)? ¿Qué es diferente? (note especialmente la sección, "¿por qué es tan traumático"?)

5. ¿Estás de acuerdo en que la rabia es una parte natural del proceso de sanación y que su expresión debe alentarse? ¿Cómo responderías a alguien que tiene dolor y rabia?

6. Charlotte Hullinger enlista cuatro tipos de ayudadores (ver pie de página 2). ¿Cuáles son las fortalezas y debilidades de cada uno? ¿Con cuál te identificas? ¿Qué puedes hacer para ser un "ayudador positivo"?

7. Algunos argumentan que la retribución es una necesidad humana inherente. Dicen que si no es completamente satisfecha por la acción del gobierno, los individuos son los que deberían hacerse cargo de ella. Otros argumentan que es aprendido. Algunos argumentan que esto representa una necesidad que es mejor ser llenada a través de procesos tales como la restitución y el perdón. ¿Qué piensas tú?

8. ¿Cuáles son algunas de las maneras con las que solemos culpar a las víctimas? ¿Por qué lo hacemos?

9. ¿Conversen sobre las seis preguntas para la sanación (mirar "¿ por qué es tan traumático"?) ¿Que respuesta

le daremos a cada una? ¿Quién puede hacerlo? ¿Quién puede y debería ayudar en cada una?

10. ¿Qué derechos y roles deberían las víctimas tener en el proceso judicial? ¿Cuáles serían las ventajas y desventajas o peligros de este tipo de involucramiento para las víctimas, el ofensor y para el sistema mismo?

11. ¿Qué pasa con la violencia doméstica o incesto? ¿Qué similitudes y diferencias tiene con los crímenes tales como robo o asalto?

Actividades

1. Sobre una pizarra o rotafolio lista una serie de palabras relacionadas con las víctimas a este proceso, tales como:
    Víctima
    Robo
    Corte
    Justicia
    Fiscal
    Venganza
    Restitución

Revisa la lista, diciendo cualquier asociación o ideas que tengas en mente para cada palabra. Escríbelas abajo. Después de que la lista esté completa, analiza las asociaciones con el grupo.

2. Desarrollen un juego de rol, proveyendo detalles de un caso especifico. Divide al grupo de estudio en grupos de tres, con una víctima, un amigo o un proveedor de servicios (por ejemplo, un oficial de policía) y un observador. Haz que la víctima actué su parte y que el amigo, o el proveedor de servicios, responda.

3. Invita a una víctima o un trabajador del programa para asistencia a víctimas, a conversar sobre su experiencia. (Una alternativa es ver una de las presentaciones audiovisuales disponibles en las oficinas de recursos enlistadas).

4. Haz un esquema de los detalles básicos de un caso real (si no tienes información local, usa uno de los casos de Neiderback, *Invisible Wounds*, nombradas en

la bibliografía. Discute cuáles son las necesidades básicas de la víctima, ¿qué se debe proveer y quién puede hacerlo? ¿Qué podrías hacer tú como individuo? ¿Qué puede hacer la iglesia? ¿Qué puede hacer el "sistema"? ¿La comunidad?

5. Invita a alguien del "sistema" para hablar sobre el rol de la víctima en el proceso legal—preferentemente un defensor de víctimas (programa de asistencia a la víctima, centro de emergencia para víctimas del abuso, etc.), o posiblemente un abogado, un fiscal o un juez. ¿Cuáles son los derechos de la víctima? ¿Cuál es el rol usual de la víctima? ¿Cómo es la víctima usualmente tratada? También pueden invitar a una víctima de un crimen a la sesión, para compartir su historia.

**Capítulo 3
El Ofensor**

Preguntas

1. ¿Qué piensas del resultado del ofensor en "el caso ilustrativo" inicial? ¿Si te pidieran que desarrollaras una propuesta alternativa, qué propondrías?

2. ¿Qué sugiere el autor sobre los conceptos de autovaloración, poder personal y sus relaciones con la ofensa? ¿Estás de acuerdo? (Ver también el capítulo 4).

3. ¿Cuáles son las sentencias alternativas a la prisión utilizadas en nuestra sociedad (ej: servicio comunitario, libertad condicional, tratamiento médico, casas de rehabilitación, restitución)? ¿Cuáles son las ventajas y desventajas de cada una? ¿Qué intenta lograr cada una? ¿Hasta dónde buscan castigar cada una?

4. ¿Cuál, si es que existe, es el propósito apropiado de la prisión en nuestro sistema judicial?

5. ¿Qué incluye el autor en el concepto *asumir responsabilidad*? ¿Cómo se compara esto con tu propio concepto? ¿Debería ser el asumir responsabilidad una meta prioritaria de la justicia y, de ser así, cómo se debe lograr?

6. ¿Ayuda entender a los ofensores si los vemos como individuos que también han sido víctimas? ¿Hasta qué punto nace su comportamiento de abusos en casa,

educación limitada o falta de oportunidades de empleo? ¿Cómo debería esto afectar su responsabilidad? ¿Cómo afecta esto la responsabilidad de la sociedad?

Actividades
1. Tal como se sugiere para el capítulo 2, enumerar una serie de palabras en la pizarra y que el grupo haga asociaciones. Cuando las ideas se hayan acabado, analice los resultados.
Palabras sugeridas:
Ofensor
Criminal
Prisión
Juez
Castigo
Venganza
Corte

2. Inviten a un juez o a un oficial de libertad condicional que hace reportes previos a la sentencia, para hablar sobre cómo las recomendaciones de sentencia y decisiones son hechas.

3. Inviten a un terapeuta que trabaje con ofensores para discutir "desatribuciones" "estrategias exculpatorias" comunes—estereotipos y racionalizaciones, usadas para justificar y racionalizar comportamientos errados.

4. Mira y discute uno de los materiales audiovisuales disponibles de los programa de recursos enlistados en el apéndice.

Capítulo 4
Algunos Temas Comunes

Preguntas
1. ¿Qué significa arrepentimiento y perdón para ti?
2. ¿Es el perdón compatible con el sistema judicial? ¿Es una preocupación apropiada en relación al crimen? De ser así, ¿cómo se puede alentar? ¿Qué peligros ves?
3. ¿A qué se refiere el autor cuando dice "el perdón es un regalo; no debe ser convertido en una carga"? ¿Calza esto con tu entendimiento del perdón?

4. ¿Cuál es el rol del arrepentimiento y el perdón en el proceso de transición de víctima a sobreviviente? ¿Puede esta recuperación suceder sin el perdón? ¿Cómo?

5. El autor argumenta que ciertas condiciones previas facilitan el perdón. ¿Cuáles son? ¿Estás de acuerdo? ¿Son bíblicas dichas condiciones?

6. Discute maneras en que la iglesia podría usar "rituales de lamento" y "rituales de reordenación" (ej: rituales de perdón y reconciliación) con víctimas y ofensores.

7. ¿Cuál es la relación entre culpa y castigo? ¿El castigo alivia la culpa (lógicamente, emocionalmente, bíblicamente)? ¿Debería? ¿Cuáles son otras alternativas?

8. ¿Cuáles son los requisitos para que el castigo sea "justo"?

9. ¿Cuáles son los requisitos para que el castigo sea "eficaz"? ¿Qué significa que el castigo sea "eficaz"?

10. El autor sugiere que los comportamientos erróneos están con frecuencia enraizados en el odio a uno mismo, más que en el amor a uno mismo. ¿Es esto así? De ser así ¿cómo afecta esto nuestro acercamiento a la sanación y la rehabilitación?

11. ¿Qué podemos hacer como individuos, sociedad e iglesia para "desmistificar" el crimen?

Actividades

1. Examinen noticias de crímenes de un diario local. Nombren y discutan maneras en que la cobertura noticiera del crimen alimenta el temor, así también como los estereotipos y los conceptos erróneos sobre el crimen, las víctimas, los ofensores, los oficiales y el proceso de justicia.

2. Inviten a un reportero, que cubra noticias de crímenes, a hablar al grupo sobre cómo estas noticias son obtenidas y divulgadas.

3. Inviten a miembros del grupo, o miembros de afuera (ej: una víctima o un ofensor) a hablar sobre cómo ellos entienden o han experimentado—o han fallado al experimentar—el perdón.

Capítulo 5
Justicia Retributiva

Preguntas
1. Nombra y evalúa las 6 presuposiciones identificadas en este capítulo. ¿Son estás en realidad nuestras presuposiciones? ¿Hay otras? ¿Son estás las "correctas"?
2. ¿Qué entiendes tú por culpa? ¿Cómo se entiende bíblicamente? ¿Qué otros entendimientos de la culpa operan en las distintas áreas de nuestra sociedad (ej: ciencias sociales, terapia, ley)? ¿Cuáles son las fortalezas y debilidades de las distintas perspectivas?
3. ¿Hasta qué punto el proceso judicial alienta o desalienta un entendimiento y aceptación de la responsabilidad por parte de los ofensores?
4. ¿Es nuestro entendimiento de la culpa y responsabilidad tan individualista como lo sugiere el autor? ¿Es esto un problema? ¿Cuáles son las alternativas?
5. ¿Hay una manera en que se pueda entender la responsabilidad que además tome en consideración tanto la responsabilidad personal como el comportamiento en el contexto social, económico y político? ¿Puede ser este incorporado en nuestro sistema judicial?
6. ¿De qué manera nuestro sistema judicial alimenta la idea de "ellos" y "nosotros" mentalmente? (¿Y quiénes son "ellos" y "nosotros"?) ¿Cuáles son las consecuencias?
7. Define *castigo*. ¿Es adecuada la definición implícita de *castigo* como "dolor por causar dolor"?
8. ¿Es verdad que la mayoría de la gente cree que hacer el mal debe ser equiparado con castigo? De ser así ¿es ésta una ecuación aprendida o está enraizada en la psicología humana? ¿Es esto bíblico? ¿Hay otras alternativas?
9. ¿Satisface a las víctimas el castigo? ¿A los ofensores? ¿Cuál es tu propia experiencia con el castigo?
10. ¿Cuáles son algunas de las maneras (incluyendo terminología) en que intentamos esconder la realidad del castigo?
11. ¿Cómo se relacionan los siguientes términos los unos con los otros: castigo, retribución y venganza?

12. Examina tus propias tendencias y experiencias con tus amigos, cónyuge o tus hijos. ¿Cuando sientes que te han hecho daño es tu perspectiva la de "ojo por ojo", de "resolver problemas" o tienes otra aproximación?

13. ¿Qué significa que nuestro sistema sea "confrontacional"? ¿Cuáles son las implicancias?

14. Examina tus propias presunciones sobre hacer el mal. ¿Tiendes a definirlo en términos de quebrar las reglas o términos de consecuencia y daño? ¿Cuáles son las consecuencias de estas dos perspectivas?

15. Previo a esto ¿Te habías dado cuenta que el Estado, no el individuo, es la víctima legal de un crimen? ¿Cuáles son algunas de las implicancias para ti si tú fueras (o fuiste) una víctima?

Actividades

1. Inventa un caso. Pídele a diversos oficiales de la justicia penal (jueces, oficiales de libertad condicional, abogados, fiscales) que den su opinión sobre la sentencia. Comparen los resultados.

2. Pídele al grupo que tome posturas con respecto a una serie de declaraciones. Pídele a los que están en desacuerdo que se sitúen en un lado de la sala; los que están de acuerdo al lado contrario y a los indecisos al medio. Se tendrán que reordenar al oír cada declaración. Haz una pausa entre declaraciones para discutir las razones de las opiniones. Ejemplo de declaraciones (haz tus propias declaraciones):

    a. La pena de muerte debería aplicarse a todos los asesinos.

    b. La pena de muerte debería aplicarse solo para los peores de los asesinos.

    c. La violencia doméstica debería ser declarada y tratada como un crimen.

    d. La gente que comete crímenes debe pagar yendo a la cárcel.

Capítulo 6
La Justicia como Paradigma

Preguntas

1. ¿A qué se refiere el autor por paradigma?

2. ¿Cuáles son algunos de los paradigmas que usamos para entender el mundo, no solo en áreas como la física y la psicología, pero en la vida diaria (ej: en relaciones familiares, el lugar de trabajo, etc.)?

3. ¿Cómo le dan forma estos paradigmas a lo que aceptamos como problemas y soluciones relevantes?

4. ¿Qué tiene el crimen que hace que lo visualicemos y tratemos diferentemente, con respecto de otros males y daños? ¿Deberíamos visualizarlo y tratarlo diferentemente? De ser así ¿dónde delimitamos la línea entre ambos?

5. ¿Cuáles son algunas de las maneras en que el derecho civil difiere del derecho penal? ¿Cómo se decide cuando una situación será tratada como civil o penal?

6. ¿Qué medios extrajudiciales utilizamos para resolver daños y conflictos en nuestra vida diaria y en nuestra sociedad? Da ejemplos de tu propia experiencia.

7. ¿Qué señales hay, y si es que las hay, de que estamos en la víspera de un cambio en los paradigmas de justicia? (ej: ¿cuáles son algunas de las señales de disfunción o crisis?)

8. Evalúa actuales reformas de la justicia penal (ej: asistencia a las víctimas, libertad condicional intensiva, cárceles privadas, monitoreo electrónico, servicio comunitario). ¿Hasta que punto esto se dirige a nuevas direcciones? ¿Hasta que punto son éstos meramente soluciones parche en el paradigma?

Actividades

Supón que dos niños se pelean en el colegio y uno le hace perder un diente al otro. Esto podría ser tratado como un problema que requiere castigo, un conflicto que necesita resolución o un daño que requiere restitución. Podría ser visto como un caso que debe ser resuelto dentro del colegio, como un caso criminal o podría ser llevado a una corte civil. Todas estas respuestas y más, pueden ocurrir en tales situaciones.

Discute que impulsa la respuesta a tales situaciones. ¿Cuáles son las probables consecuencias de cada una? ¿Cuál sería la respuesta más satisfactoria y por qué? ¿Cómo afecta la respuesta escogida el entendimiento de la pelea inicial?

Capítulo 7
Justicia Comunitaria: La Alternativa Histórica
Preguntas

1. ¿Qué haz oído o te han enseñado acerca de la forma en que el crimen era manejado en el pasado? ¿Cómo se compara esto con lo que presenta el autor?

2. ¿Cuáles son las diferencias entre "justicia privada" y "justicia pública"? ¿Cuáles son las diferencias entre "justicia estatal" y "justicia comunitaria"? (Puede que sea de ayuda dibujar el continuo de justicia estatal/comunitaria, que el autor sugiere.) ¿Cómo difieren los polos?

3. ¿Bajo cuál sistema de justicia preferirías vivir-moderno o premoderno? ¿Por qué? ¿Qué cambios te gustaría ver en el sistema que escogas?

4. De acuerdo al autor, ¿cuáles eran las tres opciones de justicia en el mundo premoderno? ¿Qué cambios te gustaría ver en el sistema que escogas? ¿Por qué?

5. El autor señala la importancia de la "reivindicación moral" cuando un mal se ha cometido. ¿Qué significa esto? ¿Es importante? ¿Cuáles son algunas de las formas en que esto ha sucedido en el pasado? ¿Cómo sucede hoy en día? ¿Cómo sucedería en un sistema mejorado?

6. ¿De qué manera la teología Cristiana ha apoyado el entendimiento emergente "retributivo" del crimen?

7. ¿De qué manera el castigo moderno intenta alcanzar el alma, como lo dice Michael Foucault, y no solo el cuerpo?

8. ¿Qué tiene de positivo y negativo la revolución legal?

9. ¿De qué formas tiene el castigo un rol simbólico hoy en día?

Capítulo 8
La Justicia del Pacto: La Alternativa Bíblica
Preguntas
1. El autor argumenta que la ley en el Antiguo Testamento tenía un significado y una función distintas que la de hoy en día. ¿Cuáles son algunas de las diferencias? ¿Cuáles son las implicaciones?
2. Contrasta los principios básicos de tu fe con el concepto del shalom. ¿Cambia algo si tratas de basar tu pensamiento en la visión del shalom?
3. ¿Cuál ha sido tu presunción en el pasado sobre el rol y el significado de "ojo por ojo"? ¿A cambiado tu entendimiento? De ser así ¿cómo?
4. ¿Cuáles son algunas presunciones del Antiguo Testamento sobre la culpa? ¿Hasta que punto compartimos esas presunciones hoy en día?
5. Nuestro entendimiento de la justicia bíblica puede que descanse en la imagen que tenemos de Dios. Para algunos, la imagen de Dios es la de un padre amoroso. Otros ven a Dios como un juez estricto. ¿Qué otras posibilidades hay? ¿Qué imagen tienes tú?
6. ¿Cuál es la relación entre la justicia del shalom y la justicia del "ojo por ojo" en el Antiguo Testamento? ¿Cómo cambia nuestro concepto de "ojo por ojo" o reciprocidad si está enraizada en el shalom?
7. ¿De qué manera los conceptos gemelos de *shalom* y *pacto* hicieron la ley bíblica diferente de la ley del resto de las sociedades? En otras palabras ¿cómo es que éstos conceptos "transforman" la ley y su aplicación?
8. ¿Cómo encajan la "vara bíblica" con tu propio entendimiento? ¿Es válida la comparación con la justicia moderna?
9. ¿Qué pasaría si midiéramos la justicia por sus "frutos" (ej: por el resultado más que por el proceso)? ¿Cuáles son los posibles beneficios y peligros?
10. ¿Qué sucede con nuestro entendimiento de los Diez Mandamientos y el Sermón del Monte si los tratamos como invitaciones y promesas, más que prohibiciones y prescripciones? ¿Te parece ésta una forma apropiada de entenderlos?

11. Si tomamos el shalom seriamente como una meta y una visión, ¿podemos continuar tratando la *justicia penal* sin dirigirnos a otros temas de justicia? Si no es así ¿cuáles son las implicaciones?

12. La justicia moderna habitualmente se retrata como una diosa con los ojos vendados sosteniendo una balanza. ¿Qué significa esta imagen? ¿De qué manera es ésta una sana imagen? ¿De qué manera es ésta una peligrosa imagen?¿Cuál sería una imagen apropiada para la justicia restaurativa?

Actividades

1. Señalen algunos ejemplos bíblicos de venganza. Ahora señalen ejemplos de perdón y reconciliación. ¿Cuál te parece que es más importante en el Antiguo Testamento? ¿En el Nuevo Testamento? ¿Cómo entiendes la relación entre estos dos temas?

2. Lean y discutan el Salmo 103. ¿Qué imágenes de justicia emergen aquí? ¿Cómo se relacionan a otros temas más retributivos en el Antiguo Testamento? (También pueden examinar Levíticos 26 y Deuteronomio 4.)

3. Lean el libro de Oseas. Señalen y discutan la forma en que Dios presenta su descontento aquí.

4. Subrayen un caso específico tomado de un diario. Examinen qué se ha hecho en ese caso contrastándolo con la "vara bíblica". Ahora, utilizando eso o alguna otra vara bíblica, discutan qué se podría haber hecho con tal situación.

5. Examinen varios ejemplos de ley bíblica. En particular, busquen los modelos "por lo tanto". ¿Cuál es el impacto de este modelo en la ejecución de esa ley?

Capítulo 9
PRVO: Una Parcela Experimental

Preguntas

1. ¿Cuáles son algunos potenciales beneficios de la aproximación PRVO? ¿Cuáles son algunos potenciales problemas?

2. Si tú fueras una víctima (o un ofensor), contemplando

participar en PRVO ¿qué potenciales beneficios podrías ver para ti? ¿Cuáles serían tus preocupaciones? ¿Cuáles serían los factores que te ayudarían a decidir si participar o no?

3. Si tú fueras una víctima (o un ofensor), participando en PRVO ¿qué es lo que más te gustaría que sucediera en la reunión? ¿Qué es lo que más te gustaría que resultara de esta reunión?

4. ¿Cuál debería ser una de las metas principales para PRVO? ¿Qué otras metas serían apropiadas? ¿Cuáles no lo serían?

5. Si la reconciliación debe ser una meta de PRVO ¿qué significaría eso? ¿Cómo sería evaluada?

6. ¿Cómo debería ser modificado el acercamiento básico de PRVO para ser utilizado en "casos difíciles" (ej: violación, asesinato, violencia doméstica)? ¿Debería ser usado en tales casos? ¿Cuáles son los potenciales beneficios o peligros?

7. ¿Puedes pensar en otras maneras en que el acercamiento PRVO puede ser usado en nuestra sociedad (ej: fuera de la justicia penal)?

8. ¿Cómo puede y debe la iglesia estar involucrada en el PRVO? ¿Cuáles son las posibilidades y responsabilidades de la iglesia? ¿Qué forma debería tomar este involucramiento? (Pueden utilizar el manual *VORP Organizing: A Foundation in the Church*, disponible del Comité Central Menonita. La dirección esta disponible en el apéndice).

Actividades

1. Planteen un juego de rol de una reconciliación entre víctima y ofensor. Dividan en grupos de tres o cuatro, algunas personas haciendo el rol de víctima, ofensor, mediador y posiblemente un observador. (Para ver sugerencias de juego de rol ver *The Role Play Book* diseñado para ser usado en entrenamientos de mediación. Está disponible en el Servicio de Conciliación Menonita; dirección disponible en el apéndice.

2. Ver y discutir algún material audiovisual sobre PRVO. Pueden ver "Crime: The Broken Community"

y "Crime: Mediating the Conflict" o el video "Going Straight". Ver la lista de recursos disponibles en CCM y en PACT Institute of Justice mencionado en el apéndice.

3. Si estás en una comunidad que tiene un Programa de Reconciliación Víctima Ofensor, invita a un miembro del programa, mediador voluntario, víctima u ofensor para que hable con el grupo.

Capítulo 10
Un Lente Restaurativo

Preguntas

1. ¿Cuáles son las primordiales diferencias entre el "lente" retributivo y el restaurativo? Enumera y evalúa las diferencias.

2. ¿Cómo seria una "experiencia de justicia" satisfactoria para una víctima? ¿Para un ofensor?

3. ¿Puede la "justicia restaurativa" realmente proveer un nuevo lente, o sirve básicamente como una corrección al sistema actual?

4. ¿Qué sucedería si un acercamiento restaurativo es implementado dentro de un sistema y sociedad donde la justicia social no se ha logrado?

5. ¿Qué se necesitaría para que el "lente restaurativo" florezca como paradigma?

6. ¿Dónde calzan las metas tradicionales de la justicia penal, tales como la incapacitación, disuasión y rehabilitación en el modelo restaurativo? ¿Calzan?

7. ¿Qué hay con los crímenes que aparentemente no tienen víctimas?¿Existen tales ofensas?¿Deberían ser lidiadas?

8. ¿Son las ofensas hechas por corporaciones diferentes a las cometidas por individuos? ¿Cómo deberían ser manejadas?

9. Hernan Bianchi ha criticado el modelo PRVO porque trabaja con individuos en aislamiento. ¿Cuál debería ser el rol de las familias y amigos de las víctimas y de los ofensores, en el proceso restaurativo?

10. ¿Cuál debería ser el rol de la comunidad? ¿Cómo se pude concretar este rol? ¿Quién es la comunidad?

11. ¿Debería usarse el término *crimen*? ¿Qué sucedería si dejamos de hacer diferencia entre "crímenes" y otros tipos de daños y conflictos? ¿Cuáles serían las ventajas y desventajas?

12. ¿Cuán importantes son las dimensiones interpersonales del crimen? ¿Crees que el autor agranda las actitudes y sentimientos que las víctimas y los ofensores se tienen entre sí? ¿Debería ser una meta central de la justicia dirigirse a estos asuntos o es un asunto periférico?

13. ¿Qué crees de la declaración del autor de que las necesidades de la víctima deben ser un punto de partida, pero que las necesidades del ofensor deben tener la misma importancia? ¿Es esto apropiado? ¿Funcionaría?

14. El autor argumenta que la justicia retributiva comienza con culpas y derechos, pero que el modelo restaurativo comienza con necesidades y obligaciones. ¿Cuáles son las implicancias de estos dos puntos de partida?

15. ¿Cómo cambiaría el rol del "debido proceso" en el modelo restaurativo? ¿Qué peligros de transgresión de derechos podrían existir? ¿Qué protecciones serían necesarias?

16. Un modelo de justicia que toma en serio las necesidades de la víctima y del ofensor y que les da más participación, podría tener variados resultados. Expectativas tradicionales de resultados uniformes serían vulnerados. ¿Cuáles son las implicancias de esto? ¿Cómo lo visualizas?

17. Discutan el término reivindicación. ¿Cuál es su significado bíblico? (ver, por ejemplo, Salmo 103 v.6) ¿Qué significa para ti? ¿Qué significa para las víctimas?

18 Dadas las necesidades que se han identificado ¿de qué maneras puede la iglesia ayudar en la sanación de la víctima y los ofensores?

19. ¿Qué hay de los "pocos peligrosos" en el modelo restaurativo? ¿Qué debería hacerse con ellos? ¿Cómo debería decidirse esto?

20. Algunos estados están incrementando el involucramiento de las víctimas al permitirles participar en el proceso de la sentencia. ¿Qué sucede cuando esto pasa dentro del existente sistema retributivo?

21. El autor argumenta que el actual sistema exagera las dimensiones públicas y minimiza las dimensiones privadas del crimen. ¿Cuáles son las dimensiones públicas del crimen y cómo deben ser manejadas dentro de la estructura restaurativa?

22. ¿Cuál debería ser el rol de la coerción en el modelo restaurativo? ¿Deberían ser las víctimas coercionadas a participar? ¿Y los ofensores? ¿Cuáles son las implicancias?

23. El actual sistema genera muchas instancias para el abuso de poder, pero un modelo restaurativo puede que también las genere. ¿Dónde puede que ocurran éstas? ¿Qué se podría hacer para minimizar las instancias?

24. Piensa en la justicia como un sistema de comunicación diseñado para enviar varios mensajes. ¿Qué mensajes busca el actual sistema enviar y a quién? ¿Qué mensaje es el que realmente envía? ¿Qué mensajes debería enviar el sistema restaurativo y cómo podría hacerlo?

25. ¿Cuáles serían las responsabilidades de la sociedad en un acercamiento restaurativo y para quién?

26. ¿Cuáles son los significados de *asumir responsabilidad* en los sistemas retributivo y restaurativo? ¿Cuán importante debe ser esto? ¿Cómo puede ser implementado?

27. ¿Cuáles son algunos de los ritos necesarios en el proceso de la sanación y la justicia? ¿Dónde y cuándo debería ocurrir esto? ¿Cómo puede la iglesia ayudar en esto?

28. ¿Hay un rol legítimo para el castigo? De ser así ¿en qué circunstancias y hasta qué punto? ¿Cómo puede ser minimizada la mal utilización?

Actividades

1. Olvidando por el momento la implementación, intenta diseñar una aproximación detalladamente restaurativa hacia el "crimen". ¿Cómo sería este?

2. Toma un caso como ejemplo y diseña un proceso y resultado restaurativo para el ejemplo. Ten en mente las "cuatro dimensiones del daño", así como los elementos claves del modelo restaurativo. Cuando estés listo contrasta tu resultado con la lista "Criterios de la Justicia

Restaurativa" que está en el apéndice o desarrolla tus propios criterios.

Piensa cuidadosamente dónde comenzarás ¿cuáles son las necesidades básicas que deben ser alcanzadas? ¿Quién sería el mejor para decidir cuáles son y cómo alcanzarlas? ¿Cuáles son las metas y preocupaciones principales que deben ser alcanzadas en tu respuesta?

Ahora observa lo que normalmente pasa en casos similares. (Si es un caso real, examinar el resultado real.)

Capítulo 11
¿De Aquí Hacia Dónde?

Preguntas

1. ¿Cuál es el rol apropiado del Estado en el proceso judicial ¿Cómo cambiaría en el modelo restaurativo?

2. ¿Alguno de estos dos modelos contiene inherentes sesgos culturales, raciales o sexuales? De ser así ¿son estos sesgos inherentes al concepto o pueden ser modificados para que sean menos representativos de una perspectiva masculina, blanca y de clase media?

3. ¿Cómo se observan los modelos retributivos y restaurativos, desde la perspectiva feminista? Desde esa perspectiva ¿cuáles son sus fortalezas y debilidades? Tomando muy en serio las inquietudes feministas con respecto al poder, los procesos y las metas ¿sería necesario hacer cambios en el modelo restaurativo?

4. ¿Cuáles son algunas de las dinámicas políticas e institucionales, que podrían afectar un cambio en nuestro paradigma de justicia? ¿Cuáles son las posibilidades actualmente para un cambio en el paradigma?

5. ¿Cómo puede la iglesia practicar la justicia restaurativa internamente? (Por ejemplo, los Recursos de Conciliación Menonita en el apéndice.)

6. ¿Qué pasaría si "civilizáramos" la ley, tratando las ofensas criminales al igual que otros daños y conflictos? ¿Qué procedimientos y precauciones especiales deberían tomarse, si es que las hay?

7. ¿Cómo responderás diferentemente ante el crimen y otros daños o conflictos, ahora que haz leído este libro?

Actividades

1. Comenzando con la discusión del autor sobre el sistema japonés y el sistema de la temprana edad moderna, imagina y discute ¿Cómo un sistema de "dos vías" se vería en nuestra sociedad hoy en día? ¿Cómo serían los dos sistemas? ¿Cómo se decidiría cuándo y cuál vía utilizar?

2. Enumera y discute algunas "estrategias interinas". ¿Qué metas y programas pueden ser implementados ahora bajo circunstancias, que aunque no ideales, nos lleven en la dirección de la justicia restaurativa?

APÉNDICE 4

Lecciones de los Círculos de Sentencia y las Conferencias de Grupo Familiar

Cuando empezaron los Programas de Reconciliación entre Víctima y Ofensor (PRVO—VORP, por sus siglas en inglés), el profesor de derecho holandés, Herman Bianchi, criticó nuestro enfoque por ser demasiado individualizado y privado. Indicó que muchas culturas acostumbran tratar, entre miembros de la misma familia y la comunidad, sus conflictos y problemas. Dichos grupos culturales encontrarían las díadas cara a cara, de la reunión entre la víctima y el ofensor, demasiado aislantes.

Guardé esta idea en mi fichero ya que, aunque sensata, me pareció difícil de poner en práctica en el marco de nuestro modelo. La teoría de la reconciliación entre víctima/ofensor y de la justicia restaurativa, sí reconocía el papel de la comunidad; de hecho, la veíamos como un vehículo para volver a poner la situación de conflicto sobre la mesa de la comunidad. Nos consolamos pensando que la comunidad, sin duda, estaría involucrada a través de los mediadores voluntarios y las organizaciones comunitarias que acogían muchos de los problemas en cuestión.

En los casos de menores, siempre se ha tenido que considerar la participación de las familias, aunque se la ha visto como algo problemática. Para algunos programas, las familias de los ofensores son una molestia latente; se las debe mantener informadas pero fuera de la reunión clave, ya que pueden terminar quitándole responsabilidad al ofensor. Otros programas invitan a las familias a hacerse presentes pero procuran que el diálogo sea principalmente entre el joven ofensor y la víctima. De modo que, en estos casos, los padres no tienen una función central, sino más bien una de apoyo.

Digamos entonces que se ha reconocido el papel de la familia y la comunidad, pero que en la práctica, este papel ha sido ambiguo y ocasional o marginal, en vez de integral.

Ahora, dos estrategias restaurativas nos obligan a reconsiderar las antedichas presuposiciones. Estas estrategias nos sugieren cómo poner en práctica el reconocimiento del rol de la comunidad dentro del concepto de justicia restaurativa. Interesantemente, las dos presentan formas de implementar principios de culturas indígenas, dentro de marcos legales occidentales.

Las Conferencia de Grupo Familiar nacen en Nueva Zelanda (y al poco tiempo fueron adoptadas en Australia) a fines de los años 80, en parte para responder a las inquietudes y tradiciones de la población indígena Maorí. Se sabía que el sistema de justicia juvenil no funcionaba bien, y para muchos maoríes era antitético a sus tradiciones. El sistema sugería castigo más que soluciones, imponía en vez de ofrecer un espacio de intercambio y apartaba a la familia y a la comunidad del proceso en general.

Con el nuevo sistema de justicia juvenil adoptado en 1989, todos los casos de menores, con excepción de algunos casos de crímenes muy violentos, fueron reasignados y pasaron, de la policía o los tribunales, a manos de las Conferencia de Grupo Familiar (FGC, por sus siglas en inglés). Consecuentemente, los jueces vieron un descenso, de hasta un 80%, en el número de casos atendidos. El juez Fred McElrea de Nueva Zelanda ha dicho que ésta ha sido la primera estrategia verdaderamente restaurativa en ser institucionalizada en un marco legal occidental.[1]

En lugar de una audiencia en el tribunal, una persona cumpliendo el papel de coordinadora de justicia juvenil (empleada por el sistema de servicios sociales, no por el sistema judicial) facilita una reunión similar a la que se llevaría a cabo en un Programa de Reconciliación entre Víctima y Ofensor, en el sentido que ofrece un espacio para que las personas involucradas expresen sus sentimientos, miren los hechos y lleguen a una resolución. Los ofensores responden por sus actos y las víctimas tienen la oportunidad de desanudar algunas de sus penas. Pero la estructura y los temas que abarcan las conversaciones de las reuniones de las Conferencias son diferentes que las de un PRVO.

En comparación con el PRVO, las Conferencias son enormes. La familia del ofensor forma una parte esencial; ésta puede ser el núcleo familiar o puede incluir parientes del clan familiar. En el caso de que la familia esté fracturada o sea disfuncional, pueden involucrarse otros parientes lejanos u otras personas que tengan una relación estrecha con los participantes. Pueden invitarse a las personas a cargo del cuidado de algún o varios miembros de la familia; y se incluye a un defensor juvenil, que es un abogado especial que aboga por los derechos del joven ofensor. Asimismo, la víctima puede contar con la presencia de familiares y personas de apoyo. La policía (los acusadores dentro del sistema legal) también participa de la reunión. Entonces, las reuniones, además de tener

---

1. Véase, por ejemplo, los ensayos por McElrea en Jonathan Burnside y Nicola Baker, eds., *Relational Justice: Repairing the Breach* (Winchester, UK: Waterside Press, 1994), p. 104-113, y B. J. Brown y F. W. M. McElrea, eds., *The Youth Court in New Zeland: A New Model of Justice* (Legal Research Foundation, Publication No. 34, 1993). Descripciones y evaluaciones de conferencias de grupo familiar en Nueva Zelanda y Australia pueden hallarse en Christine Alder y Joy Wundersitz, eds., *Family Group Conferencing and Juvenile Justice: The Way Forward or Misplaced Optimism?* (Canberra, Australia: Institute of Criminology, 1994).

muchos participantes, incluyen a personas con perspectivas e intereses divergentes.

Tal vez esto, en sí, parezca radical; pero hay más: se espera que este grupo recomiende cuál debe ser el resultado del caso por completo, no solo en cuanto a la restitución. ¡Y debe haber un consenso grupal en esto! Lo más sorprendente es que en la mayoría de los casos, todo esto se logra.

Las Conferencias de Grupo Familiar funcionan tan bien, que algunos jueces y otros profesionales en Nueva Zelanda están pidiendo que se adopten para todo el sistema judicial. Sin duda, esta estrategia debe ser perfeccionada. Por ejemplo, a veces no se realiza un control de la restitución satisfactoriamente y la primera legislación no reconoció, apropiadamente, el rol central de las víctimas. A pesar de estas fallas, las observaciones hechas acerca del uso de este enfoque son impresionantes.

En Australia se realizan labores similares como en Wagga Wagga, donde la policía facilita las Conferencias y la reunión entre las partes- que también parecen estar funcionando bien y están siendo replicadas en algunos lugares de Estados Unidos.

La participación de las familias en las Conferencias de Grupo Familiar, maximiza la posibilidad de que ocurra algo que el criminólogo australiano, John Braithwaite, llama la "vergüenza reintegradora". En su libro de vanguardia, Braithwaite indica que una de las formas de control social más poderosas es la vergüenza, de la cual hay dos tipos—a saber, la vergüenza *estigmatizadora* y la vergüenza *reintegradora*.[2]

La justicia retributiva encarna la vergüenza estigmatizadora. En ella no es solamente malo tu comportamiento, sino que también lo eres tú, como persona. No hay nada que puedas hacer tú para remediarlo. Por eso es muy difícil reintegrarse a la sociedad. De modo que la gente que ofende siente que será señalada para siempre como ofensora y busca entonces, asociarse a otras

---

2. *Crime, Shame, and Reintegration* (Cambridge University Press, 1989).

personas con conductas desviadas. Las subculturas delictuales, la teoría de la asociación diferencial, la teoría del etiquetamiento y muchas otras perspectivas criminológicas, se entrelazan a través del concepto de la vergüenza estigmatizadora.

Por otra parte, la vergüenza reintegradora denuncia la ofensa pero no al ofensor y además ofrece un camino de regreso. A través de algunos pasos, como el reconocimiento de los daños causados y la toma de medidas para remediarlos, es posible que la persona adquiera autorespeto y vuelva a ser aceptada por la comunidad. Este tipo de vergüenza toma la ofensa como una oportunidad para forjar el carácter del ofensor y construir lazos comunitarios.

En las Conferencias de Grupo Familiar la vergüenza tiene un uso positivo. La posibilidad de que la injuria sea denunciada dentro del círculo de la familia, es grandísima. Es suficientemente difícil sentirse avergonzado frente a la víctima, ¡imagínate cómo ha de ser estar también frente a tu abuela o abuelo! Pero siendo el ofensor parte de la familia, por otro lado, las Conferencias también promueven la afirmación del valor del ofensor como persona.

Según se informa, los miembros de la familia a menudo expresan consternación y enojo por su comportamiento, pero al mismo tiempo afirman su valor esencial y sus cualidades que ha cometido la ofensa. El trabajo en conjunto de la familia, da lugar a conversaciones de las cuales surgen estrategias colaborativas que les permiten a los ofensores asumir responsabilidad por lo ocurrido y enmendarlo y sentirse apoyados a lo largo del proceso.

Además, al haber participado en la determinación del resultado del caso, la familia siente que le pertenece, en cierto modo, el éxito de la resolución. Con esto, es más probable que la familia del joven lo aliente y le brinde apoyo mientras se desenvuelve y cumple el acuerdo al que se llegó.

Por supuesto que las Conferencias de Grupo Familiar no son una panacea, pero la evidencia acumulada hasta ahora da muchas esperanzas. Durante mis estadías en Nueva Zelanda había escuchado historias dramáticas, a menudo, provenientes de personas que no hubieran creído que podrían convertirse fácilmente, en partidarios de las Conferencias, como lo son jueces, oficiales de la policía y abogados.

Se pueden recoger otro tanto de lecciones aprendidas de los Círculos de Sentencia que se usan en algunas comunidades indígenas canadienses. Al igual que las Conferencias de Grupo Familiar, los Círculos de Sentencia presentan una forma de incorporar algunos métodos de resolución de problemas tradicionales, dentro del marco del sistema legal occidental. En los Círculos también se establecen los resultados de los casos—incluyendo los planes de sentencia judiciales—a través del diálogo y el consenso. Pero en comparación, en los Círculos se destaca más la participación de la comunidad. Las reuniones o "círculos" pueden ser bastante grandes, contando con la presencia de muchos miembros de la comunidad.

El juez Barry Stuart -quien tiene jurisdicción en Yukón, donde funcionan círculos de este tipo- subraya que uno de los aspectos de este enfoque -los lazos que se forjan en la comunidad y el arribo a la resolución de un problema por medio del diálogo comunitario sea tal vez el efecto más trascendental de los Círculos de Sentencia.[3] Cuando se excluye a la comunidad, como sucede en los procedimientos de justicia criminal tradicionales, se pierden importantes oportunidades para el crecimiento y fortalecimiento de la comunidad. Sin embargo, cuando los conflictos se procesan adecuadamente, se convierten en instancias a través de las cuales se pueden formar relaciones entre personas y comunidades. Si se quita esto, se quita un ladrillo fundamental de los cimientos de la comunidad y la prevención del crimen. El juez Stuart lo dice del siguiente modo:

---

3. "Alternative Dispute Resolutions in Action in Canada: Community Justice Circles" (monografía no publicada. Yukón Territorial Court, Whitehouse, Yukon). Se describen brevemente los Círculos de Sentencia (como también las Conferencias de Grupo Familiar) en procedimientos de conferencias reproducidos en *Restorative Justice: Four Community Models*, distribuido por MCC Canada Victim Offender Ministries, PO Box 2038, Clearbrook, BCV2T 3T8.

El principal valor de los Círculos Comunitarios de Sentencia no se halla en lo que resulta del ofensor, sino en lo que resulta de la comunidad. Reforzando y forjando un sentido de comunidad, los Círculos de Sentencia mejoran la capacidad que tienen las comunidades de sanar a los individuos y a las familias y en última instancia, de prevenir crímenes. Los Círculos de Sentencia les ofrecen a las personas, importantes oportunidades para mejorar sus imágenes personales, participando de una forma significativa y ayudando en la sanación de las otras personas.

Él sostiene que esta no es una idea radical sino que se vale de las tradiciones de culturas indígenas como también de las que tenían las sociedades occidentales antes de hacerse dependientes de los "sanadores" profesionales y los "solucionadores de conflictos".

En los territorios Yukón, donde él vive, hay varios tipos de círculos en uso. Los círculos de sanación se usan para tratar las necesidades individuales y comunitarias, incluyendo la relación entre la víctima y el ofensor. Varios tipos de Círculos de Sentencia ofrecen un foro para el desarrollo de planes de sentencia y al mismo tiempo, abordan causas y problemas que afectan a toda la comunidad. Los Círculos de Sentencia reúnen a los ofensores, las victimas (o sus representantes), los grupos de apoyo y a personas de la comunidad interesadas, para hablar acerca de lo ocurrido, del por qué, y de lo que se debería hacer al respecto. Según se informa, las discusiones abarcan muchos temas y no solamente planes de sentencia específicos, sino también las causas, las responsabilidades de la comunidad y lo que se necesita para lograr una sanación. Stuart enumera estos objetivos: (1) tratar las causas, no los síntomas; (2) procurar que las partes participen personalmente, dándoles una oportunidad de desahogarse y trabajar para lograr una solución, (3) depender menos de los expertos y (4) forjar un sentido de comunidad. Él mantiene que esta perspectiva funciona igualmente en los barrios urbanos marginados como en las comunidades aborígenes rurales.

La resolución de problemas que ofrecen los Círculos de Sentencia, al igual que las Conferencias de Grupos Familiares, abarca muchos aspectos y por ende, permiten que ocurra la vergüenza reintegrativa. El juez Stuart informa,

> La comunidad [generalmente] le dirá a los ofensores que ellos han hecho algo "malo" pero sin embargo, también les dirá que ellos no son "malas" personas, sino que tienen muchas buenas cualidades que podrían desarrollar. . . . El incluir amor, interés, apoyo y estar dispuestos a perdonar, dentro los procedimientos de sentencia afecta profundamente la actitud y las acciones de muchos ofensores. Como lo dijo un ofensor, "yo nunca escuché nada así antes—que yo le importara a la gente. Yo no sabía eso; para mí siempre había un tipo malo haciendo cosas malas, así que logré ser muy bueno en la cuestión de hacer cosas malas. ¿Por qué no hacerlo, me pregunté? Yo estaba muy enojado por la forma en cómo había sido tratado, ahora me doy cuenta que les importaba y quieren ser de ayuda. Me siento distinto—esto hace que yo quiera ser diferente".

Algunos de nosotros que hemos estado involucrados con la reconciliación entre víctima y ofensor, hemos escuchado historias similares a las que surgen de las Conferencias de Grupo Familiar y de los Círculos de Sentencia. Pero la inclusión de la familia y la comunidad, sugieren explorar importantes caminos que debemos tomar con seriedad, a medida que avanzamos en el desarrollo de la teoría y práctica de una justicia que restaura.

Howard Zehr
Agosto 1995

Epílogo a la Tercera Edición

Cuando estaba escribiendo *Changing Lenses* [*Cambiando de Lente*] a mediados de los años 80, a veces me preguntaba si el libro pudiera ser objeto de risa o de burla. Con certeza, las conferencias víctima-ofensor se practicaban ya en varios países para esa época, pero no eran ampliamente conocidas y la estructura de la justicia restaurativa era nueva y parecía un poco atrevida.

Ahora más de dos décadas más tarde la justicia restaurativa se encuentra bien establecida como movimiento a nivel internacional, así también como un campo de estudio y de práctica. La justicia restaurativa sigue marginada en muchas comunidades, y desconocida en otras, pero está ampliamente conocida y va creciendo a lo largo del mundo. Académicos la estudian y debaten en conferencias; los recursos bibliogáficos sobre el tema han crecido rápidamente en varios idiomas; los gobiernos a veces la financian y, a veces, la defienden; un creciente número de comunidades y países a través del mundo la están implementando; y la cantidad de gente que busca hacer de este campo su carrera crece a diario.

Aquellos que estuvimos involucrados en los años 80, nunca soñamos que sería posible que la justicia restaurativa fuera un tema de debate, e incluso de práctica, en países como Rusia o Sudáfrica. Tampoco nos imaginábamos que la justicia restaurativa podría convertirse en un proceso de justicia por defecto, con las cortes sirviendo como alternativa, como es el caso del sistema judicial de menores de Nueva Zelanda.

El campo de la justicia restaurativa comenzó con ofensas criminales relativamente "leves", pero ahora se aplica a casos de severa violencia e incluso en casos de pena de muerte. Más aún, este abordaje ha ido más allá de las áreas de justicia penal hacia escuelas, lugares de trabajo e incluso en post-conflictos a nivel nacional.

En un tiempo relativamente corto la gota se ha convertido en río.

Mucho se ha aprendido por medio de esta experimentación e interacción. Una cosa que hemos aprendido es que aunque la justicia restaurativa es esencialmente un concepto simple, sus implicancias son profundas, complejas e incluso problemáticas. Por cierto, junto con las buenas noticias del impacto positivo de la justicia restaurativa están las malas noticias de que las inevitables fuerzas de la cooptación y las distracciones enumeradas en el apéndice 2 también avanzan con paso firme.

Si fuera a escribir *Changing Lenses* [*Cambiando de Lente*] hoy, a la luz de todo lo que se ha aprendido en las décadas pasadas, quizás habría algunas cosas de otra manera. No obstante, creo que la estructura básica y el argumento del libro aún siguen válidos. La mayoría de los cambios se verían reflejados en énfasis o exploraciones ampliadas con respecto a ciertos temas. En lo que sigue, señalo algunos de los temas que se podrían agregar o explorar más profundamente. El ensayo bibliográfico de esta edición sugiere fuentes, incluyendo recientes escritos míos, para una mayor exploración sobre estos temas (las referencias citadas abajo pueden ser encontradas allí).

En mis clases de postgrado de justicia restaurativa, con frecuencia les pido a los participantes que escriban un ensayo sobre cómo *Changing Lenses* [*Cambiando de Lente*] puede ser fortalecido a la luz de nuevas experiencias y nuevos escritos. En este contexto Gary Shapiro señaló una característica fundamental de este libro que es importante tener en cuenta: "el contexto es básicamente moderno, occidental, racionalista, cristiano, demócrata liberal e individualista. Lo que falta es una perspectiva profunda y amplia que integre una cultura socio-política colectivista no occidental con una espiritualidad ateísta y no jerárquica".

La validez de esta descripción se ha vuelto acentuadamente clara, mientras que la concepción occidental de la justicia restaurativa interactúa con otras culturas y tradiciones de fe. En mis propias clases, que incluye practicantes de muchos países y tradiciones, los participantes con frecuencia encuentran que la justicia restaurativa tiene profundas conexiones con sus propias culturas y tradiciones religiosas, pero que la teoría, práctica y presunciones tácitas no pueden ser simplemente transportadas a sus contextos.

Por otra parte, la justicia restaurativa sí provee un importante catalizador para las discusiones en diversos contextos—siempre y cuando se entienda como tal y no como una receta explícita de implementación. La justicia restaurativa en el mejor de los casos es solamente una brújula apuntando hacia una dirección, no un mapa detallado que describe cómo llegar. A fin de cuentas, lo más importante de la justicia restaurativa puede que no sea ninguna teoría específica ni práctica en particular, sino que la forma en que abre diálogo en nuestras comunidades y sociedades, para explorar nuestras presunciones y necesidades. Es decir, ¿a qué nos referimos con justicia? ¿Nos entregan justicia nuestros sistemas establecidos? ¿Qué necesita cambiar? ¿Cuáles son nuestros valores, qué nos importa? Cuando dirijo talleres sobre la justicia restaurativa, me doy cuenta que inevitablemente comenzamos a hablar no solo sobre nuestros sistemas formales de justicia, sino que también sobre nuestras escuelas, nuestras comunidades acerca de cómo vivimos como individuos dentro de una sociedad. Estas discusiones con frecuencia abren ventanas de esperanza que proponen que hagamos las cosas de manera diferente.

A continuación, entonces, presento algunos de los temas a los que yo me dirigiría si fuera a escribir *Cambiando de Lente* hoy.

Asuntos sobre las partes interesadas

La justicia restaurativa se desarrolló en parte ante una respuesta del análisis de las necesidades y roles de las "partes interesadas" en la justicia.[4] *Changing Lenses* [*Cambiando de Lente*] identifica a las partes interesadas primordialmente como las víctimas, los ofensores y las comunidades. Habla relativamente poco sobre el rol del gobierno como una parte interesada. Si bien es cierto esto refleja un sesgo personal con respecto a las aproximaciones populares y escepticismo al gobierno (derivado, en parte, de mi tradición religiosa anabautista), el gobierno sí es una parte interesada importante, además tiene un rol en los procesos restaurativos. Como mínimo, el gobierno tiene un importante rol, apoyando estos procesos, resguardando los derechos humanos y proveyendo procesos alternativos semi-restaurativos cuando la opción plenamente restaurativa no es posible. Sin embargo, el debido rol del gobierno es un tema complejo que se ha debatido bastante en este campo.

En los años transcurridos, el tema de la comunidad se ha vuelto mucho más esencial a la justicia restaurativa, pero también mucho más complejo e incluso contencioso. Muchos defensores del concepto creen que la justicia restaurativa queda incompleta a menos que la comunidad esté plenamente representada en los procesos restaurativos. Algunos argumentan que los procesos de la justicia restaurativa, tales como los círculos comunitarios o familiares tienen el potencial de alentar una forma más participativa de democracia a nivel comunal. Ellos sugieren que una manera de evaluar la eficacia de la justicia

---

4. Un antiguo estudiante mío Jarem Sawatsky señaló que la palabra utilizada en inglés para "partes interesadas" ("stakeholder") es un término desafortunado ya que deriva de la experiencia histórica de los asentadores blancos que reclamaban tierra de los indígenas.

restaurativa debe ser el grado de su incidencia en el fortalecimiento de la comunidad. De todos modos, las comunidades tienen una parte porque son, en distintos grados las víctimas, pero también porque tienen obligaciones y porque representan recursos importantes.

Aunque la importancia de la comunidad en la justicia restaurativa se ha enfatizado ampliamente, buscar definiciones de comunidad ha tenido mayor debate. ¿Cómo definimos comunidad? ¿Qué significa en la práctica? ¿Cuál es el rol apropiado del gobierno en relación a las iniciativas comunitarias? Algunos argumentan que las comunidades deben apropiarse de los procesos restaurativos además de operarlos, mientras que otros se preguntan si las comunidades no estarán demasiado traumatizadas e inestables para confiarles este proceso. Aquellos que viven en contextos como el europeo occidental en donde la mayoría de los gobiernos han jugado un rol importante y positivo en el bienestar social, argumentan, según su experiencia, que los gobiernos sí legítimamente representan los intereses de la comunidad.

Ahora tengo mucha más experiencia con víctimas del crimen, de lo que tenía en los años 80 y por tanto, tengo más que decir con respecto a sus perspectivas. Si tuviera que empezar de nuevo, sería más específico con respecto a lo que necesitan de un proceso de justicia, pero también hablaría de los desafíos que existen en hacer que la justicia restaurativa esté efectivamente orientada hacia la víctima. Igualmente, hay mucho más que se podría decir acerca de las necesidades de los ofensores. Me he interesado particularmente en el rol de la vergüenza y el trauma en la vida de los ofensores y las víctimas y la importancia de la creación de nuevas narrativas de vida—"re-historia"—para superar el pasado.

Desde la publicación del libro innovador de John Braithwaite en 1989, *Crime, Shame, and Reintegration* [*Crimen, vergüenza y reintegración*], la vergüenza se ha vuelto un importante tema de debate dentro de la justicia restaurativa. Braithwaite argumenta que si no es apropiadamente manejada, la vergüenza se convierte en un "estigma" y esa vergüenza estigmatizadora alienta el comportamiento ofensor; él también propone que casi toda la justicia que conocemos en occidente es estigmatizadora, ayudando a perpetuar el ciclo ofensor. Sin embargo, sostiene que la vergüenza puede ser positiva y reintegradora si es que se aplica y se maneja apropiadamente, por ejemplo, en conferencias restaurativas. No obstante, algunos cuestionan si es que la vergüenza puede alguna vez ser una fuerza positiva. Otros están preocupados por que algunos practicantes están interpretando equivocadamente a Braithwaite y a otros. En vez de enfocarse en cómo quitar y transformar la vergüenza para que sea reintegradora, practicantes y participantes, a veces ponen toda su energía en asegurarse que los ofensores sientan vergüenza, una estrategia que puede conseguir el efecto contrario.

Estoy convencido que los temas de la vergüenza y humillación (y sus opuestos: el respeto, la dignidad, el honor) son realmente importantes para entender las experiencias y necesidades de los ofensores, así también de las víctimas. La vergüenza y el respeto, la humillación y el honor, tienen un gran poder analítico que nos ayuda a entender las experiencias, motivaciones y perspectivas de los ofensores y de las víctimas. Las experiencias de vergüenza y de falta de respeto ayudan a explicar por qué con tanta frecuencia la justicia obtiene resultados contrarios. Sin embargo, discrepo con la opinión que deberíamos deliberadamente imponer vergüenza en los ofensores. En el proceso de justicia restaurativa, la experiencia de confrontar a víctimas y miembros de la familia y de desarrollar mayor comprensión y empatía, con frecuencia resulta naturalmente en un sentimiento de vergüenza por parte de los ofensores. Nuestro foco, mas bien, debería ser en proveer maneras de remover la vergüenza y, hasta donde sea posible, transformarla en un sentido de autorespeto.

Historia y orígenes

Aunque escribí sobre mi propia tradición europea "indígena", en aquellos días no me había dado cuenta adecuadamente de la tremenda deuda que tiene la justicia restaurativa con muchas tradiciones indígenas. Dos pueblos han hecho contribuciones específicas y profundas a la práctica de este campo—las Naciones Originarias de Canadá y Estados Unidos y el pueblo Maorí—pero de muchas maneras la justicia restaurativa representa una validación de los valores y prácticas que eran característicos de muchos grupos indígenas. Aunque algunos han intentado rechazar esta declaración como un "mito de orígenes", yo considero que la justicia restaurativa resuena ampliamente con la gente de varias tradiciones indígenas con las que me he encontrado en mis propias clases y viajes. Braithwaite ha escrito que aún no ha encontrado una tradición que no tenga elementos tanto de la justicia restaurativa como de la justicia retributiva y esto también es cierto con respecto a mi propia experiencia.

He llegado a pensar en la justicia restaurativa como una manera de legitimizar y revalorar los elementos restaurativos en nuestras tradiciones—tradiciones que con frecuencia han sido desvaloradas y reprimidas por los poderes coloniales occidentales. No obstante, la justicia restaurativa moderna no representa una simple recreación del pasado, sino que mas bien, una adaptación de algunos valores, principios y acercamientos básicos de estas tradiciones combinados con realidades y sensibilidades modernas de los derechos humanos. Poniéndolo de otra manera, un juez de la corte de menores Maorí en Nueva Zelanda una vez me comentó que mi aproximación era una manera de articular elementos claves de su propia tradición de una forma en que los occidentales podían entenderla y aceptarla. En el capítulo 7, brevemente describo la "revolución legal" que trajo al frente un sistema judicial más enfocado retributivamente. Si fuera a reintegrar trabajos históricos más recientes sería posible dibujar un esquema más completo de cómo el constante desarrollo de la teoría legal y la teología se distorsionan y refuerzan mutuamente, incorporando profundamente valores punitivos en la cultura occidental.

El concepto de la justicia restaurativa

Aunque mi concepto básico de justicia restaurativa no ha cambiado en sus fundamentos, a través de cientos de cátedras y discusiones, mi concepción de ella se ha vuelto más clara. Lo que sigue es cómo yo a veces formulo la justicia restaurativa:

Justicia restaurativa...
1. Se enfoca en los *daños* y las *necesidades* consecuentes. (de las víctimas, pero también de las comunidades y ofensores)
2. Atiende las *obligaciones* que resultan de esos daños. (de los ofensores, pero también de la comunidad y la sociedad)
3. Usa procesos *inclusivos* y *colaborativos*.
4. Involucra a quiénes tienen *parte* en la situación. (víctimas, ofensores, miembros de la comunidad, sociedad)
5. Busca *corregir* los males.

A veces describo la justicia restaurativa como una rueda. Al centro de la rueda hay un eje: el esfuerzo de "corregir" hasta el grado que sea posible, el mal (número 5, arriba). Sin embargo, mi entendimiento de "corregir" se ha expandido. Después de escuchar a las víctimas y también de observar a los participantes en las conferencias de grupo familiar de Nueva Zelanda—y especialmente a los participantes Maorí—he llegado a darme cuenta que "corregir" significa que tenemos que tratar los daños y necesidades de las víctimas, pero también las causas de la ofensa. De ahí emerge el plan de las conferencias de justicia juvenil de Nueva Zelanda, que supone tener dos partes cruciales: un plan que atienda los daños y necesidades de las víctimas y un plan que atienda lo que suceda en la vida de los jóvenes ofensores para motivarles a ofender. Esto representa un esfuerzo que busca "corregir" de una manera íntegra.

Alrededor del eje de la rueda—que es el esfuerzo de corregir—hay cuatro radios (números del 1 al 4 arriba): la justicia restaurativa atiende los daños y necesidades, así también las obligaciones e involucra a quiénes son afectados o de alguna manera tienen parte en la situación, usando, al grado que sea posible, procesos colaborativos inclusivos.

Una rueda no puede funcionar solamente con eje y con radios: requiere una llanta y cada vez veo más a la llanta como los valores que rodean y apoyan nuestro trabajo. Una importante crítica a la justicia restaurativa, por lo menos como *Changing Lenses* [*Cambiando de Lente*] la presenta, es que se enfoca en principios, pero no lo suficiente en los valores subyacentes a esos principios. Por cierto, es probable que siguiéramos los principios de la justicia restaurativa y aun así hacer cosas de manera no restaurativas—a menos que claramente conceptualicemos o seamos guiados por los valores fundamentales. Examinaré tres de estos valores un poco más adelante.

En esencia, "Cambiando de Lente" nos requiere modificar las preguntas que planteamos. En vez de preocuparnos con las tres preguntas que dominan al sistema legal occidental—¿qué regla o ley fue quebrantada? ¿quién lo hizo? ¿qué merece como consecuencia?—yo propongo que seamos guiados por lo que llamaría las preguntas guías de la justicia restaurativa:

¿Quién ha sido herido?
¿Cuáles son sus necesidades?
¿De quiénes son las obligaciones?
¿Cuáles son las causas?
¿Quién tiene parte en esta situación?
¿Cuál es el proceso apropiado para involucrar a las partes interesadas para así dirigirse a las causas y corregir la situación?

En páginas anteriores he descrito la "justicia retributiva" en contraste con la justicia restaurativa. Aunque sigo creyendo que estas comparaciones pueden ser herramientas útiles, ya no hablo con tan clara dicotomía. De hecho, algunos críticos han alegado que estas dicotomías reflejan el mismo acercamiento confrontacional que busco criticar. Permítanme destacar tres dimensiones de esto:

1. El ensayo *The Spiritual Roots of Restorative Justice* [*Las Raíces Espirituales de la Justicia Restaurativa*] de Conrad Brunk, me ayudó a darme cuenta que a nivel teórico la retribución y la restauración tienen mucho en común. Una meta primaria de tanto la teoría retributiva como de la restaurativa es lograr reciprocidad "equiparando la balanza". Difieren precisamente en qué equiparará la balanza. Ambas reconocen una intuición básica moral que desestabiliza la balanza al hacer el mal. Consecuentemente, la víctima merece algo y el ofensor debe algo. Ambos enfoques argumentan que debe haber una relación proporcional entre el acto y la respuesta. Difieren, sin embargo, en cuál es el cambio que cumplirá las obligaciones y balanceará la situación.

    La teoría retributiva sostiene que el dolor reivindicará, pero en la práctica esto es contraproducente tanto para la víctima como para el ofensor. La teoría de la justicia restaurativa por su parte, argumenta que lo que realmente reivindica es el reconocimiento de los daños y las necesidades de la víctima, combinado con un esfuerzo activo que alienta a los ofensores a asumir responsabilidad, corregir el mal y dirigirse a las causas del comportamiento. Al dirigirse a esta necesidad de reivindicación de una manera positiva, la justicia restaurativa tiene el potencial de validar tanto a la víctima como al ofensor y ayudarles a transformar sus vidas.

    Esbozar la retribución y la restauración como mutuamente excluyentes, corta la posibilidad de explorar cosas en común e intereses recíprocos entre los que sostienen estas posiciones. Presentarlos como totalmente opuestos oscurece los elementos retributivos que pueden ser parte de un acercamiento restaurativo.

2. En vez de ser opuestos, las dos aproximaciones—el acercamiento legal y el restaurativo—pueden ser

vistas como puntos dentro de una misma escala o medidor. A veces el indicador se acercará más al lado legal y otras tantas al restaurativo. Como mencioné antes, mi trabajo en sociedades que no cuentan con sistemas legales estables ni con claras tradiciones en derechos humanos ha ayudado a darme cuenta que necesitamos sistemas legales bien fundados que garanticen estos derechos y que establezcan una especie de "verdad" cuando ésta sea negada. Éstos no se pueden tomar por sentado. Sin embargo, también debemos reconocer las fallas en el enfoque legal occidental y debemos trabajar por que nuestros sistemas y los casos individuales tengan procesos y resultados que sean lo más restaurativos posibles. A veces nos podemos acercar mucho al polo restaurativo, mientras que en otras oportunidades nos acercaremos poco. La meta debe ser que los procesos sean lo más restaurativos posibles dentro de las realidades de la situación, quizás con opciones restaurativas "por defecto" como es la intención del sistema judicial de menores en Nueva Zelanda.

El ideal, quizás, sería un sistema que fuera restaurativo en su base y en su esencia, con opciones menos restaurativas para cuando las opciones más restaurativas fallen o sean claramente inapropiadas. En el texto *Restorative Justice and Responsive Regulation* [*La Justicia Restaurativa y las Regulaciones Receptivas*] Braithwaite argumenta que utilizándolas como último recurso, las opciones menos restaurativas tales como la disuasión y el aislamiento pueden ser más eficaces en un contexto restaurativo que en uno punitivo.

3. Dentro de la justicia restaurativa visualizo un continuo que va, por un lado, desde lo netamente restaurativo a lo no restaurativo por el otro. Entre estos dos polos existe una variedad de opciones con cualidades restaurativas. Algunos, por ejemplo,

son parcialmente restaurativos y otros son potencialmente restaurativos. Algunos acercamientos -como por ejemplo los servicios de asistencia a la víctima- son absolutamente esenciales en el sistema restaurativo, pero por sí solos no pueden cumplir todos los requisitos de un sistema restaurativo, ya que, no pueden dirigirse completamente a los problemas del ofensor. Otros acercamientos tales como los programas de restitución por medio del servicio comunitario, pueden ser restaurativos si se conciben e implementan apropiadamente, aunque la mayoría de los programas generalmente no lo son. Esta precisión en el análisis o terminología se ha vuelto más importante en la medida en que el término "justicia restaurativa" se ha vuelto un lema que se ha aplicado a una variedad de acercamientos, algunos de los cuales no son en nada restaurativos.

Ha habido un debate consistente sobre lo adecuado— o inadecuado—del término "justicia restaurativa" con críticas al menos en dos niveles. Primero, como lo reconoce *Changing Lenses* [*Cambiando de Lente*], las palabras "re-" son problemáticas porque muchas partes interesadas y otras personas atraídas a este campo no buscan volver a un estado previo, sino que avanzar a uno mejor o a condiciones mejores. De hecho, lo que es necesario en la mayoría de los casos es encontrar una nueva realidad. Algunos han sugerido que el término "justicia transformativa" puede que sea más preciso.

Aquellos que defienden la justicia transformativa también señalan, con justa razón, que si la justicia restaurativa solo reproduce el énfasis individualista del sistema legal y no aborda a las causas de las ofensas y victimización, que frecuentemente son estructurales, ésta continuará perpetuando el crimen. Ellos argumentan a favor de una aproximación transformativa hacia la justicia que no solamente se enfoca en el mal obrar del individuo, sino que también aborda los daños y obligaciones sociales, económicas y políticas inherentes al sistema. Mi visión es que la justicia restaurativa debería incluir la justicia transformativa en ese sentido, aunque me doy cuenta que en la práctica este aspecto tiende a perderse. También reconozco que la formulación de la justicia restaurativa en *Changing Lenses* [*Cambiando de Lente*] probablemente no se dirige adecuadamente a estos temas estructurales más grandes. En esa obra traté de explorar las presunciones básicas—expresadas y no expresadas—de crimen y justicia que fundamentan nuestro entendimiento. Para usar un término más reciente propuse que replanteáramos nuestras concepciones. Lo que en ese entonces no entendía era el grado en que nuestros macros teóricos o presunciones estaban arraigados en y formados por nuestro lenguaje y metáforas. Si yo fuera a empezar de nuevo exploraría más esta dimensión. Cambiar de lente, en resumen, involucra replantear nuestras preguntas y metáforas.

En la práctica

Como señalé antes, la práctica de la justicia restaurativa ha ido mucho más allá de los encuentros víctima-ofensor en casos como los de robo. No obstante, aunque las "conferencias" víctima-ofensor (nunca me gustó el término "mediación" en estas situaciones, aunque es con frecuencia utilizado) siguen siendo la forma predominante de justicia restaurativa practicada en Estados Unidos, dos nuevas formas de conferencia han surgido—ambas con raíces en comunidades indígenas—que amplían grandemente el círculo de impacto e involucramiento. Conferencias de grupo familiar y círculos se describen en el apéndice 4, que fue agregado a la edición de 1995 de este libro. Cada vez más, estas diversas formas, son mezcladas hasta que la distinción entre ellas se hace cada vez menos clara. Lo que sí es claro es el valor de expandir el número de partes interesadas en muchas de las situaciones, así como también el número de los asuntos abordados en este tipo de escena.

Una nueva forma de práctica en el área de la justicia penal, y una que no había sido anticipada, es su utilización en los casos de pena de muerte en Estados Unidos. El Programa por la Defensa de Apoyo a Víctimas (PDAV o por sus siglas en inglés, DBVO—Defense-Based Victim Outreach) estrenado por Tammy Krause, una antigua estudiante mía, trabaja con casos de pena de muerte para proveer un vínculo entre los familiares de las víctimas del asesinato y los abogados defensores, para poder ayudar a satisfacer las necesidades de la víctima y reducir el trauma del proceso legal para ella. Partiendo de la justicia restaurativa y sus principios basados en las necesidades de la víctima y las obligaciones del ofensor, un "especialista en apoyo a víctimas" trabaja con las víctimas para identificar lo que necesitan y lo que quieren del proceso de justicia, que el ofensor y sus abogados pueden proveer. Con frecuencia esto incluye la necesidad de tener información fidedigna sobre lo que realmente pasó en el crimen o lo que sucederá en el proceso legal. Los miembros de la familia que sobreviven con frecuencia quieren también que los ofensores reconozcan su responsabilidad. A veces el trabajo con las víctimas resulta en un acuerdo entre las partes que atenderá las necesidades de la víctima, incluyendo la necesidad de que el ofensor reconozca su responsabilidad. En otras ocasiones el trabajo con especialistas en apoyo a víctimas se limita a dirigirse a las necesidades de las víctimas que pueden ser satisfechas dentro de un proceso legal habitual. Aunque estos casos a veces resultan en encuentros entre sobrevivientes y ofensores, con mucha frecuencia esto sería justicia restaurativa parcial, con un énfasis en proveer maneras para que la víctima se empodere, se satisfagan algunas de sus necesidades y se reduzca el trauma que le generan los juicios.

En tan solo unos pocos años, el Programa por la Defensa de Apoyo a Víctimas, ha evolucionado tanto que se está convirtiendo progresivamente en la norma en casos federales de pena capital. Cada vez más está siendo financiado como una parte esencial de la responsabilidad de la defensa. Especialmente significativo fue el reconocimiento a fines del año 2004 hecho por el Comité de Servicios de Defensores de la Conferencia Judicial de

Estados Unidos—el comité de jueces federales que supervisa todas las defensas federales de indigentes—que este trabajo es parte de la investigación que la defensa debe realizar en casos de pena capital.

¿Un estilo de vida?

A través de los años he oído a mucha gente argumentar que la justicia restaurativa es un estilo de vida. Inicialmente encontraba esto muy desconcertante: ¿cómo puede un esquema conceptual—en realidad un concepto muy simple—diseñado para responder al crimen ser visto como algo que cambia la vida o incluso como un estilo de vida?

Más recientemente he concluido que la justicia restaurativa como "estilo de vida" tiene que ver con el sistema ético que la justicia restaurativa encarna. Algunos argumentan que la justicia restaurativa refleja y accede a valores universales y es por eso que se logra coincidir con tantas tradiciones religiosas e indígenas. Sea esto preciso o no (y creo que lo es), la justicia restaurativa sí encarna un sistema de valores coherente e internamente consistente de una manera en que la "justicia criminal" no lo hace.

El sistema judicial penal occidental pretende promover algunos importantes valores positivos: los derechos inherentes de cada persona; los límites de un comportamiento aceptable; la importancia de la imparcialidad y la consistencia. Sin embargo, lo hace de una manera que es ampliamente negativa, diciendo "haz esto o si no". Te haremos a ti lo que has hecho a otros; el sufrimiento requiere sufrimiento; el castigo es un reflejo preciso de la ofensa. Un razonamiento para la variada literatura que racionaliza el principio del castigo es que al Estado se le empodera para infligir dolor, y en la mayoría de las circunstancias infligir dolor se ve como moralmente cuestionable. Para que el sistema se mantenga compasivo y para mitigar el sufrimiento que causamos, estamos obligados a hacer valer importantes valores desde fuera del sistema ético de justicia. Debemos instruir a los practicantes a tratar a los ofensores humanamente, por ejemplo, porque una concepción punitiva de la justicia basada en el principio del justo merecido no enfatiza este valor. Los valores traídos desde fuera nunca son tan auténticos como los que provienen de uno mismo. Más aún, el enfoque punitivo de la justicia no nos ofrece ninguna visión del bien ni tampoco de cómo se debe vivir la vida en sociedad.

La justicia restaurativa, por otra parte, ofrece un sistema de valores inherentemente positivos y relativamente coherentes. Implica una visión del bien y de cómo debemos vivir nuestra vida en sociedad. Como muchas tradiciones indígenas y religiosas la justicia restaurativa se basa en la presunción de que nosotros como individuos estamos entrelazados y que lo que hacemos les importa a los otros y viceversa. Así los principios básicos de la justicia restaurativa, no importa como se articulen, sugieren guías por las cuales la mayoría de nosotros queremos vivir nuestro día a día. La justicia restaurativa nos recuerda la importancia de las relaciones. Nos llama a considerar el impacto de nuestro comportamiento en los otros y las obligaciones que nuestros actos conllevan. Enfatiza la dignidad que tanto nosotros como los demás nos merecemos. Quizás en ese sentido la justicia restaurativa sí sugiere un estilo de vida.

Valores

Como describí anteriormente la "rueda" de la justicia debe estar rodeada por una llanta de valores. Tres se han vuelto especialmente importantes para mí.

El primero es el *respeto.* Estoy convencido que las cuestiones de respeto son fundamentales para muchas ofensas y para la forma negativa en que los ofensores con tanta frecuencia experimentan la justicia. Así mismo, cuestiones de respeto y de irrespeto juegan un rol importante en el trauma y la recuperación de las víctimas, así también como la forma negativa en que experimentan la justicia.

La justicia restaurativa, en una sola palabra, se trata del respeto. Si tomamos ese valor seriamente, buscando profundamente respetar las perspectivas, necesidades y sentido de valor de todos los involucrados vamos a, inevitablemente, hacer justicia de manera restaurativa.

El segundo valor clave es la *humildad*. Dentro de este significado incluyo su uso común, la idea de no atribuirse méritos inmerecidos. Es un importante valor para los practicantes de la justicia restaurativa. Ya que cuando se practica bien la justicia, los participantes con frecuencia pasan por alto el rol del facilitador y es importante que los practicantes puedan vivir con esa falta de reconocimiento.

Pero por humildad me refiero primordialmente a algo más básico y más difícil: un profundo reconocimiento de los límites de lo que "sabemos". Un principio esencial de la justicia restaurativa es que debe ser contextual, formada desde la base de un contexto particular. Como resultado la humildad no predispone a dudar mucho en generalizar y traspasar lo que creemos que sabemos a las situaciones de otros. La humildad también requiere una profunda conciencia de cómo nuestras biografías forman nuestro conocimiento y nuestra parcialidad. Nuestro género, cultura, etnicidad e historia personal y colectiva, influyen profundamente, de maneras de las que difícilmente podemos estar conscientes, en cómo sabemos y lo que sabemos. La humildad nos llama a estar abiertos y a apreciar profundamente las realidades de los otros. Tal apertura es imperativa en un mundo que se polariza cada vez más.

Solo si somos humildes podemos protegernos de una justicia que, aunque parezca liberadora, se convierte en una carga para otros; o como ha sucedido en tantas "reformas", se convierte en un arma que es utilizada en contra de las personas. Hay una lección que aprender de la historia de la cárcel moderna: fue introducida como una reforma que rápidamente se volvió brutal, tanto así que el movimiento de reforma carcelaria es casi tan antiguo como la misma cárcel moderna. La humildad requiere que aquellos que defendemos la justicia restaurativa nos comprometamos con la obligación de escuchar a nuestros detractores para contrastar nuestra visión con las realidades y de ser tanto defensor como crítico.

El tercer valor es la *maravilla*, la admiración. El saber occidental ha estado profundamente influenciado por el filósofo Descartes. La aproximación epistemológica primordial de Descartes era la duda. Dudarlo todo, decía él, hasta que encuentres algo que sea certero; para él lo único que no podía ser dudado era el axioma "pienso luego soy". Esta postura de duda por cierto tiene fortalezas—argumenté anteriormente que la humildad nos requiere que mantengamos cierto escepticismo sobre lo que sabemos y hacemos—pero una actitud completamente escéptica nos puede guiar a mucho cinismo.

El profesor Delbert Wiens comenzó el primer curso universitario de filosofía reconociendo esta postura en el pensamiento occidental y luego sugiriendo una corrección: el apropiado acercamiento al mundo, decía él, es la maravilla. Esta perspectiva es cada vez más importante para mí y para este campo, creo yo. La maravilla involucra una apreciación del misterio, la ambigüedad, la paradoja e incluso las contradicciones. La habilidad de vivir con lo desconocido, con sorpresas y con lo aparentemente irreconciliable es esencial para una buena práctica de la justicia restaurativa.

David James Duncan en su libro *My Story as Told by Water [Mi Historia Contada por el Agua]* (San Francisco, CA: Sierra Club Books, 2001), define la maravilla de la siguiente manera: ". . . maravillarse es lo por descubrir experimentado como placer". ¡Dado eso, el campo de la justicia restaurativa promete mucho placer! Aunque el campo contemporáneo ya va para medio siglo de experiencia, aunque tiene profundas raíces en nuestra historia, aún estamos al inicio de la curva de aprendizaje. Aún hay mucho que no sabemos.

En el Epílogo para la primera edición de *Changing Lenses* [*Cambiando de Lente*], describo la justicia restaurativa como un destino poco claro en un viaje necesariamente largo y sinuoso. Ahora, unas cuantas décadas después puedo con confianza decir que aunque sigue siendo un viaje con muchas curvas, muchos desvíos y vueltas equivocadas, la vía y su destino no son tan poco claras como lo eran antes.

Creo que si emprendemos este viaje con respeto y humildad, y una actitud de maravilla, nos puede llevar hacia ese mundo que queremos que nuestros hijos y nietos habiten.

Ensayo Bibliográfico de la Tercera Edición

En los últimos años, desde la primera edición de *Changing Lenses*, han circulado publicaciones acerca de la justicia restaurativa y otros temas relacionados, a un ritmo exponencial. En 1997, Paul McCold publicó una bibliografía de 150 páginas titulada *Restorative Justice: An Annotated Bibliography* (Monsey, NY: Criminal Justice Press). Desde entonces, han salido cientos de otros libros y artículos dedicados al tema.

Para el siguiente ensayo bibliográfico no pretendo abarcar todos los recursos disponibles en este tema. Sino que presento una selección de libros que han sido especialmente interesantes para mí durante esta última década, y que creo que serían útiles para el lector que está conociendo el tema de la justicia restaurativa. Los materiales que me han ayudado, en particular, a desarrollar los conceptos y la narrativa de *Changing Lenses* están al pie de página en el libro.

Para obtener más referencias, sugiero visitar la excelente página en internet de Prison Fellowship: www.restorativejustice.org. Ésta dice tener—y probablemente así lo sea—el repertorio bibliográfico analítico en materia de justicia restaurativa más grande de internet. También tiene enlaces a otras páginas que pueden ser de utilidad.

Capítulo 2: La Víctima

El innovador libro de Judith Lewis Herman, *Trauma and Recovery* (New York: BasicBooks, 1997) es un material de lectura esencial en el campo de victimización y trauma. También he valorado *Creatmg Sanctuary: Toward the Evolution of Sane Societies* (New York: Routledge, 1977) de Sandra Bloom, por su enfoque y aguda comprensión del trauma y de la relación entre el trauma y la estructura social. Lisa Barnes Lampman & Michelle D. Shattuck (eds.), *God and the Victim: Theological Reflections on Evil, Victimization, Justice, and Forgiveness* (Grand Rapids, MI: Wm. B. Eerdmans Publishing Co., 1999), comprende una colección de ponencias originalmente presentadas en una conferencia, por lo cual tienen un tono académico, pero abordan algunos temas teológicos esenciales que tienen que ver con la victimización.

Una obra de mi autoría con una reciente sinopsis de la experiencia de la víctima, en conjunto con las voces de verdaderas víctimas, es *Transcending: Reflections of Crime Victims* (Intercourse, PA: Good Books, 2001).

Capítulo 3: El Ofensor

Se siguen publicando numerosos textos sobre prisioneros, y escritos por prisioneros. Entre ellos está: Bell Gale Chevigny (ed.), *Doing Time: 25 Years of Prison Writing* (NewYork: Arcade Publishing, 1999), Robert Johnson & Hans Toch (eds.), *Crime and Punishment: Inside Views* (Los Angeles: Roxbury Publishing Co., 2000), y Lori B. Girshick, *No Safe Haven: Stories of Women in Prison* (Boston: Northeastern University Press, 2000). Jane Evelyn Attwood's *Too Much Time* (London: Phaidon Press Ltd., 2000), incluye fotos y contenido acerca de mujeres encarceladas.

De mi autoría, *Doing Life: Reflections of Men and Women Serving Life Sentences* (Intercourse, PA: Good Books, 1996) presenta retratos y palabras de mujeres y hombres en cadena perpetua.

Varios libros examinan la industria penitenciaria. Entre ellos el de Nils Christie, *Crime Control as Industry*;

(New York: Routledge, 1993), de Joel Dyer, *The Perpetual Prisoner Machine: How America Profits from Cnme* (Boulder, CO: Westview Press, 2000), y el de Daniel Burton-Rose, Dan Pens & Paul Wright, *The Ceiling of Amenca: An Instde Look at the U.S. Prison Industry*. Jerome Miller's *Search and Destroy: African-American Males in the Criminal Justice System* (Cambridge: Cambridge University Press, 1996), que explora el papel que juegan los tipos raciales en el sistema de justicia penal.

Yo creo que para entender las necesidades y perspectivas del ofensor es importante ver Shadd Marun *Making Good: How Ex-Convicts Reform and Rebuild Their Lives* (Washmgton, DC: American Psychological Association Book, 2001), y James Gilligan, *Violence: Reflections of a National Epidemic* (New York: Vantage Books, 1996).

Examina el fenómeno de los prisioneros a nivel internacional, una investigación de Vivien Stern—que ya tiene unos cuantos años—titulada *A Sin Against the Future: Imprisonment in the World* (Boston: Northeastern University Press, 1998), y la obra de Susan Cook y Susanne Davies, *Harsh Punishment: International Experiences of Women's Imprisonment* (Boston: Northeastern University Press, 2000).

El libro de David Cayley, *The ExpandingPrison: The Crisis in Cnme and Pumshment and the Search for Alternatives* (Toronto: House of Anansi Press, 1998), le dio origen a una serie de entrevistas radiales transmitidas por la corporación canadiense de radiodifusión, Canadian Broadcast Corporation. Es una lectura destacada en cuanto al tema de castigo, a nivel teórico y práctico, y en cuanto a los temas que presentan los siguientes capítulos.

Capítulo 4: Temas Comunes

El tema del perdón se ha puesto más de moda en los últimos años, por lo cual se han propagado las publicaciones acerca de ello. Valoro la información de Cynthia Ransley y Terri Spy en *Forgiveness and the Healing Process: A Central Therapeutic Concem* (Hove, UK: Brunner-Routledge, 2004); estos editores—siendo uno Cristiano y el otro no—ofrecen un rico conjunto de perspectivas. Wilma L. Derksen, cuya hija fue asesinada, ha profundizado la idea del perdón; su último libro se titula *Confronting the Horror: The Aftermath of Violence* (Winnipeg, Canada: Amity Publishers, 2002). Elliot Cose tiene un libro muy ameno, *Bone to Pick: Of Forgiveness, Reconciliation, Reparation, and Revenge* (New York: Atria Books, 2004), que examina el fenómeno del perdón y de la restauración en diferentes ámbitos internacionales. Donald W. Shriver Jr., *An Ethic for Enemies: Forgiveness in Politics* (New York: Oxford Universrty Press, 1995), trata el tema del perdón como un fenómeno político. Del autor Nicholas Tavuchis, *Mea Culpa: A Sociology of Apology and Reconciliation* (Stanford, CA: Stanford University Press, 1991), tiene unos años pero ofrece un valioso análisis de la dinámica entre el pedir y el dar perdón.

Ha crecido la importancia (y la polémica) del tema de la vergüenza en las mesas de la justicia restaurativa desde la publicación de *Crime, Shame and Reintegration* (Cambridge: Cambridge University Press, 1989) por John Braithwaite. El asunto ha creado controversias y ha estimulado números artículos (cf. Gabrielle Maxwell and Allison Morris in Zehr and Toews (eds.), *Critical Issues in Restorative Justice* citado en el Capitulo 11, abajo). Gilligan, en *Violence: Reflection of a National Epedemic* (New York: Vantage Books, 1996), sostiene que la vergüenza es la principal motivación de la violencia. En "Journey to Belonging", (en *Restorative Justice: Theoretical Foundations*, Elmar G. M. Weitekamp y Hans-Juergen Kerner, ed.; Devon, UK: Willan Publishing, 2002) yo sostengo que la vergüenza obra tanto en las vidas de las víctimas como en las de los agresores.

Capítulos 5-6: La Justicia Retributiva; La Justicia como Paradigma

El capítulo por Conrad G. Brunk, titulado "Restorative Justice and the Philosophical Theories of Criminal Punishment" en Hadley (ed.), *The Spiritual Roots of Restorative Justice*, (Albany, NY: State University of New York Press, 2001), me hizo replantear la relación entre la retribución y la restitución. En *Utah Law Review*, Vol. 23, No. 1, se encuentran un número de trabajos académicos muy útiles sobre temas que tienen que ver con el castigo y la retribución, como también sobre otros temas de justicia restaurativa.

Capítulo 7: *La justicia Comunitaria: La Alternativa Histórica*

Se puede encontrar una útil discusión en términos históricos, en la obra de David Cayley, *The Expanding Prison: The Crisis in Crime and Pumshment and the Search for Alternatives* (ver arriba).

Hay tres libros que profundizan cómo, en su desarrollo, el sistema legal occidental y la teología cristiana, se influyeron mutuamente, y por ende fortalecieron la naturaleza punitiva de la cultura occidental. Timothy Gorringe, en *God's Just Vengeance* (New York: Cambridge University Press, 1996), estudia esta relación, particularmente, en la era católica dentro de los tiempos medievales y en adelante. T. Richard Snyder, tiene un enfoque similar pero se concentra en la tradición protestante en su obra *The Protestant Ethic and the Spirit of Punishment* (Grand Raprds, MI: Wm. B. Eerdmans Co., 2001). Gil Bailie, en *Violence Unveiled Humanity at the Crossroads* (New York: Crossroad, 1995), usa en su narración el marco conceptual de "la búsqueda de chivos expiatorios" (en inglés "scapegoating") de Rene Girard.

El favorito de mis estudiantes de posgrado es *Return to the Teachings* (New York: Penguin Books, 1996) de Rupert Ross. Este autor explora las diferencias entre una cosmovisión europea y una de los pueblos indígenas norteamericanos. Cabe notar que esta es una de muchas publicaciones—que van en aumento—que estudian el aporte, en materia de justicia restaurativa, de las comunidades aborígenes.

Capítulo 8: *La Alternativa Bíblica*

Una variedad de artículos y capítulos examinan las raíces bíblicas de la justicia restaurativa, pero una lectura imprescindible es la de Christopher Marshall: *Beyond Retribution: A New Testament Vision for Justice, Crime, and Punishment* (Grand Rapids, MI: Wm. B. Eerdmans Publishing Co., 2001). En mi libro me concentro en el Antiguo Testamento, mientras que Marshall le da una nueva mirada a los temas de justicia restaurativa del Nuevo Testamento. Su perspectiva, en breve, puede hallarse en Christopher Marshall, *The Little Book of Biblical Justice* (Intercourse, PA: Good Books, 2005).

Otros escritores exploran elementos de restauración en otras tradiciones y fe en *The Spiritual Roots of Restorative Justice* (Albany, NY: State University of New York Press, 2001) de Michael Hadley (ed.).

Capítulo 9: PRVO

Aunque en general ya no se le llama PRVO (Programa de Reconciliación Víctima y Ofensor; VORP por sus siglas en inglés) el uso de la mediación o conferencia entre víctima y agresor ha avanzado y se ha difundido. Observan este desarrollo un número de investigadores; uno de los principales es Mark Umbreit; véase *The Handbook of Victim Ofender Mediation: An Essential Guide to Practice and Research* (San Francisco: Jossey-Bass Inc., 2001). También se ve en aumento la aplicación de este método en casos de violencia grave. Un estudio y descripción de esto ha sido escrito por Mark Umbreit, Betty Vos, Robert B. Coates, y Kathenne A. Brown en *Facing Violence: The Path to Restorative Justice and Dialogue* (Monsey, NY: Criminal Justice Press, 2003). Mark Yantzi, que fue uno de los facilitadores en el destacado caso de Elmira, Ontario, estudia un área donde el uso de este enfoque es particularmente difícil; véase *Sexual Offending and Restoration* (Waterloo, Canada: Herald Press, 1998).

En los últimos años han surgido muchas formas de aplicar la justicia restaurativa, como las conferencias de grupo familiar y los procesos de círculo. Para una descripción del modelo de conferencia de grupo familiar original (que forma la base del sistema de justicia juvenil de Nueva Zelanda) véase Allan MacRae and Howard Zehr,

Family Group Conferencing, New Zealand Style (Intercourse, PA: Good Books, 2004). La organización Real Justice promueve un modelo de conferencia algo diferente, y en su página en internet, www.realjustice.org/library/index, hospeda materiales acerca de los diversos enfoques que pueden tomar las conferencias de este tipo.

Los procesos de círculo se están utilizando para afrontar problemas y conflictos, cada vez más, y aún en situaciones donde no hay o no se ha involucrado a ningún procedimiento judicial o disciplinario. Kay Pranis, Barry Stuart y Mark Wedge, en *Peacemaking Circles: From Crime to Community* (St. Paul, MN: Living Justice Press, 2003), describen esto con más detalles. Una introducción más breve al tema puede encontrarse en Kay Pranis, *The Little Book of Circle Processes* (Intercourse, PA: Good Books, 2005).

Allison Morris y Gabrielle Maxwell, dos investigadoras de Nueva Zelanda han publicado varios textos en los que examinan estos procesos. Véase, por ejemplo, Morris y Maxwell (eds.), *Restorative Justice for Juveniles: Conferencing, Mediation and Circles* (Oxford: Hart Publishing, 2002). Las investigaciones acerca de los diversos enfoques están también resumidas en Braithwaite, *Restorative Justice and Response Regulation* (Oxford: Oxford University Press, 2002). David Cayley nos trae historias de cada enfoque en *The Expanding Prison: The Crisis in Crime and Punishment and the Search for Alternatives* (véase arriba).

Capítulo 10: La Justicia Restaurativa

Daniel W. Van Ness y Karen Heetderks Strong, en *Restoring Justice* (Cincinnati: Anderson Publishing Company, 1997), ofrecen un panorama general de la filosofía y práctica de la justicia restaurativa. Similarmente lo hace Gerry Johnstone en *Restorative Justice: Ideas, Values and Debates* (Devon, UK: Willan Publishing, 2001), solamente que Johnstone, además, identifica problemas y temas en disputa en el campo y sugiere maneras a través de las cuales podrían tratarse dichos dilemas. Johnstone's (ed.) en *A Restorative*

Justice Reader: Texts, sources (Devon, UK: Willan Publishing, 2003), ofrece en un volumen, selecciones de alguna de las fuentes más importantes de la materia. El breve volumen de Jim Consedine, *Restorative Justice: Healing the Effects of Crime* (Lyttelton, Ploughshares Publications, 1995), presenta una breve introducción—incluyendo una perspectiva bíblica— pero es algo inusual en los capítulos donde describe los diversos enfoques restaurativos indígenas. *Restorative Justice* (New York: Peter Lang Publishing, 2004) de Ruth Ann Strickland es una publicación reciente que ofrece un acotado panorama general. Denis Breton y Stephen Lehman, en *The Mystic Heart of Justice: Restoring Wholeness in a Broken World* (West Chester, PA: Chrysalis Books, 2001), hablan de los aspectos emocionales de la justicia.

Se presentan y se publican todos los años varias docenas de trabajos académicos sobre la justicia restaurativa. Willan Publishing los publica en varios libros; véase www.willanpublishing.co.uk.

Mi comprensión actual de la teoría y práctica de la justicia restaurativa está resumida en *El Pequeño Libro de la Justicia Restaurativa* (Intercourse, PA: Good Books, 2007).

Capítulo 11: ¿De Aquí Hacia Dónde?

Muchos de los materiales listados en la sección previa plantean esta pregunta. Por otro lado, *Restorative Justice Healing the Foundations of Our Everyday Lives* (Monsey, NY: Willow Tree Press, 2001) por Dennis Sullivan y Larry Tifft, es un ejemplo de una nueva tendencia de los escritores, de explorar el alcance de la justicia restaurativa en nuestras vidas personales y en toda la sociedad. En *Critical Issues in Restorative Justice* (Monsey, NY: Criminal Justice Press, 2004), Howard Zehr y Barb Toews (eds.) solicitan la participación de otros autores en la materia, de diferentes lugares del mundo, para examinar los peligros y problemas de la justicia restaurativa, que surgen a medida que el campo se expande y gana popularidad.

Uno de los libros más importantes y de reciente publicación, que verifica y enumera la información acerca de la justicia restaurativa y está trazando el camino a seguir es *Restorative Justice and Responsive Regulation* (Oxford: Oxford University Press, 2002) por John Braithwaite.

El Autor

Dr. Howard Zehr es profesor, escritor y asesor en asuntos relacionados con la justicia penal. Es profesor de sociología y justicia restaurativa. Fue co-director del programa de postgrado en Transformación del Conflicto (Conflict Transformation Program) en Eastern Mennonite University, de 2001 a 2008. Desde 1979 hasta 1996, Dr. Zehr trabajó como director de la Oficina de Justicia Penal del Comité Central Menonita de Estados Unidos (MCC). Previo a su trabajo con MCC, Dr. Zehr fue profesor asociado de humanidades e historia en la universidad Talladega College en Alabama.

Su libro *Changing Lenses: A New Focus on Crime and Punishment* (3ra ed., 2005) ha sido un trabajo fundacional en el crecimiento del movimiento de la justicia restaurativa. Otros libros importantes sobre el tema son *El Pequeño Libro de la Justicia Restaurativa* (2007) y *Critical Issues in Restorative Justice* (ed., con Barb Toews, 2004). Así mismo, ha publicado artículos y libros sobre el impacto del crimen en los ofensores, víctimas y sobrevivientes y ha estudiado, además, las consecuencias de la encarcelación en las familias de ofensores recluidos, en el libro *What Will Happen to Me? When a Parent is in Prison* (2011).

Para aquellos que quieran mantenerse al día, con respecto a lo que Dr. Zehr está actualmente investigando y pensando en el campo de la justicia restaurativa, pueden visitar su sitio blog en http://emu.edu/now/restorative-justice/.

www.ingramcontent.com/pod-product-compliance
Lightning Source LLC
Chambersburg PA
CBHW050553170426
43201CB00011B/1684